国家林业局经济发展研究中心
国家林业局发展规划与资金管理司

国家林业重点工程社会经济效益2014监测报告

中国林业出版社

图书在版编目(CIP)数据

2014国家林业重点工程社会经济效益监测报告 / 国家林业局经济发展研究中心，国家林业局发展规划与资金管理司编. —北京：中国林业出版社，2014.12

ISBN 978-7-5038-7779-7

Ⅰ. ①2… Ⅱ. ①国… ②国… Ⅲ. ①林业经济－经济效益－研究报告－中国－2014 Ⅳ. ①F326.24

中国版本图书馆CIP数据核字(2014)第301760号

中国林业出版社 · 自然保护图书出版中心

责任编辑：李 敏

出 版：中国林业出版社（100009 北京西城区德胜门内大街刘海胡同7号）

E-mail:lmbj@163.com 电话：(010) 83143575

网 址：http://lycb.forestry.gov.cn

发 行：中国林业出版社

印 刷：北京中科印刷有限公司

制 版：北京美光设计制版有限公司

版 次：2014年12月第1版

印 次：2014年12月第1次

开 本：889mm × 1194mm 1/16

印 张：12.5

字 数：274千字

印 数：1～1800册

定 价：110.00元

2014

国家林业重点工程社会经济效益监测报告
编辑委员会

监测点调查员（按姓氏笔画排序）

于吉英	马广波	马英花	马金锁	马胜利	马　原	马晓玲
王仁申	王文远	王邓杰	王玉珍	王玉亭	王玉霞	王巧燕
王平静	王志刚	王丽春	王丽娜	王　岩	王洪海	王洪宽
王　莉	王彩梅	王焕义	王琼英	王　辉	王新婷	牛晓敏
文　媛	尹　莉	邓正群	甘永军	艾小慧	石青梅	石　金
卢善德	田道野	史小锋	史晓燕	白光丽	包云贺	冯金凤
冯　艳	朱以城	朱继红	伍秀琼	伊健科	向金次	庄欣喆
刘小云	刘小平	刘久波	刘　安	刘志升	刘志远	刘贤慧
刘国光	刘俊平	刘海龙	刘菊莲	江林红	安必宁	安永涛
孙加富	孙红燕	孙宝红	孙建青	严光聪	李小龙	李凤霞
李东文	李业学	李松韩	李尚瑜	李忠玉	李建军	李　栋
李艳霞	李　健	李　萍	李梅英	李雅慧	李　翔	李瑞平
李　蓓	李慧英	李聪霞	李曌娲	杨九军	杨小平	杨文涛
杨永娟	杨光华	杨志锋	杨丽丽	杨佳超	杨树起	杨　洁
杨　振	杨　浩	杨智广	肖　杰	吴安康	吴　杰	吴晓敏
吴　敏	何汝态	何　均	何武梅	何晓光	何梅英	余兆波
余　莎	邹世静	汪成明	汪华婷	汪春云	汪　敏	宋成林
宋泽华	张子锐	张文涛	张立杰	张　宁	张伟明	张　军
张丽娟	张　林	张明友	张金荣	张　枭	张波英	张春萍
张显松	张俊容	张美珠	张　娜	张艳秋	张振华	张　莉
张栓利	张　凌	张梦媛	张彩霞	张　蓉	张　瑨	张赞昌
阿吾提江·吾斯曼		阿曼古·卡哈尔		陈天强	陈春莲	陈　政
陈　亮	陈　涛	陈瀚林	武雅星	范永霞	范珍梅	范强军
范新奎	林广旋	林宝庆	罗立坤	罗在贵	罗阳富	罗位坤
罗俊荣	和文琳	和玲莉	周天华	周先明	周艳冰	周爱梅
周海明	周照骊	庞武斌	郑发辉	郑常山	单　凯	孟红梅
赵少英	赵　娟	赵　萍	赵　晶	赵德旺	胡日查	胡双林
胡佩珍	段吉平	段军让	段英芬	段懿芳	保新丽	费兰春
姚　松	贺建锋	骆荣君	袁　琼	聂宏善	贾茂金	顾启英
柴永峰	钱菊秀	徐向东	徐应辉	徐明山	徐　磊	高　平
郭天清	郭　光	郭岗虎	唐荣栋	唐　浩	黄　良	黄治昊
黄　胜	黄晓江	黄　惠	黄　斌	黄嘉俊	曹瑞芳	龚自立
蒋丽君	韩红林	韩启虎	覃　琨	喻克刚	程建军	曾圆圆
谢　青	蒲　畅	雷友福	解生彬	蔺成阁	谭甫辉	熊良荣
熊剑平	潘　燕	燕贲恭	薛俊刚	薛艳丽	薛瑞杰	霍建光
魏小河	魏长安	魏业勤	魏桂平			

序

实施重大生态修复工程是党的十八大作出的重大部署，是建设生态文明的重要基础。林业重点工程是重大生态修复工程的重中之重，是维护生态安全的战略支撑。20世纪90年代末开始实施的天然林资源保护、退耕还林等林业重点工程已取得了重大成效，为建设生态文明、建设美丽中国作出了重大贡献。

为了客观记录和科学评估林业重点工程取得的社会经济效益，从2003年开始，国家林业局启动了林业重点工程社会经济效益年度监测项目。目前已连续11年对天然林资源保护、退耕还林、京津风沙源治理和野生动植物保护及自然保护区建设4项工程进行了监测，监测范围覆盖了全国27个省（自治区、直辖市）171个县278个村1656个农户以及37个森工企业、40个自然保护区、79个林场。

2013年的监测结果显示，国家林业重点工程建设力度持续加强，社会经济效益持续提升，对改善生态、改善民生的作用持续发挥，取得了十分显著的综合效益，但同时也存在着体制机制创新不够、林业投入力度不足、产业发展规模不大、林区与社会发展仍然不协调等问题和困难，比较客观地反映了在林业转型发展中林业重点工程建设呈现的突出特点。

天然林资源保护工程二期顺利实施，天然林抚育管护取得显著进展，国有林区森工企业木材产量大幅调减，2013年比2012年下降13.23%，比2010年下降65.46%。国有林区森林火灾次数和受灾程度大幅降低。监测样本县69.73%的森林得到管护。监测样本村53.10%的森林抚育资金转化为农民收入，国有林区森林抚育资金在一定程度上解决了工程一期中一次性安置人员的就业和生活困难问题。但林区改革仍然滞后，社会保障问题比较突出，林区职工和农民群众的收入水平仍然明显低于社会平均水平。

退耕还林工程生态效益日益显现。退耕还林不仅没有对粮食生产产生负面影响，而且有利于耕地集约经营、增加粮食产量。2013年监测农户粮食单产比退耕前提高77.45%，比监测农户多年粮食单产平均增长22.21%。退耕还林补助金额减贫作用明显，退耕监测农户人均纯收入达9544元，比全国农民人均纯收入8896元高7.28%，退耕还林补助对贫困退耕农户的收入贡献达1/3左右。但由于耕地补贴的增加，退耕地比较收益明显低于耕地，对退耕还林巩固成果产生了不利影响。

京津风沙源治理工程有效地改善了工程区生产生活条件。2000～2013年，21个监测样本县（旗）森林覆盖率上升了12.07个百分点，平均每年增长0.86个百分点；受风沙危害的乡镇比例由2000年的96.60%下降到2013年的85.36%，下降了11.24个百分点，平均每年下降0.80个百分点。工程建设促进了农民就业增收和地方经济增长，2013年监测样本户农村居民人均纯收入已达到全国平均水平的99.84%。但工程区森林质量、生态产业和节水造林仍有很大潜力。

野生动植物保护和自然保护区建设工程在生物多样性保护方面发挥了重大作用。工程区野生动植物物种种类持续增加、极度濒危野生动物和极小种群野生植物得到有效保护，10个监测样本保护区新发现了21种野生动物种类，5个监测样本保护区新发现了9种野生植物种类。但保护区建设与社区发展之间的矛盾仍没有得到有效解决。

国家林业重点工程社会经济效益经过连续11年的监测，已积累了丰富的成果，这不仅为科学评价工程建设的成效提供了重要依据，也为解决工程建设存在的困难和问题提供了重要依据。各级林业部门要充分利用监测成果，深入分析研究解决工程建设中存在的问题，进一步推动工程建设又好又快发展。参与国家林业重点工程社会经济效益监测的单位和人员要在过去工作的基础上，继续发挥入村入户入企业调查的优势，根据实际需要，着力完善监测指标体系，不断改进监测方法，全面提高监测数据质量，为加强林业重点工程建设、解决存在的问题发挥更大的作用。

当前，各级林业部门正在深入学习贯彻习近平总书记关于生态文明建设和林业改革发展的重大战略思想，加快推进林业治理体系和治理能力现代化。各级林业部门要牢固树立中国特色社会主义生态观，全面推进重大生态修复工程各项制度建设，确保天然林资源保护、退耕还林、京津风沙源治理、野生动植物保护及自然保护区建设等林业重点工程建设持续健康发展，为改善生态、改善民生发挥更大的作用，为建设生态文明和美丽中国作出更大的贡献。

2014年10月20日

目 录

2014

序

1 总报告

摘　要 10

2 天然林资源保护工程

天然林资源保护工程重点国有森工企业社会经济效益监测报告 20

天然林资源保护工程县社会经济效益监测报告 39

3 退耕还林工程

退耕还林工程社会经济效益监测报告 66

4 京津风沙源治理工程

京津风沙源治理工程社会经济效益监测报告 90

5 野生动植物保护及自然保护区建设工程

野生动植物保护及自然保护区建设工程社会经济效益监测报告 116

6 调查员报告

天然林资源保护工程调查报告——甘肃省康南林业总场 140

退耕还林工程调查报告——湖北省竹溪县 144

退耕还林工程调查报告——贵州省绥阳县 151

退耕还林工程调查报告——贵州省思南县 154

退耕还林工程调查报告——云南省会泽县 157

退耕还林工程调查报告——陕西省彬县 159

退耕还林工程调查报告——甘肃省泾川县 163
退耕还林工程调查报告——甘肃省定西市安定区 168
退耕还林工程调查报告——甘肃省天祝县 173
京津风沙源治理工程调查报告——河北省沽源县 175
野生动植物保护及自然保护区建设工程调查报告——黑龙江南瓮河国家级自然保护区 178

7 附 录
附 表 188
后 记

总报告

摘 要

2013年，林业重点工程建设进入新旧政策交替发展阶段。天然林资源保护工程二期、京津风沙源治理工程二期正式实施，退耕还林工程酝酿启动新一轮政策，野生动植物保护与自然保护区建设工程加大了极度濒危野生动物和极小种群野生植物的保护力度。这些工程的相继延续不仅是建设内容的增加和扩展，更重要的是生态建设方式的转变，更加注重生态质量的提升，更加注重与民生发展的协调，无疑是新时期林业重点生态工程建设的亮点。

林业重点工程社会经济效益监测结果显示：天然林资源保护工程在天然林资源抚育管护方面取得显著进展，解决了工程一期以来一次性安置人员的生活困难和社会保障问题，但改革滞后、产业发展不足、社会保障落后等仍是羁绊工程的主要障碍；退耕还林工程继续呈现新旧政策交替的鲜明特点，多项政策预警指标变化较大，为确保退耕生态成效而放弃的耕地收益对部分农户已难以承受；在一期工程的基础上，京津风沙源治理工程亟待解决工程区水资源配置、加强地区间和部门间的协调与配合；野生动植物物种种类持续增加、极度濒危野生动物和极小种群野生植物得到有效保护等，这些可喜的变化表明，野生动植物保护与自然保护区建设工程建设在生物多样性保护方面稳步提高，但保护区建设与社区发展之间的矛盾仍未取得突破性进展。

总之，2013年林业重点工程的总体运行趋势是：在生态恢复与保护取得初步成效的基础上，适应国家生态文明建设和加快林业治理体系和治理能力现代化的新要求，发挥好政府与市场两方面的作用，处理好改革与发展、保护与利用的关系，林业重点工程再出发，在更高层次上谋求生态、经济、社会效益的均衡、协调发展。各工程主要监测结论如下：

一 天然林资源保护工程

（一）主要发现

1．森林资源保护与恢复力度加大

森工企业木材产量大幅调减，比2012年下降了13.23%，比2010年下降了65.46%。森林资源管护方式多元化，管护成效突出。国有林主要由工程实施单位建站管护，管护人员以林业职工为主，集体林主要由非林业职工承包管护。国有林区森林火灾次数和受灾程度大幅降低。火灾受灾面积比2012年下降97.89%。

2．抚育人员补助投入减少，人均补助收入下降

2013年50个样本县完成森林抚育面积5.86万公顷，比2012年增加了0.71万公顷；2013年样本县用于人员补助等的直接费用8438.05万元，占总投入的91.76%，相比2012年减少了1302.24万元。导致人均补助收入降低了157.76元，仅为3971.99元。

3．采伐限额利用率不高

天保工程实施后，农村生产、生活对森林资源的消耗在下降，这是可喜的转变；但受限额分散影响，木材生产的规模收益不高（甚至亏本），商品材采伐限额利用率一直很低。

4．社会保险实际补助额在下降

与2012年相比，样本县2013年社会保险补助支出减少了760.13万元，获得社会保险补助的人数增加了782人，人均补助金额减少了783.53元。由于各地对天保工程区社会保险支持情况不同，天保工程基层建设单位并非严格按统一标准进行补助。由于部分单位收入来源有限，社会保险资金拖欠比较常见，或通过贷款来弥补。在工程投资标准长期没能提高和保障人数持续增加的情况下，可能是实际补助支出减少的重要原因。

（二）问题与政策建议

1．林区经济发展活力不足

随着天保工程二期的实施，重点国有林区需进一步调减木材产量，木材采运运输业将进一步萎缩，林产加工业面临原料不足的威胁，部分企业甚至需要“关停并转”。另一方面，因林区经济基础薄弱、起点较低，替代产业缺乏发展规划、扶持不足，导致后续替代产业长期处于低基础、低阶段、低水平的自然发展状态。在这种支柱产业濒临萎缩，替代产业尚需培育的情况下，林区经济状况令人担忧。

建议：加强对林业特色产业规模化发展的引导与扶持。当前，天保工程区拥有多样的林业特色资源和丰富的劳动力资源，林业特色产业发展具备得天独厚的条件。做好林业特色产业发展：一是要做好规划，注重通过规模化发展、标准化经

营，建立以龙头企业带动、专业合作社支撑、千家万户发展国有林区产业经营体系；二是充分发掘林区特色资源潜力，以资源多样化形成产品多元化，避免无序竞争和重复建设；三是要让林业职工成立的林业合作社纳入林业专业合作社范畴，享受相关优惠政策；四是要将林区职工家庭发展的林下种养殖、森林景观利用和林产品采摘加工利用纳入林下经济范畴。

2．工程建设投资标准偏低

目前，基层工程建设单位对国有林管护和中幼龄林抚育补助标准的意见最大。工程一期国有林管护费每年1.75元/亩，其中中央财政每年投入1.40元/亩；从工程二期开始，中央财政按照每年5元/亩的标准安排工程区国有林管护补助费，与当时国家级公益林生态补偿标准一致。目前天保工程区以外的国家级公益林中央财政生态补偿每年为10元/亩，而中央财政对天保工程区集体权属国家级公益林的生态补偿为每年15元/亩；相比之下，国有林管护费补助偏低已是不争的事实。另外，从天保工程区开展中幼龄林抚育的3年来看，各地普遍反映120元/亩的投入标准偏低，只能组织完成割草除灌等用工量较少的抚育任务。

建议：根据用工量和物价水平调整工程建设补助标准。一是要合理核定工程各项建设任务的单位面积用工量，特别是对于中幼龄林抚育不同作业手段的单位面积用工差异，作为确定工程投入标准的重要依据。二是根据年度物价变动水平，确定工程建设补助标准的调整幅度；中央财政以全国物价变动水平为依据，地方财政以当地物价水平为依据，弥补中央财政补助可能存在的不足部分。

3．国有重点森工企业剥离社会职能困难

目前，国有重点森工企业难以剥离社会职能的主要原因包括：一是对森工企业定位不明，这些国有企业基本上从事生态修复和保护公益事业，却不是事业单位，将社会职能剥离地方缺乏法律依据，也缺乏具体的中央改革精神要求。二是地方政府因经费和编制问题接收困难。一些国有林业单位转为当地全额拨款事业单位后，人员工资由地方财政全额发放，占用了地方编制，但人员归属还是林业系统，工资以外的经费保障还要依靠来自天保工程经费补助。

建议：加快剥离国有林业单位社会职能，进一步深化国有林区改革。按照“林业定位不缺位，政府到位不越位，企业归位不错位”的思路，加快推进政企分开的改革，剥离国有林业单位社会职能，构建以政府为主导的林区社会管理体制。同时在改革过程中要按照相关规定优先安置好职工。

二 退耕还林工程

（一）主要发现

① 退耕还林生态效益日益显现。退耕还林不仅没有对粮食产生负面影响，而且有利于耕地集约经营、增加粮食产量。与退耕前的1998年相比，样本县粮食播种面积增长9.67%，粮食产量增长23.95%，粮食产量增长的幅度高于面积增长幅度14.28

个百分点；同时，2013年监测农户粮食单产比退耕前提高77.45%，比监测农户多年粮食单产平均增长22.21%。这两组数据说明随着退耕还林工程的实施，退耕工程区耕地生产力水平显著提高，退耕还林发挥了提高耕地生产力、维护国家粮食安全的作用。

② 退耕还林补助金额继续发挥减轻贫困作用，但不同地区对退耕补助的需求已出现明显差异。2013年退耕监测农户人均纯收入9544元，比全国平均的农民人均纯收入8896元高7.28%，退耕还林补助对贫困退耕农户的收入贡献达1/3左右。西南地区的实地调研发现，一些将青稞和土豆地退耕的监测户目前单位面积退耕的收益只相当于不退耕的1/10甚至1/20 ，监测户表达了增加退耕补助的强烈愿望。但在西北的典型调查中，有林果收入的退耕还经济林户明确表示当退耕补助到期后不需要延续退耕补助，当地的村干部和林业管理人员也支持不延续退耕补助，理由是由于农村劳动力不足，退耕地管理从长期看仍需要国家统一，长期依靠国家扶持，不是巩固退耕还林成果的主要途径。

③ 退耕地比较收益已明显低于耕地，农户机会损失不容忽视。由于粮食直补资金的增加和退耕补助减半，加之近年来农产品价格的不断上升，退耕地经营的比较利益已低于耕地。2013年，样本农户亩均耕地种植业收入1438.25元，亩均林地（含退耕地）林业收入1066.96元，平均林地经营收入低于耕地371.29元；按照当前的农业直补和农产品价格，样本农户户均土地（仅包括耕地和林地）收入为15415.72元，如果不退耕，则样本农户户均土地收入21557.36元，即退耕平均造成每个样本农户机会损失6141.63元。

④ 新政策周期前的预警指标继续延续明显变化趋势。超过80%的原退耕面积已进入延长期；补助到期户已达10%，部分低收入贫困户结束二轮补助，巩固退耕还林成果的不确定性加大；在城镇化和农业直补政策的推动下，退耕区土地利用剧烈变化，监测村开荒地比2012年猛增5倍，复耕现象存在且略有扩大，经济林复耕现象出现，提示需高度重视市场价格对退耕地收益尤其是占主导地位的干鲜果品的重要影响。

⑤ 现有退耕区域仍有一定的退耕潜力，可退耕地约占当前耕地的10%左右，新退耕区域应避开粮食主产区和人地资源紧张地区，有少数退耕户因为口粮不足而不愿退耕，新退耕任务应着力甄别这些农户。

（二）政策建议

尽管面临诸多压力，退耕还林生态优先目标不容动摇，必须千方百计巩固退耕还林成果，坚决杜绝生态林复耕，在新周期退耕还林政策启动之际，应从国家长期生态战略需求和农户变化了的土地收益期望出发，发挥好政府和市场两方面的作用，细致甄别最需要退耕的地块和农户，加快建设新退耕还林长效机制。

① 坚持退耕还林生态优先目标不动摇，引导退耕农户自觉维护来之不易的退耕还林成果。尽管出现与农户短期利益相冲突的问题，但退耕还林的生态效益不仅是国

家和地区的，从长期看退耕农户也是生态改善的受益者，除非产生巨大的利益冲突，大多数退耕农户将遵守退耕还林政策规定，因此，在新旧退耕还林政策交替之际，林业部门要发挥好管理监督作用，引导退耕农户自觉遵守退耕还林政策的各项规定，最大限度地限制林粮兼作，对违法乱砍滥伐和毁林复垦的行为要严厉打击，形成震慑，避免连锁反应现象的发生，切实巩固退耕还林成果。

② 未雨绸缪，高度重视退耕经济林果的市场变化，稳定退耕农户的经济收益。从监测结果看，退耕农户退耕地的主要收入是干鲜果品，部分退耕农户的干鲜果品收入是其家庭收入的大部甚至全部。果品生产利润大，市场风险也高，复耕地块中大多是经济林也说明了这个问题，干鲜果品的市场价格波动较大，直接影响农户经营收益。因此，有关部门应及早开展退耕还林干鲜果品市场研究，帮助退耕农户应对未来可能的收益风险。

③ 密切关注二轮补助到期户的生计和退耕地经营情况，防止补助到期引发的复耕反弹。根据监测结果，已有10%的退耕农户二轮补助到期，今后还将有更多的退耕农户完成二轮补助。由于《退耕还林条例》没有对退耕还林补助期满后退耕地林木的保有做出明确规定，在针对原退耕地的新政策出台前，应分区跟踪补助到期户，分区的类别应包括粮食主产区、生态区位重要地区、人地资源紧张地区等。

④ 在新周期退耕还林政策启动之际，应从国家长期生态战略需求和农户变化了的土地收益期望出发，发挥好政府和市场两方面的作用，针对不同地区，抓紧研究原退耕补助标准，既维护退耕农户经济利益，又提高退耕还林投资效益。新退耕区域应避开粮食主产区和人地资源紧张地区，有少数退耕户因为口粮不足而不愿退耕，新退耕任务应着力甄别这些农户，加快建设新退耕还林长效机制。

三 京津风沙源治理工程

（一）主要发现

京津工程的实施对当地社会经济发展、生态状况改善、人民生活水平提高和社会福利进步等方面都起到了积极的促进作用。

1．改善生态，美化环境

一是美化了工程区环境。县级监测结果显示：2000～2013年，21个样本县（旗）森林覆盖率上升了12.13个百分点。二是工程区扬沙次数和扬沙日数明显减少。2000～2013年，21个样本县（旗）中有2个县（旗）的扬沙日数呈增加趋势，5个扬沙日数减少但不明显，其余14个县（旗）的扬沙日数呈明显减少趋势。三是风沙危害减轻。2013年与2000年比，样本县（旗）受风沙危害的乡镇比例由2000年的96.60%下降到2013年的85.36%，农作物受灾面积比例由2000年的41.65%下降到2013年的36.94%。四是京津地区沙尘天气减少。据北京观象台资料，2000年，北京的扬沙、浮尘天气一年达10次以上。2007年以后，北京地区再没有扬沙天气，浮尘天气也减少到每年3～5次。

2．改善生产条件，促进粮食增产

2000～2013年，京津工程水利措施修建水源工程38415处，退耕巩固成果新修基本农田120239.50公顷，中低产田改造147857.90公顷，京津工程为样本县（旗）新增防护林面积140942.73公顷。2000～2013年，样本县（旗）粮食产量持续增长。2013年达477.84吨，是2000年的3.43倍。 2013年，327户样本家庭户均粮食产量8215.26斤，粮食播种面积15.87亩，与工程实施前2000年比，粮食产量增加了1170.21斤，粮食播种面积减少3.69亩。

3．拉动地方经济增长，促进发展方式转型

一是提升了地方经济总量。2000～2013年，样本县（旗）工程累计投资64.40亿元，根据此期间我国投资拉动GDP增长系数计算得到京津工程投资直接拉动样本县（旗）地区GDP累计增加33.48亿元，对地区GDP增长的贡献率为2.23%。二是经过十多年的建设，工程区产业结构发生了重大的变化，样本县（旗）第一产业比例下降了40.42个百分点，第二产业和第三产业比例分别上升了12.73和27.69个百分点；草场禁牧面积从2000年的11.21%上升到2013年的69.72%，森林旅游收入增长了6.79倍，户均大棚面积增长了2.38倍。已初步实现从游牧放养到舍饲圈养、从毁林开荒到植树种草、从传统农业向设施农业为主的转变。

4．改善农民生计，促进社会就业

2000年，样本户家庭农村居民人均纯收入仅相当于全国平均水平的72.1%。2013年，样本户农村居民人均纯收入已经相当于全国平均水平99.84%。京津工程户级调查问卷分析结果表明，工程对农户生计状况的正向影响的预测概率大于70%，说明总体上京津工程对农户生计改善具有一定的积极促进作用。

2000～2013年，样本县（旗）京津工程荒山荒沙人工造林面积242.16万公顷，年均186276.04公顷，根据沙区人工造林用工和国家统计局农村劳动力就业标准，样本县京津工程人工造林共增加农村劳动力就业11.18万人，仅京津工程荒山（荒地）荒沙人工造林一项增加就业人数就占同期样本县（旗）年末乡村从业人员的4%。

5．工程一期基本按规划如期完成任务，建设目标基本实现

从工程一期进展看，京津工程规划项目建设期10年，即2001～2010年，其后又展期2年。但监测结果显示：截至2013年年底，样本县（旗）才基本完成工程一期建设任务， 11个县（旗）开始实施工程二期建设任务；从工程投资看，截至2013年年底，样本县（旗）工程投资完成率96.88%。其中，林业和农业投资完成情况较好，水利投资完成进度慢一些；从任务完成情况看，截至2013年年底，样本县（旗）工程林业建设除退耕还林和飞播造林外，其余建设内容均已超额完成，农业建设项目中饲料机械完成规划任务的98.99%，水利措施中节水灌溉完成规划任务的98.15%。

截至2013年年底，样本县（旗）工程累计沙化土地治理面积241.52万公顷，占样本县（旗）沙化土地面积减少的97.15%。与工程实施前2000年比，21个样本县（旗）中有14个县（旗）的扬沙日数呈明显减少趋势。

应该说，工程一期基本按规划如期完成任务，建设目标已经基本实现。

（二）政策建议

1. 遵循自然规律，坚持科学治理

一是摸清工程区水资源总量，明确丰年和枯年生态用水总量和方式，本着因地制宜、因害设防、宜乔则乔、宜灌则灌、宜草则草的原则，实行林业措施和农业措施与水资源的有机结合，节约高效利用水资源，同时坚决遏制以发展地方经济而占用生态用水的行为。

二是在摸清工程区水资源总量和承载量基础上，明确水资源配置，明确工程区生产用水和生态用水比例和方式。水源配套要与工程的农林措施协同建设。监测发现工程一期部分地区水源配套建设远离工程农林建设措施，未能真正为营造林生产服务，因此要明确工程水利措施哪些是用来改善工程农业生产，加强协同作战，提升治理效果的。

三是生物措施与工程措施相结合，综合治理。工程二期建设中有很多地方是沙化非常严重的流动和半流动沙区，生物措施治理难度大、见效慢、成本高，工程措施就显得非常有必要。

2. 强化部门间、区域间协作，推进区域生态建设一体化

一是加强区域间合作，推进区域生态建设一体化。要充分发挥林业在改善生态改善民生中的重要作用，要打破行政区划限制，统筹使用五省（自治区、直辖市）资源，促进区域生态资源共享，为京津冀经济社会协调共同发展创造更大的环境容量和更好的生态条件。

二是在原有农林水协作治理基础上，强化对整个工程建设的智力支撑和信息保障，提升防沙治沙科技含量，提高科技成果转化率、应用率和贡献率，促进工程建设向高质量、高标准发展。

三是水利措施与林业和农业治理措施紧密结合，协同增效。在切实加强现有林草植被保护和管理的基础上，水源配套要与农林建设措施协同增效，综合治理，以实现区域生态环境的良性循环。

四是积极引入社会资金参与工程建设，鼓励各类社会主体投资治沙造林，凡达到技术标准的，均可享受相关补助。

3. 根据社会经济变化，实施工程动态治理

一是年度任务安排动态化。京津工程植被建设在很大程度上要靠天帮忙。要加强气象预测和预报，要根据气象条件调整工程建设年度任务，实现工程年度任务安排动态化。

二是投资标准动态化。要建立工程造林投资与劳动力、种苗等价格联动的工程造林动态投入机制，建立生态建设投资、林地保护与农业补助和粮食价格间联动机制，消除相互间比较收益差距。

三是工程管理动态化。一方面要通过建立严格的保护制度，强化沙区生态保护。另一方面要大力推进沙化土地封禁保护补助试点工作，狠抓项目管理和质量管

理，依法规范工程管理，实行动态工程管理，确保工程建设进度和质量。

4．在国家社会经济发展大背景下，处理好建设、巩固与利用的关系

一是要紧紧抓住国家小城镇建设的有利时机，加快发展工程区小城镇建设。将工程建设中异地搬迁和国家小城镇建设结合起来，改善农民生计，减轻人口对工程治理区的资源压力。

二是要处理好建设、巩固与利用的关系。坚持生态优先、保护第一，生态林业与民生林业并举，防沙治沙与沙产业协同发展，草地治理恢复与合理利用有机统一，改善生产条件和保障工程建设有机结合，通过改善生产条件提高农民收入，通过保障工程建设来促进地方经济发展。

四 野生动植物保护及自然保护区建设工程

（一）主要发现

1．在生态效益方面

监测发现：一是野生动植物物种种类持续增加。2013年，14个样本保护区在区内发现了新的野生动植物物种种类，其中，10个样本保护区在区内新发现了21种野生动物种类；5个样本保护区在区内新发现了9种野生植物种类。二是极度濒危野生动物得到拯救和保护。2013年，在20个样本保护区内共有52种极度濒危野生动物，其中，11个保护区实施了专项拯救工作；10个保护区建有极度濒危野生动物拯救繁育基地；6个保护区对濒危且人工繁育成功的野生动物实施了自然放归；3个保护区建立了珍稀濒危物种种质基因库；7个保护区有珍稀濒危野生动物保护及重要栖息地恢复的专项投入。三是极小种群野生植物保护取得一定成效。2013年，样本保护区积极开展了就地、近地、迁地保护等工作，已对29种极小种群野生植物进行了编目、挂牌，并建立了监测体系和保护管理信息系统。四是野生动物疫源疫病监测防控能力进一步提升。自工程实施以来，样本保护区累计建设野生动物疫源疫病监测站38处，其中，国家级监测站18处。21个样本保护区监测防控重要区域的监测覆盖率已达50%以上。2013年，样本保护区均未发生野生动物疫情。五是野生动物人工繁殖、野外放归和救护成效明显。自工程实施以来，样本保护区已成功救护繁育珍稀濒危野生动物累计15种553头（只），成功实施野外放归累计7种145头（只）。其中，2013年成功繁育珍稀濒危96头（只），实施野外放归5头（只）。在野生动物救护方面，自工程实施以来，已累计救护野生动物56种2470头（只）。其中，救护成活2046头（只），治愈后放归野外1074头（只）。2013年，样本保护区共救治野生动物167头（只），其中，救护成活157头（只），治愈后放归野外97头（只）。六是森林蓄积增加、覆盖率提高，湿地资源进一步恢复。与2012年相比，样本保护区内林业用地面积稳定，有林地面积增加15公顷，森林蓄积增长0.62%。与2001年相比，26个保护区森林覆盖率有不同程度地提高。2013年新增湿地恢复面积1005公顷。

2．在社会效益方面

监测发现：一是保护区公共教育成效显著。2013年，样本保护区共接待教学、参观、旅游等人员1192.01万人次，比2012年增长23.24%。二是带动社会就业的数量不断增加，促进就业人员收入持续增长。2013年，样本保护区共为社会提供就业机会51976个，比2012年增加548个；就业人员共获得收入6.35亿元，比2012年增长1.44%；就业人员人均收入12215.46元，比2012年增长0.28%。三是社区居民生活水平进一步提高。2013年，66个样本村总收入9.10亿元，比2012年增长8.98%；样本村农民人均纯收入6372.86元，比2012年增长12.58%；样本村贫困户比2012年减少120户。四是社区群众从保护区资源、环境中受益。2013年，13个样本保护区有集体生态公益林并获得补偿资金，其中，有3个保护区执行补偿标准高于高于15元/亩的国家标准。与2012年相比，样本保护区获得的生态公益林补偿资金增加0.19亿元，管护人员年人均管护工资增长了16.42%。

3．在保护区管理、科研监测能力提高方面

监测发现：一是保护区科研监测能力进一步提升。2013年完成和在研科研项目142项，新完成的科研成果77项，与2012年相比，科研经费到位率增加1.20个百分点，在研与完成的项目增加23项，新完成的科研成果增加26项。二是资源管护能力不断提高。与2012年相比，样本保护区人均年日常巡护工作量增加6.14千米，增长0.95%；巡护人员增加176人，巡护工作量增长3.23%。其中，日常巡护和稽查巡护的工作量分别增长3.00%和4.79%。管护成效上，与2012年相比，制止非法进入保护区人员数量增长27.10%，清除非法进入保护区人员数量增长21.82%，清除非法狩猎工具数量增长13.34%。保护区内发生各类林政案件同比下降7.82%。三是防灾减灾工作进一步加强。与2012年相比，样本保护区对各类灾害的防治面积增长0.52%，通过巡查清除的森林火灾隐患增长36.81%，区内受森林火灾影响的森林面积大幅下降92.86%。

（二）政策建议

在保护区工程建设和管理过程中，也存在一些问题亟待解决。主要表现在：极度濒危野生动物拯救工作仍需加强，野生动物疫源疫病的监测防控还不到位，极小种群野生植物的保护力度有待加强，保护区内集体生态公益林补偿标准偏低等相关问题。建议：在今后工程实施中，将尚未纳入工程的野生动物栖息地纳入到工程范围，加强栖息地改良、保护和基础设施建设；加强野生动物疫源疫病监测站建设和设备的配备，扩大监测防控区域；对极小种群野生植物的拯救与恢复要优先安排资金，尽快实施极小种群野生植物原生地就地保护和对种质资源的有效保存，加强极小种群野生植物的野外回归工作，促进极小种群野生植物逐步恢复；完善生态公益林补偿经费的筹措机制，加大补偿经费投入力度，逐步提高保护区内集体属性的生态公益林的补偿标准，其补偿标准应高于区外。同时，进一步强化对补偿资金的管理，确保资金足额、及时到位，实行严格监督检查，充分保证公益林权利人的切身利益。

天然林资源保护工程

天然林资源保护工程
重点国有森工企业
社会经济效益监测报告

2013年是天然林资源保护工程（以下简称“天保工程”）二期实施的第三年、工程管理的创新之年，也是重点国有林区加快转型发展的关键之年。在这一年，天保工程二期继续围绕“生态林业与民生林业”发展要求，在“保生态、强民生、促改革”上做文章，执行停伐减产任务，做好森林资源管护，确保森林资源“保得住”；切实加强公益林建设、后备资源培育和森林抚育经营，“保、育”结合促进森林资源“长得好”；紧紧围绕促进职工就业增收、完善社会保障、引导经济转型等任务，立足民生抓生态，改善生态惠民生。与天保工程一期相比，天保工程二期工程建设的要求更高、深化改革的任务更加艰巨、改善民生的责任也更为重大，因此工程实施建设进展和成效一直是社会各界关注的焦点（表2-1），前后更有10个中央一号文件对实施好天保工程、保护好天然林资源提出要求。

为充分反映天保工程实施情况及其产生的社会经济效益，天保工程二期重点国有森工企业监测（以下简称“监测”）在往年工作的基础上，继续分析工程建设成效，查找工程实施的阻碍性因素，探索推进重点国有林区改革的思路，为完善工程政策提供决策建议。监测方法与往年基本保持一致，继续通过定点跟踪监测网络获取监测数据。监测样本为37个重点国有森工企业（以下简称“样本企业”）及其下属的75个样本林场①，这些样本企业分布在全国9个省（自治区），占全国155个重点国有森工企业的23.87%。监测内容包括森林资源保护与修复、民生保障和改善、

① 因为林场撤并，与上一年度相比，样本林场数目减少了4个。

林区经济发展以及重点国有林区改革等内容。

表2-1　2013年以来的关于天保工程的重要政策、文件、讲话和活动

序号	内　容
1	2013年1月31日，2013年中央一号文件《中共中央 国务院关于加快发展现代农业进一步增强农村发展活力的若干意见》发布，文件提出要加大天然林保护等重大生态修复工程实施力度
2	2013年4月27日，国家林业局、财政部印发《国家级公益林管理办法》。该《办法》分总则、保护管理、经营管理、监测与检查、资源档案、责任追究、附则7章35条，自印发之日起施行
3	2013年7月8日，《天然林资源保护工程二期"四到省"考核办法》正在发布并实行
4	2013年11月5日至6日，国家林业局天保工程区转型发展现场会在牡丹江召开。会上，张永利副局长提出，准确把握工程建设目标，深入推动天保工程区转型发展。以资源保护为基础、以森林培育为重点、以生态改善为目标，通过找准、育好、做强替代产业，解决林区以就业增收为核心的相关问题，建设社会主义新林区
5	2014年1月9日，在全国林业厅局长会议上，赵树丛局长提出要明确国有林区功能定位，理顺政府管理林区社会职能和森林资源管理体制，逐步停止重点国有林区天然林商业性采伐，建立起有利于保护和发展森林资源、有利于改善生态改善民生、有利于增强林业发展活力、权责利相统一的国有林区经营管理体制
6	2014年1月19日，2014年中央一号文件《中共中央 国务院关于全面深化农村改革加快推进农业现代化的若干意见》发布，文件提出要继续实施天然林保护等林业重大工程。在东北、内蒙古重点国有林区，进行停止天然林商业性采伐试点；推进林区森林防火设施建设和矿区植被恢复；完善林木良种、造林、森林抚育等林业补贴政策
7	2014年4月1日起，龙江森工集团、大兴安岭集团试点全面停止天然林商品性采伐，天保工程区停伐范围扩大
8	2014年7月28日，在全国推进林业改革座谈会上，赵树丛局长提出，要建立天然林保护制度，逐步把天然林保护工程扩大到全国，严格保护天然林，充分发挥天然林的生态功能；重点推进天然林保护等重点工程法律化、制度化，确保长期实施；严格控制国有林、公益林、天然林采伐；调整优化林区布局。适应天然林停伐、棚户区改造、城镇化建设要求，科学规划林业局（场）址，加大山上林场（所）撤并力度。张建龙副局长指出2014年下半年要深入实施林业重点工程，研究扩大天然林保护工程实施范围，抓好重点国有林区停止天然林商业性采伐试点，修订"四到省"考核等管理办法。开展天然林保护工程财政补助标准调整和重点国有林区全面停止天然林商业性采伐政策研究，落实国有林场饮水安全年度投资
9	天保工程二期纳入四川省委、省政府2013、2014年度"十项民生工程"

一　天保工程实施和政策执行情况

2013年度资金投入力度稳定维持在较高水平，木材产量进一步减少，森林管护补助政策、森林培育经营补助政策、公益林建设投资补助政策、社会保险补助政策和政策性社会性支出补助政策均得到有效的落实。

（一）天保工程二期三年资金投入量接近一期累计投入量，主要用于生态修复和民生改善

1. 投资量总体上升，资金到位率高

2013年，样本企业实施天保工程计划到位资金41.01亿元，实际到位资金40.32亿元，比2012年减少了13.51亿元，下降了25.10%，资金到位率98.32%，比2012年提高了2.54个百分点，资金到位情况理想。2013年完成投资39.00亿元，投资完成率为96.73%，比2012年提高了1.17个百分点。天保工程二期实施以来，样本企业实

施天保工程实际到位资金量显著上升。2013年实际到位资金比天保工程一期结束年（2010年）增加了26.34亿元，增长了188.41%（图2-1）。从天保工程投资总量比较来看，样本企业天保工程一期累计到位资金144.30亿元，而2011～2013年累计到位资金达137.41亿元，规模已接近一期十年累计的资金总量。

图2-1 2010～2013年样本企业投资情况

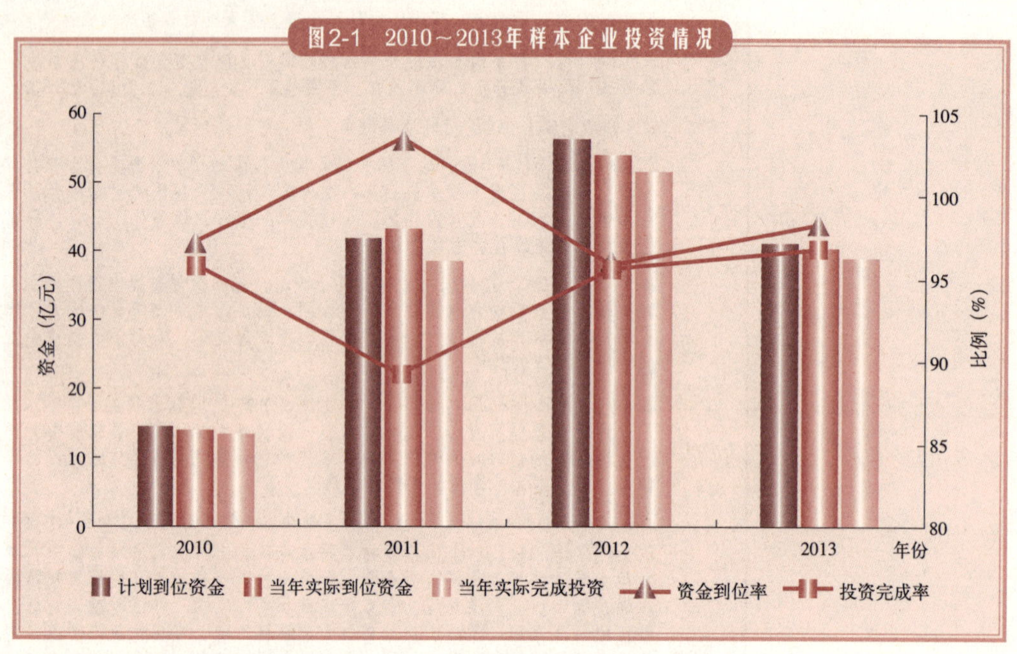

2．资金支出结构逐渐调整，主要用于生态修复和民生改善

2013年，样本企业用于天保工程的资金支出为46.65亿元，比2012年减少了8.60亿元，下降了15.56%。其中，基本建设支出8.58亿元，财政专项支出38.01亿元，其他用途支出0.06亿元，分别占18.39%、81.48%和0.13%。分项目来看，在资金支出中，森林资源管护费、政社性支出补助费、社会保险补助费、棚户区改造支出、森林抚育补助费以及其他支出分别占22.59% 、20.27%、18.88%、13.88%、13.13%和11.25%。与2012年相比，棚户区改造资金比例下降了14.82个百分点，政社性支出比例上升了5.62个百分点，森林管护费、森林抚育补助费和社会保险补助费分别上升了4.77、3.51和2.85个百分点（图2-2）。

在天保工程一期的资金支出中，排在前三位的分别是政社性支出补助费、社会保险补助费、森林管护费，累计支出分别为37.71亿元、34.76亿元以及33.60亿元。在天保工程二期的资金支出中，排在前三位的分别是森林管护费、政社性支出补助费以及社会保险补助费，累计支出分别达28.51亿元、26.14亿元以及25.41亿元。这三项生态修复和民生改善的支出虽然在总支出的比例中均有所下降，但其绝对量却较一期有了大幅度的增加。天保工程二期比例最高的前三项开支共占工程资金支出的56.89%，比天保工程一期的69.03%降低了12.14个百分点。

图2-2 2012年和2013年样本企业资金支出结构

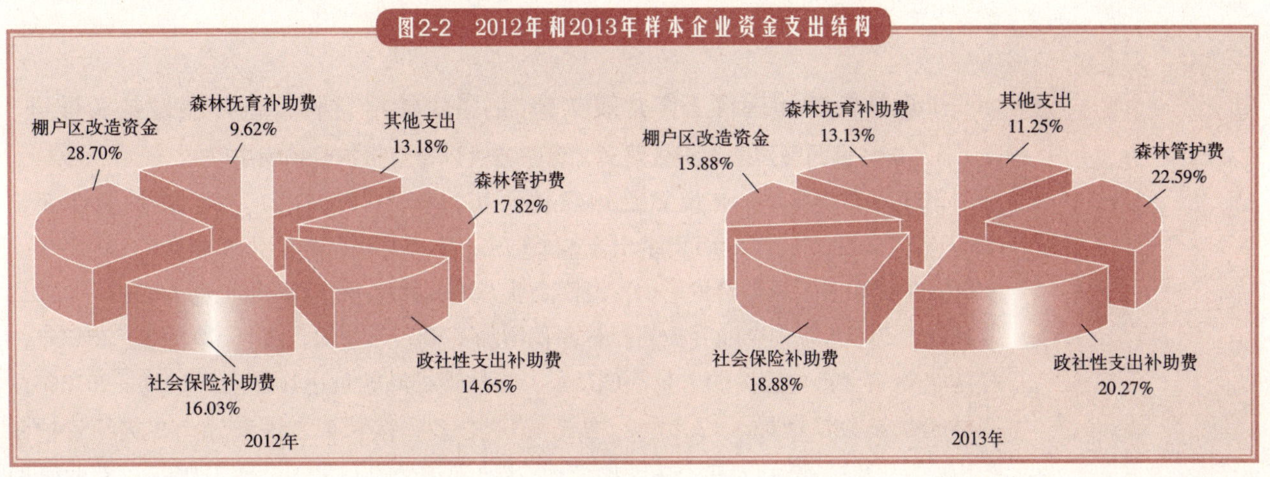

（二）木材产量调减，减幅高于工程要求

2013年样本企业的年度计划木材产量为118.33万立方米，比2012年减少了18.04万立方米，降幅达13.23%，木材生产计划完成率为97.08%，比2012年略低0.65个百分点。天保工程二期实施以来，样本企业实际木材产量持续减少。2010年的实际木材产量为332.57万立方米，2011年的实际木材产量为179.45万立方米，2012年木材产量减少至133.27万立方米，2013年木材产量又进一步减产至114.88万立方米。与2010年相比，2013年的木材产量减少了217.69万立方米，下降了65.46%。

2013年，在样本企业的木材产量中，来自天然林和人工林的木材产量分别为105.81万立方米和9.07万立方米，分别占实际产量的92.10%和7.90%；来自商品林和公益林的木材产量分别为79.18万立方米和35.70万立方米，分别占实际产量的68.92%和31.08%。根据天保工程二期实施方案，东北、内蒙古等重点国有林区的木材产量要由2010年的1094.10万立方米分3年调减到402.50万立方米，调减幅度达63.21%。监测结果显示，2013年东北、内蒙古等重点国有林区的天然林木材产量105.78万立方米，比2010年减少了200.57万立方米（图2-3），降幅达65.47%，比方

图2-3 2010~2013年东北、内蒙古等重点国有林区天然林木材产量

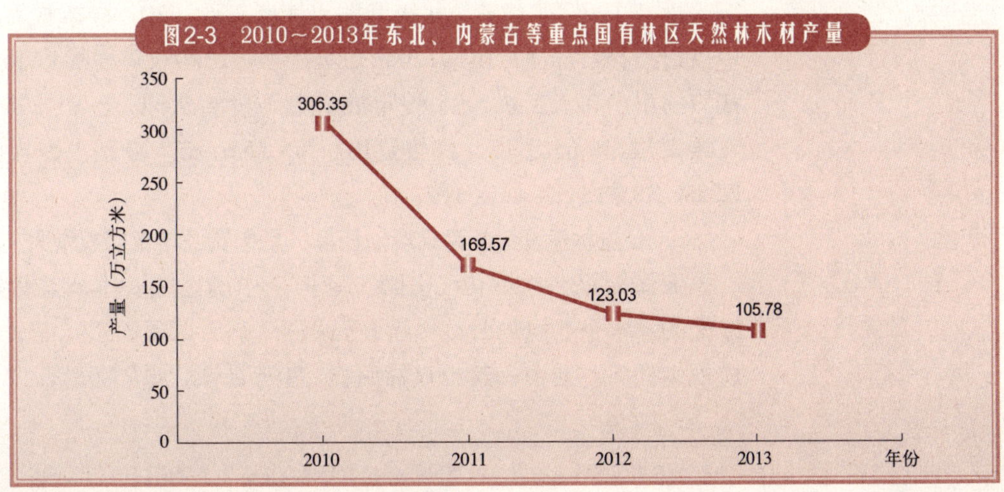

案高出2.26个百分点，样本企业减产到位。

(三) 森林管护和抚育工作有效实施，后备资源培育和公益林建设扎实推进

1. 森林资源管护得到积极落实，管护方式以专业机构管护为主

2013年，样本企业规划管护森林面积1195.01万公顷，实际管护森林面积1217.62万公顷，比规划面积多出了22.61万公顷，实际完成量为规划量的101.89%。实际管护面积多于规划管护面积，说明企业对未成林地进行了积极主动的管护。与2012年相比，2013年样本企业管护的森林面积增加了10.77万公顷，增长了0.89%。2013年，样本企业从事森林管护的人员3.02万人，森林管护站数量达1608个。2011～2013年，森林管护站数量增加了1206个，增长了3倍之多。按管护方式来分，在实际管护面积中，管护站（队）管护、家庭管护等其他管护分别占99.94%、0.06%；专业管护和承包管护分别占96.41%和3.59%。

2. 森林抚育工作稳步推进，100%通过检查验收

2013年，样本企业急需抚育的森林抚育面积为154.29万公顷，规划抚育面积为53.16万公顷，抚育作业设计面积38.34万公顷，完成抚育面积36.91万公顷。设计面积占规划抚育面积的72.12%，完成抚育面积占设计面积的96.27%，占规划面积的69.42%。与2012年相比，2013年，急需抚育面积减少了134.97万公顷，下降46.67%；规划面积减少了8.08万公顷，下降了13.19%；设计面积增加了0.95万公顷，增长了2.54%；完成面积增加了0.75万公顷，增长了2.07%；设计面积占规划面积的比例提高了11.07个百分点，完成面积占规划的比例上升了10.38个百分点，占急需抚育面积的比例上升了11.42个百分点（图2-4）。2013年样本企业抚育作业100%通过检查验收，没有出现违规作业的情况。从总体来看，样本企业森林抚育任务完成情况较好，但是完成面积与急需抚育面积之间依旧存在较大缺口。

从抚育方式来看，在完成抚育面积中，修枝、除草、割灌占37.60%，疏伐占25.64%，透光伐占16.36%，卫生伐占1.33%，其他抚育方式占19.07%（图2-5）。从抚育工作培训情况来看，2013年的抚育培训达到4.12万人次，比2012年增加了0.32万人次，上升了8.42%。从抚育支出情况来看，2013年的抚育支出119.52元/亩，与中央财政补贴标准每亩地120元基本持平，比2012年增加4.01元，上升了3.47%。在抚育支出中，人工费为95.89元/亩，物质材料费8.63元/亩，畜力费、机械费及其他直接费用为9.65元/亩，间接费用① 为5.35元/亩，分别占亩均抚育支出的80.23%、7.22%、8.08%和4.48%（图2-6）。

3. 公益林建设全部完成规划任务，后备资源培育规模增大

天保工程二期对长江上游、黄河上中游地区安排公益林建设任务。2013年该地区的样本企业规划公益林建设面积为2.19万公顷，实际完成2.19万公顷，100%完成规划任务。其中，封山育林面积1.70万公顷，占77.63%；人工造林面积0.49万公

---

① 间接费用包括作业设计、检查验收、档案管理及成效监测等间接项目的支出。

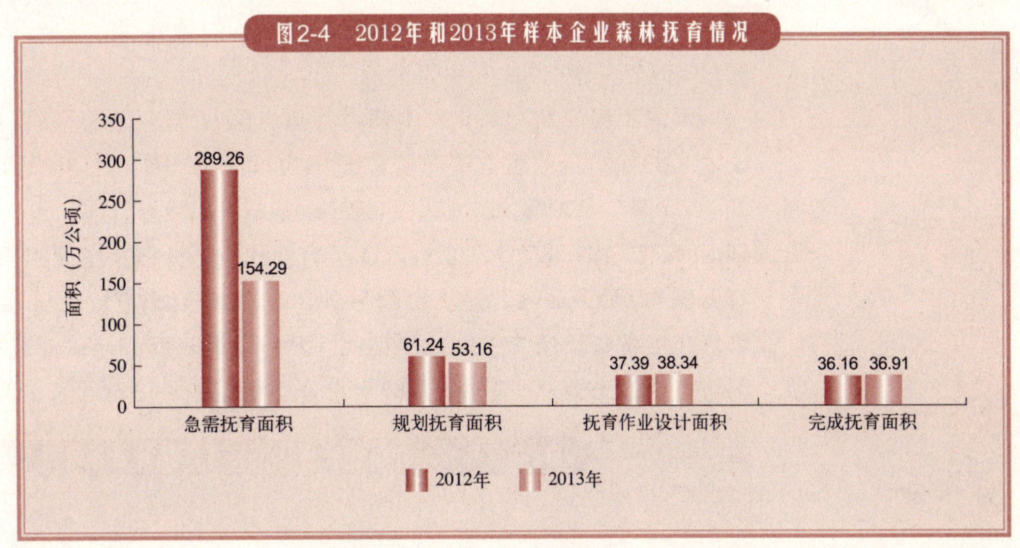
图2-4 2012年和2013年样本企业森林抚育情况
面积（万公顷）
350
300
250
200
150
100
50
0
289.26
154.29
61.24
53.16
37.39
38.34
36.16
36.91
急需抚育面积
规划抚育面积
抚育作业设计面积
完成抚育面积
2012年
2013年

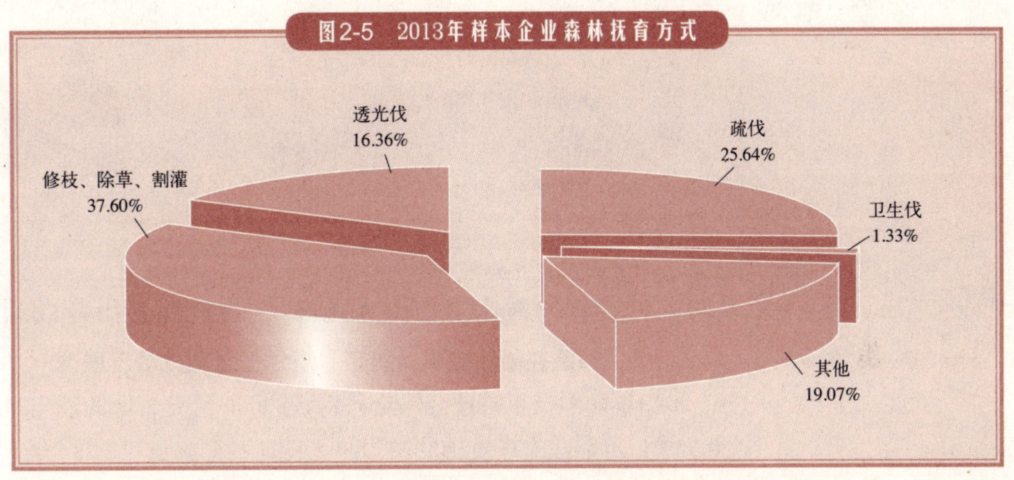
图2-5 2013年样本企业森林抚育方式
透光伐
16.36%
修枝、除草、割灌
37.60%
疏伐
25.64%
卫生伐
1.33%
其他
19.07%

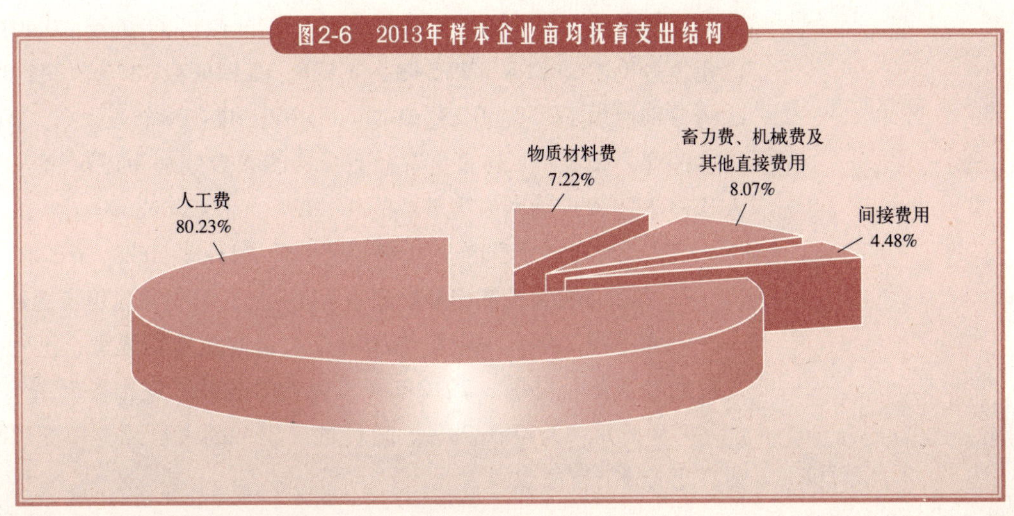
图2-6 2013年样本企业亩均抚育支出结构
物质材料费
7.22%
畜力费、机械费及
其他直接费用
8.07%
人工费
80.23%
间接费用
4.48%

顷，占22.37%。人工造林成活率89.18%，人工造林保存率91.85%，分别比2012年提高－0.19个百分点和1.05个百分点。

天保工程二期对东北、内蒙古等重点国有林区安排后备资源培育任务。2013年该地区的样本企业后备资源培育面积为2.51万公顷，比2012年增加0.11万公顷，增长了4.58%。从培育方式来看，森林改造培育2.39万公顷，人工造林0.12万公顷，分别占95.22%和4.78%。在森林改造培育面积中，补植补造面积为1.74万公顷，改造培育面积为0.65万公顷，分别占72.80%和27.20%（图2-7）。与2012年相比，森林改造培育在后备资源培育中的比例提高了5.49个百分点；补植补造和改造培育在后备资源培育中的比例分别下降了7.87个百分点和提高了13.36个百分点。

图2-7 东北、内蒙古等重点国有林区后备资源培育方式结构

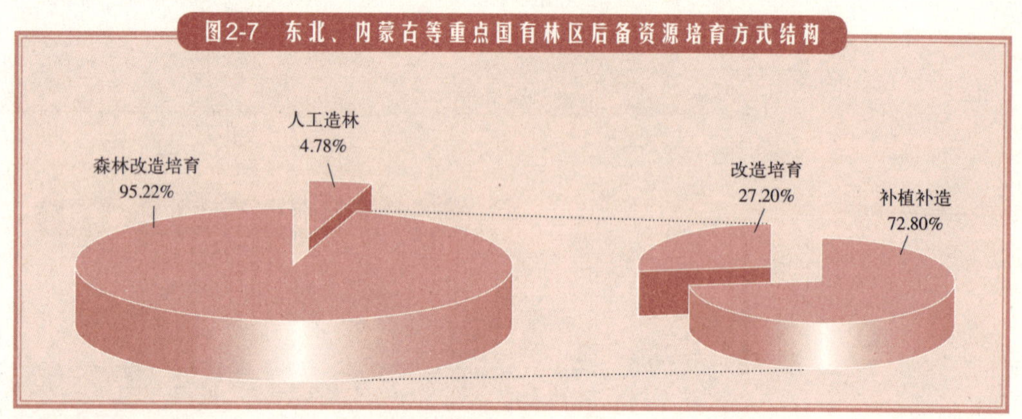

（四）社会保险统缴工作进展顺利，政社性支出补助政策落实到位

1．社会保险补助支出保持稳定，规划任务完成情况理想

2013年样本企业的社会保险补助费达8.81亿元，比2012年减少了0.049亿元，下降了0.55%；占财政专项支出的23.18%，比2012年降低了2.23个百分点。2011～2013年，社会保险补助费大幅增加，累计达25.41亿元，平均每年补助8.47亿元，是天保工程一期平均水平的2.68倍。在社会保险补助费中，基本养老保险统筹、基本医疗险、失业险、工伤险及生育险的补助费分别为5.35亿元、2.60亿元、0.40亿元、0.34亿元和0.12亿元，分别占60.71%、29.54%、4.57%、3.81%和1.37%（图2-8），与2012年相比，比例分别增加了0.38、0.23、0.13、-0.36以和-0.38个百分点。2013年，样本企业参加基本医疗、失业、工伤及生育社会保险的人数分别为19.66万人、12.37万人、13.95万人和13.22万人，分别占规划数的104.09%、100.23%、99.07%和100.45%。与2012年相比，“四险”的规划任务完成率分别上升了11.82、0.23、0.22和1.90个百分点。

2．政策性社会性支出补助政策落实到位，补助额度稳步提升

天保工程二期中央财政继续对森工企业负担的教育、医疗卫生、公检法司经费及政府经费给予补助。2013年样本企业的政社性支出补助费9.46亿元，比2012年增加了1.36亿元，升幅16.79%。政社性支出补助占财政专项支出的24.88%，比2012年提高了1.65个百分点。

图2-8 2013年样本企业社会保险补助支出结构

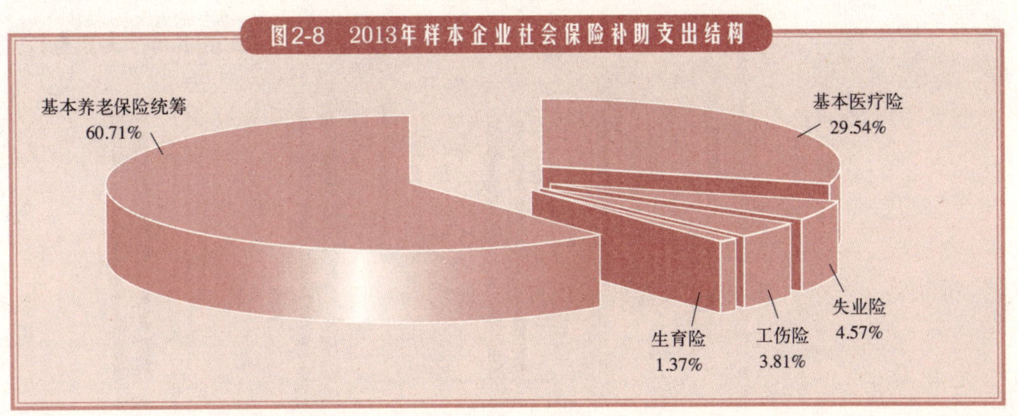

二 生态修复成效

通过森林管护、公益林建设、中幼龄林抚育、后备资源培育等政策，使天然林得到较为有效的保护，森林面积和蓄积均不断增加，林龄结构不断优化，森林资源步入量质双增，提质为主阶段。

（一）森林资源量质双增，提质为主

1．森林面积稳健增长，森林覆盖率逐步提高

2013年，样本企业经营区共有森林908.15万公顷，比2012年增加了0.78万公顷，增长了0.085%，森林覆盖率为56.28%，是全国平均水平[①]的2.60倍。

2．森林蓄积量稳步提高，平均蓄积量高于全国水平

2013年，样本企业经营区的森林蓄积为10.83亿立方米，比2012年增加了0.15亿立方米，增长了1.41%。其中，天然林蓄积增加了0.14亿立方米，增长了1.35%；人工林蓄积增加了146.17万立方米，增长了2.20%。森林平均蓄积量为119.30立方米/公顷，比2012年高出1.55立方米/公顷，比全国平均水平[②]高29.51立方米，其中，天然林平均蓄积量为124.04立方米/公顷，比2012年高出1.41立方米/公顷，比全国天然乔木林平均水平[③]高19.41立方米/公顷。森林蓄积增长率高于森林面积增长率，单位面积的森林蓄积不断增长，这说明了森林资源进入了“量质双增，提质为主”的阶段。

（二）禁限伐取得一定效果，林龄结构不断优化

2013年，在样本企业经营的森林资源中，成过熟林、近熟林和中幼林蓄积分别比2010年增加了0.17亿立方米、0.18亿立方米和0.23亿立方米，分别增长了4.14%、11.46%和5.03%（图2-9）。

① 根据第八次全国森林资源清查，全国森林覆盖率为21.63%。
② 数据来源全国第八次森林资源清查。
③ 数据来源全国第八次森林资源清查。

图2-9 2010～2013年样本企业林龄结构

（三）管护取得一定成效，但盗伐林木案件数量逐年攀升

强化森林资源管护是天保工程二期的一项重要任务。总体而言，2013年样本企业的森林管护取得一定的成就，但仍有较大改进空间。2013年，在样本企业经营区域中，森林火灾次数和受灾程度大幅降低。火警次数为53次，比2012年增加了2次；火灾次数为17次，减少了19次，下降52.78%；受灾面积20.61公顷，减少了955.14公顷，下降97.89%；火灾损失林木蓄积157.59立方米，减少了7569.52立方米，下降97.96%。2013年，在样本企业经营区域中，森林病虫鼠害发生情况所有反弹。森林病虫鼠害防治面积15.91万公顷，比2012年增加了0.73万公顷，增长了4.81%；病虫鼠害发生面积增加了0.65万公顷达15.84万公顷，增长了4.28%。2013年，在样本企业经营区域中， 盗伐林木案件数量逐年上升。发生盗伐林木案件数量为3349件，比2012年增加了254件，增长了8.21%，自2010年起连续4年，盗伐林木的案件数量在逐年攀升（图2-10）。

图2-10 2010～2013年林区发生盗伐林木案例数量

三 民生改善成效

天保工程的各项国家投入显著地改善了工程区的民生状况，2013年样本企业经营区职工就业形势较好，收入稳步增加，社会保障体系进一步健全，生活条件不断改善。

（一）职工就业形势较好，转岗就业稳步推进

1．下岗职工人数减少一成半，富余职工转岗尚未完全落实

2013年，样本企业的在册职工人数为16.34万人，比2012年减少了0.10万人，下降了0.61%。其中，在岗职工人数11.35万人，占在册职工人数的比例为69.47%，比2012年减少了0.39万人，下降了3.32%，占比降低了1.92个百分点；下岗待安置职工1.55万人，占在册职工人数的比例为9.50%，比2012年减少了0.26万人，下降了14.36%，降低了1.51个百分点；离开单位仍保留劳动关系人数3.44万人，占在册职工人数的比例为21.03%，比2012年增加了0.54万人，增长了18.77%，增加了3.43个百分点（图2-11）。在岗职工人数下降主要是由于木材产量的进一步减少使得原从事木材采运的林业职工需要转岗就业。

图2-11　2012年和2013年在册职工结构

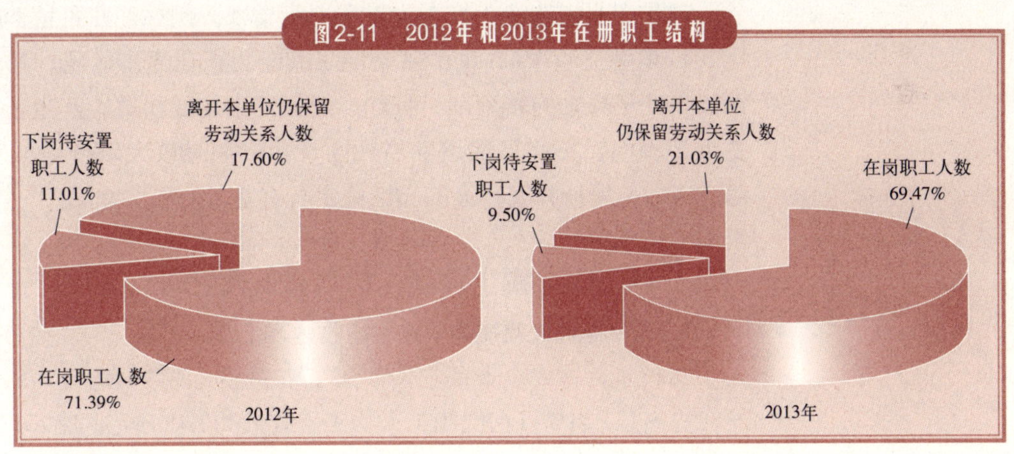

监测数据显示，位于长江上游和黄河上中游地区的13个样本企业从2000年起实行全面停止天然林商品性采伐，经过十几年的转型，目前在岗就业职工人数占在册职工人数的比例为98.98%，下岗待安置职工人数的比例为0.37%。在东北、内蒙古等重点国有林区的24个样本企业中，随着木材产量不断减少，下岗待安置人员有所增加。2013年，木材采运就业人数比2012年下降了24.33%，释放出0.54万富余职工。

2．职工就业结构比较均衡，森林管护培育创造就业能力增强

2013年，样本企业的在岗职工中，从事森林管护2.93万人、木材采运和加工

2.40万人、营造林2.05万人、服务业1.30万人、种植养殖0.32万人以及其他岗位2.36万人，分别占25.77%、21.15%、18.04%、11.46%、2.80%及20.78%，职工就业以森林管护培育、木材采运加工和服务业为主。与2012年相比，在营造林就业的职工人数比例增加了2.04个百分点，服务业降低了3.00个百分点（图2-12）。

图2-12 2012年和2013年在岗职工就业岗位结构

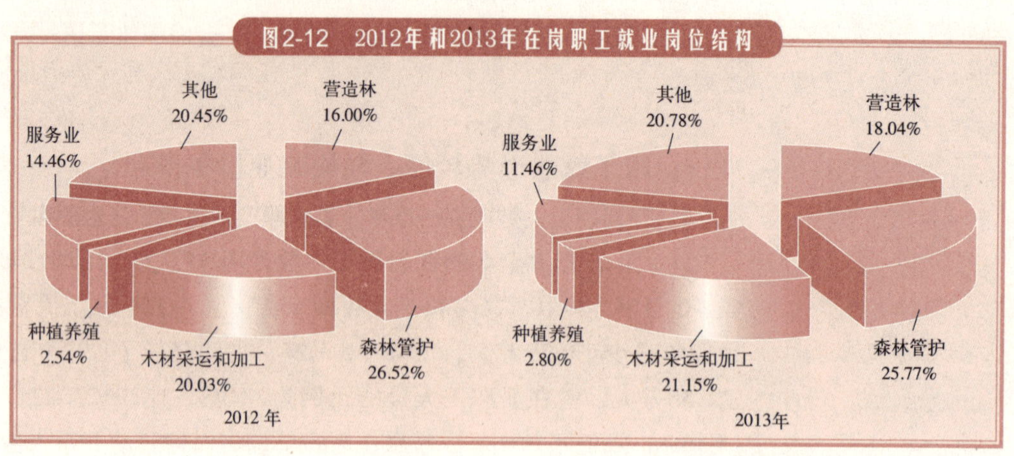

从促进职工转岗就业效果来看，森林抚育促进职工转岗就业的作用比较明显。2013年，森林抚育使原下岗待安置职工0.35万人再就业，占下岗待安置职工人数的22.51%。在营造林岗位就业的职工人数比2012年增加了0.17万人，增长9.08%。此外，替代产业创造就业的能力正在逐步增强。例如，在种植养殖业就业的职工人数比2012年增长6.57%，消纳富余职工的能力正在逐步显现。目前重点国有林区经济发展正处于艰难的转型期，替代产业正处于发展初期，产生新岗位还比较有限，在更大范围内，更高层次地发展林区替代产业对最大限度地减轻企业转型带来的阵痛、有效地保持林区社会的和谐稳定具有重大的现实意义。

（二）职工收入稳步提高，但仍有上升空间

1. 工资总额大幅提高，人均增收达万元

2013年，样本企业的在岗职工工资总额为27.76 亿元，比2012年增加了1.89亿元，提高了7.31%。在岗职工人均工资收入为2.45万元，比2012年增加了0.25万元，增长11.36%①，比2010年增加0.99万元，增长了67.81%。纵观天保工程实施期，1997年样本企业的年均工资水平0.39万元，2009年为1.30万元，12年增长近万元，年均增长率为10.65%；2011～2013年，3年样本企业的年均工资水平增长近万元，年均增长率18.82%，比当地收入水平增速高出了5.01个百分点。样本企业经营区低收入人口②为13.86万人，比2012年减少了2.80万人，下降了16.81%。

① 2013年的报告中，在岗职工工资总额和在岗职工人均工资收入数据有误，2012年的在岗职工工资总额应为 25.89亿元，2012年在岗职工人均工资收入应为2.20万元，特此更正。

② 以国家贫困线标准年收入2300元作为界定低收入人口的标准。

取得上述成就的重要原因在于天保工程二期的各项政策把森林资源培育与职工就业增收相结合，样本企业把林区经济转型与促进职工转岗就业相结合，以资源增长、产业增效带动职工增收。例如，抚育间伐平均工资为223.28元/工日，修枝、除草、割灌平均工资为112.12元/工日，既能促进资源增长也有效地促进职工增收。

2．职工收入存在四大问题，收入水平仍有上升空间

根据监测数据显示，当前林业职工收入存在四个比较突出的问题：收入渠道窄、工资水平低、有薪工作时间短以及森工企业间工资水平差异大。

根据样本林场数据显示，2013年职工年收入中，工资收入占92.18%，比2012年提高了0.82个百分点；其他收入占7.82%。林业职工的收入目前还是以工资性收入为主，财产性收入等其他收入还比较少，职工的收入渠道还有待进一步拓宽。

样本企业2013年平均工资为当地平均工资水平的67.48%，为全国城镇职工平均工资[①]的52.28%，林业职工工资还处于较低水平。

目前部分林业职工处于“半就业”状态，即有工作岗位，但不能全年有活干，因此也不能全年有工资收入。样本林场的监测数据显示，一年内12个月有工资收入的职工人数比例为62.22%，比2012年增加了2.01个百分点；不足3个月有工资收入的职工人数比例为5.65%，比2012年仅降低了0.10个百分点。此外，还有7.33%、10.21%和14.59%的在岗职工有工资收入的时间分别只有9～12个月、6～9个月和3～6个月。从总体来看，在样本林场的在岗职工中，有近四成职工处于有“岗”缺“活”的状态，林场可以安排的工作比较少，从林场获得的工资收入较少，不得不通过在林区打零工弥补收入（图2-13、图2-14）。

从各个样本企业的年平均工资水平来看，在37个样本企业中，职工平均工资最高的是松江河林业有限公司，达4.11万元，比当地平均工资收入高出1.10万元，是当地水平的1.37倍 。处于中位数位置的是阿木尔林业局，平均工资为2.59万元，比当地平均工资高0.25万元，是当地水平的1.11倍。职工工资水平最低的

图2-13　2013年样本林场职工有薪工作时间情况

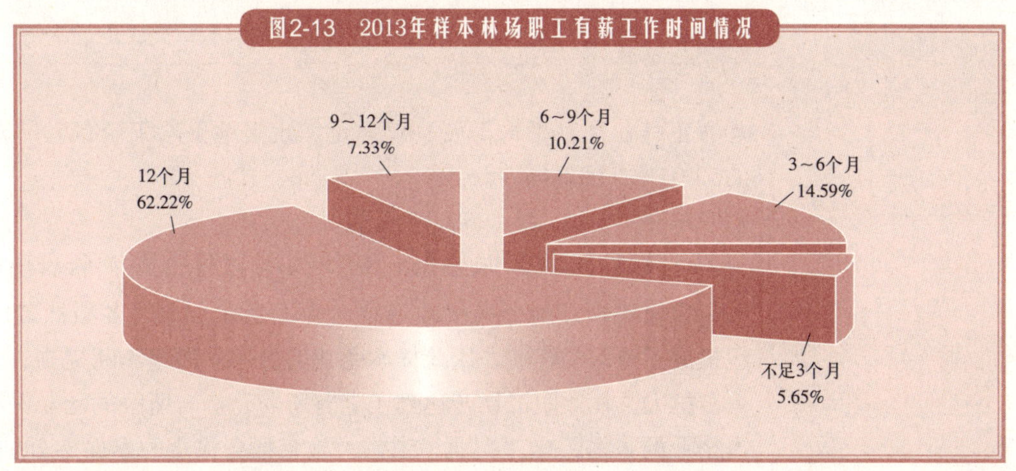

① 根据《中国统计年鉴-2013》全国城镇职工平均工资为46769元。

图2-14 2010~2013年样本林场职工有薪工作时间人数分布

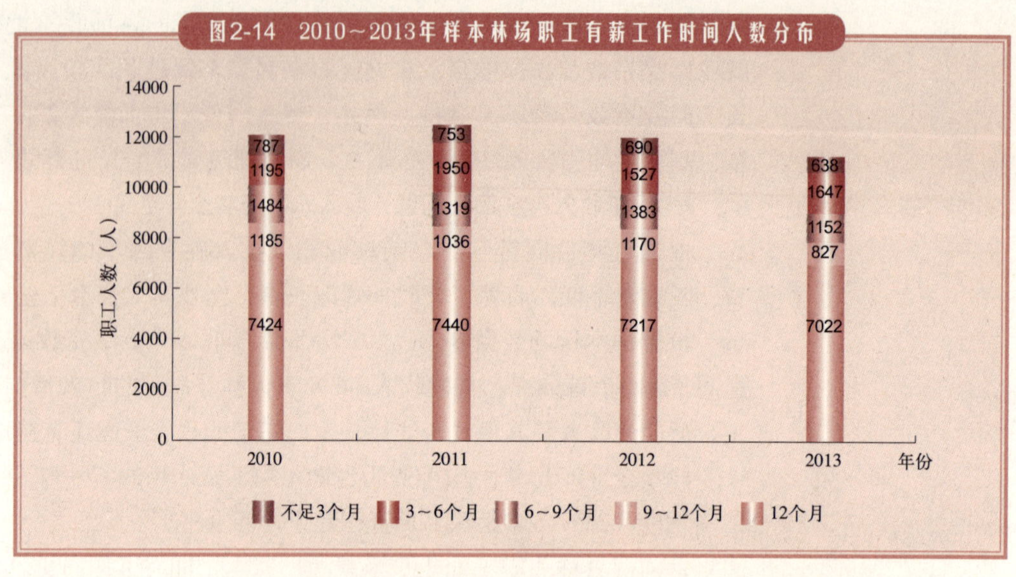

图2-15 2013年最高、居中及最低工资水平的样本企业对比

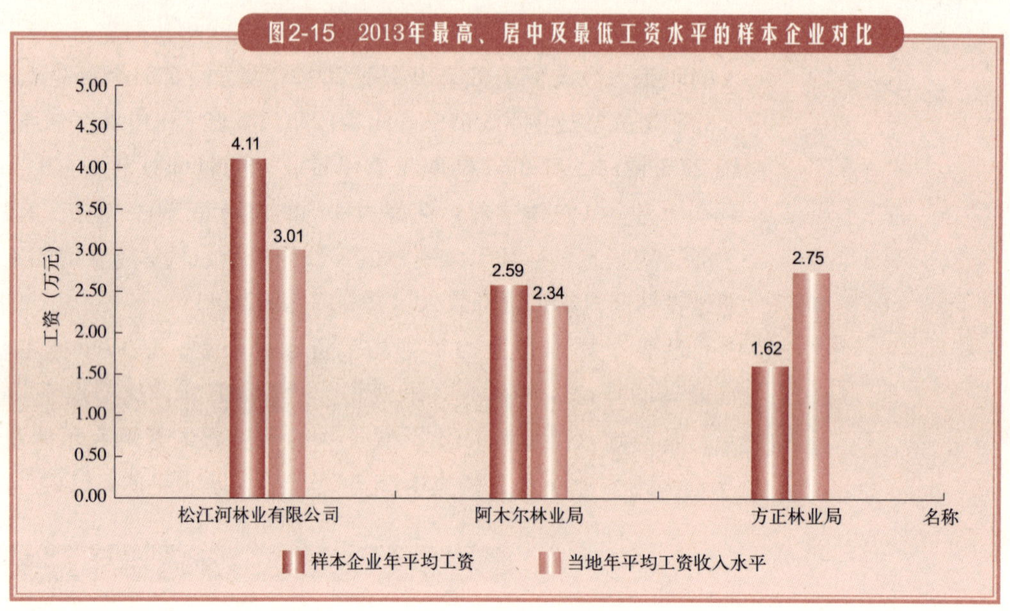

是方正林业局，平均工资1.62万元，比当地平均工资低1.13万元，仅及当地水平的59.01%（图2-15）。

（三）社会保险参保率高，初步实现老有所养、病有所医

天保工程二期中央财政继续对森工企业负担的各项社会保险给予补助，并相应提高了补助的标准，因此样本企业的社保参保率不断提高、社保体系的覆盖面进一步扩大，林业职工初步达到了老有所养、病有所医的社会保障水平。2013年，样本企业的基本医疗、失业、工伤、生育社会保险的参保率分别为100%、75.71%、85.33%和80.88%，与2012年相比，基本医疗保险参保率维持不变，失业险下降了0.95个百分点，工伤险和生育险分别提高了1.29和5.14个百分点。样本企业参加基本

养老保险统筹的人数为12.98万人，占在册职工总数的79.41%，比2012年减少了1.03万人，参保率下降了5.77个百分点。

（四）林区生活条件不断改善，危房改造成果进一步得到巩固

1．基础设施和生活设施不断改善，职工生活条件不断提高

截至2013年年底，在样本企业所属的林场中，饮用水达标的林场数为239个，占67.13%，比2010年提高了20.00个百分点；林区公路里程为4.52万千米，比2010年新增0.78万千米，增长了20.87%；通电的林场数为336个，占94.38%，比2010年提高了2.72个百分点；林区医疗卫生机构数量达到521个，比2010年增长了29.93%；医院床位数达到3892张，比2010年增长了22.24%。这些监测数据结果说明，随着天保工程二期的逐步推进，林区道路、供水供电等公益事业，逐步纳入各级政府社会经济发展规划和相关行业规划，林区社会基础设施和生活设施进一步改善，林业职工饮水难、行路难的问题得到一定程度缓解，供电难的问题基本上得到解决。

2．棚户区改造快速推进，四成林业职工家庭人口受惠

截至2013年年底，样本企业危房（含棚户区）改造面积338.61万平方米。2012～2013年，样本企业的棚户区改造资金累计已达22.33亿元，危房（含棚户区）已改造面积从2010年的235.24万平方米迅速增加至2013年的338.61万平方米，增加了103.37万平方米，增长了43.94%，危房涉及职工家庭户数从2010年的9.73万户降至7.83万户，三年间累计有1.90万户职工家庭受惠，而危房涉及职工家庭总人口从2010年的45.46万人降至17.84万人，累计27.62万人口受惠，占职工家庭总人口的39.99%。

四 企业转型成效

天保工程带动了森工企业转型发展、产业结构优化、社会职能进一步剥离和林区经济效益的增长。

（一）经济总量增加一成，经济增速明显加快

2013年，样本企业总产值204.79亿元，比2012年增加了19.74亿元，增长10.67%，比2010年增加了68.89亿元，增长了50.69%。进入天保工程二期后，样本企业的经济发展转入快车道。2011～2013年，企业总产值年增长率为14.65%，是一期年增长率的1.73倍。2013年，样本企业上缴利税总和为4.23亿元，比2012年下降了8.38%。企业增加值为82.42亿元，比2012年增长了1.52%。2011～2013年，企业增加值先保持高速增长，增长率2011年为18.14%，2012年为11.49%，其后在2013年快速回落至1.52%。企业负债89.09亿元，比2012年减少了9.69亿元，下降了9.81%。平均每个企业负债2.41亿元，比2012年减少了0.26亿元。

（二）产业结构不断优化，第三产业发展势头强劲

2013年，样本企业总产值中，第一、二、三产业产值分别为89.01亿元、70.14亿元和45.64亿元，分别占总产值的43.47%、34.25%和22.28%。与2012年相比，第一产业产值增长了13.21%，第二产业产值增长了3.17%，第三产业产值增长了18.74%，第一、第三产业迅猛发展强劲拉动总产值增长。调查发现，木材产量的进一步调减使得2013年第二产业产值增长放缓，而经济林、林下经济和森林休闲旅游产业发展较快，产值增量推动第一、三产业快速提升。与2012年相比，第一、三产业占总产值的比例分别上升了0.98、1.51个百分点，第二产业的比例则降低了2.49个百分点（表2-2）。

分行业来看，2013年，木材采运和木材加工业产值为40.86亿元，林下经济产值为60.50亿元，经济林产品产值为11.38亿元，其他行业产值为92.04亿元，分别占总产值的19.96%、29.54%、5.56%和44.94%，企业产值结构比较均衡，林区经济“独木支撑”的局面正在改变（图2-16）。与2012年相比，经济林产品和林下经济保持强劲增长势头，产值分别增长了44.77%和20.83%。在林下经济各产业中，养殖业的产值增幅最为强劲，增长了2.10倍，种植业、畜牧业以及森林旅游业分别增长了21.74%、15.31%和11.65%。受木材产量调减因素影响，木材采运业产值继续下滑，比2012年下降了22.14%。在企业总产值增长因素中，林下经济、经济林产品、木材

表2-2　2011～2013年样本企业产业结构①　　%

产业结构	2011年	2012年	2013年
第一产业	44.87	42.49	43.47
第二产业	35.88	36.74	34.25
第三产业	19.25	20.77	22.28

图2-16　2013年样本企业产值结构

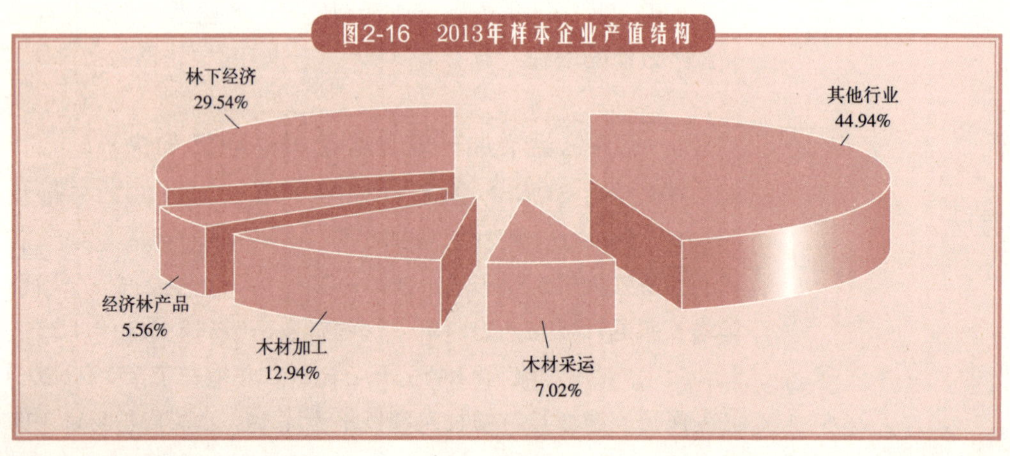

① 数据来源全国第八次森林资源清查。

加工、木材采运和其他产业，分别贡献了5.64、1.90、0.88、-2.21和4.46个百分点。

（三）企业办社会支出和政社性职工数量下降，进一步剥离了政社性职能

2013年，样本企业办社会总支出5.69亿元，比2012年减少了2.04亿元，下降了26.41%，平均每个企业办社会支出0.15亿元。办社会总支出中，财政专项补助4.55亿元，占80.09%；企业承担费用1.13亿元，占19.91%，平均每个企业承担306.04万元。样本企业中有27个需要承担办社会费用，其中用于公检法司、教育和医疗卫生的支出费用分别为1.63亿元、2.83亿元和0.81亿元，分别占28.70%、49.72%和14.32%（图2-17），比2012年下降了8.30%、12.74%和25.12%。2013年，样本企业的政社性人员为2.54万人，比2012年减少了0.21万人，下降了7.77%。平均每个企业的政社性人员685人，比2012年平均减少了58人。

图2-17 2013年企业办社会支出结构

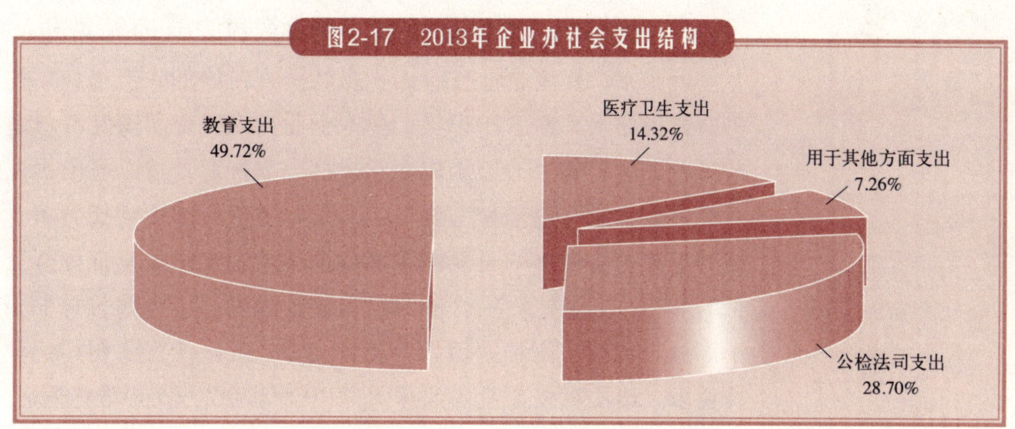

五 主要问题

天保工程实施17年来成效突出，但因林业现代治理体系，特别是自然资源产权管理制度尚未建立，森林资源总量增长与个别地区遭遇破坏并存的基本态势没有改变、林区民生问题总体改良与总体水平仍然落后并存的基本态势没有改变、个别企业在改革方面主动探索与林区改革发展总体滞后并存的基本态势没有改变，这说明要实现“资源增长、质量提高、生态好转、经济发展、职工增收、民生改善、林区和谐”的目标，天保工程建设还需要在完善投资机制上下工夫、在企业转换经营机制上谋思路、在转换森林资源管理体制上找出路。

（一）工程资金没有随通胀动态调整，用于生态修复资金略显不足

目前，天保工程在资金投入上面临双重压力：一方面，由于木材减产，企业的经营收入下滑；另一方面，工程投资标准是依据2008年的经济发展水平确定的，已

多年没有修改，2008～2012年，我国居民消费价格指数和固定资产投资价格指数分别累计上升了10.90%和8.98%[①]， 人工和材料成本的不断上涨使工程实际投资标准相对下降，导致企业完成生态保护与修复任务非常吃力。

（二）森林管护人手不足，人员素质有待提高

目前，重点国有森工企业实施森林资源管护面临多重挑战：管护任务日益繁重，管护人员日益缺乏，管护难度日益加大。2011～2013年，样本企业实际管护面积年均增长0.84%，而管护人员数量年均下降11.16%，实际人均管护面积从天保工程一期末的275.99公顷飙升至2013年的403.65公顷，比天保工程二期方案确定的人均管护标准高出了23.65公顷。管护面积增大，管护人员减少，导致管护质量下降的压力增大。另一方面，样本企业在开展森林管护工作方面缺乏懂技术的专业人员，林业职工技能缺乏或技能单一，仅能从事一些简单的体力劳动，科学管护工作难以做到。

（三）森林抚育规划面积少，资金拨付方式有待改进

近年来，样本企业抚育面积虽然一直在增加，但与急需抚育的森林面积相比却仍旧显得杯水车薪。2013年，样本企业完成抚育面积仅占急需抚育面积的23.92%。在黑龙江省，有4500万亩的中幼龄林急需抚育，但以目前黑龙江年均实际抚育量测算，该省完成一遍抚育需要25年以上[②] 。另一方面，抚育资金跨年度拨付也是困扰抚育工作正常开展的重要因素。根据相关规定，批复森林抚育方案后，拨付补贴资金的40%；省级林业主管部门组织核查验收后，再拨付补贴资金的60%。但是，由于部分企业经济困难，因无力垫付资金，致使抚育面积和抚育强度难以满足规划设计要求，迫使有些企业在森林抚育和检查验收方面弄虚作假。

（四）职工就业增收仍然存在困难，棚户区改造缺乏后续支持政策

监测结果显示，一些企业为了节约抚育成本，雇佣过多的非企业职工，影响了企业职工的转岗就业，2013年从事抚育工作的人员中，有1.02万人是非企业职工，占抚育总人数的24.93%，比2012年提高了3.22个百分点。林业职工平均工资普遍比当地水平低，工资水平不足当地水平的七成；部分职工有岗无业，有薪工作时间不足一年；收入渠道单一，工资收入占大头，缺乏财产性收入等其他收入渠道；森工企业间职工工资落差大，样本企业的平均年工资极差达2.49万元。目前企业棚户区改造面临的突出问题：一是资金缺口大，以带岭林业实验局为例，2011～2013年棚户区改造配套资金缺口9654万元，年均缺口3218万元。二是缺乏后续政策支持，棚户区改造后，供水、供热、道路基础设施以及周边生活配套设施没有跟进；职工在买房、装修和入住后，水、电、煤气以及物业费等方面还存在资金困难。

---

① 数据来源于《中国统计年鉴-2013》10-2各种价格定基指数。

② 资料来源于《中国绿色时报》第4011期第1版《后采伐时代，地方林业路在何方？》。

（五）企业转型压力较大，改革需进一步深化

东北、内蒙古等重点国有林区对森林资源开发依赖较为严重，产业结构调整、企业改革的困难较多。一是产业结构调整面临较大压力。一方面，第一、二产业比例较大，第三产业仍处在发展初期。随着禁伐政策的全面铺开，木质产业及其后续产业将受到影响，对产业发展冲击巨大，对职工就业增收也会造成一定的影响；另一方面，重点国有林区在产业转型方面缺乏整体规划，导致企业难以找准替代产业，转型产业项目重复建设，容易形成恶性竞争。二是企业社会负担较重。一方面，在木材产量不断调减的情况下，企业收入不断在减少，而监测结果显示，样本企业中有10家要承担50%以上的办社会支出，负担较重；另一方面，林区基础设施老化，森工企业难以把基础设施建设的职能移交给相应专业企业或当地政府。森工企业的改革有待进一步深化。

六 政策建议

完善天保工程二期政策，应首先对重点国有林区进行顶层设计，从根本上为系统解决资源增长、企业增效和职工增收中存在的问题打好基础，并完善相关财税金融扶持政策、生态修复制度并加强各项能力建设，促进林区发展、企业转型。

（一）推进重点国有林区体制改革，促进森工企业改制

根据党的十八届三中全会的改革精神，按照“林业定位补缺位，政府到位不越位，企业归位不错位”的思路、“花钱买机制”的要求和保护地的原则，构建以生态资源产权制度为核心的国有森林资源管理体制，实施森林资源所有权、管理权、经营权分离，即重点国有林区的森林资源为国家所有，中央政府行使所有权，国有森林资源管理与企业生产经营分离；并在改革过程中按照相关规定优先安置好职工。

（二）加大公共财政投入，吸引社会资本参与生态建设

一是逐步加大对森林管护、抚育补贴力度，加大对林业基础设施、社会保障性体系建设投入力度，增加棚户区改造后续事宜的公共财政支持政策。二是提高各项资金投入标准，可根据上一年度的物价水平适当调整下一年度的标准，并逐步制定以物价联动机制为依据的资金投入标准。三是资金要及时下达，减少中央各项补贴在中间环节滞留时间。四是要加强资金管理，加强资金审计，杜绝截留、挤占、挪用工程资金现象，并推进专项财政投入制度化和长效化。五是完善税收扶持政策，扩大林业资源综合利用产品增值税即征即退范围，对劳动密集型和高附加值林产品出口退税等。六是制定林业中长期低息贷款政策，并引导金融资本和社会资本有序进入，探索国家级公益林建设投融资机制，研究市场化的生态服务付费机制，发行生态债券以减轻部分项目的资金跨年拨付问题。

（三）完善各项生态修复制度，确保林业治理体系能充分发挥效能

一是要把握好“明确所有者权利，规范管理者权力”的原则，推进天然林资源保护的立法工作，尽早启动《天然林保护条例》的立法程序和相关工作，落实依法强化林业资源保护管理的目标。二是健全天然林资源监管制度，编制企业天然林自然资源资产负债表，实施森林资源资产管理单位主要负责人的离任审计，对盲目决策、造成生态严重破坏的，追究有关人员责任，强化对管理单位森林资源消耗、生态损害和生态效益的责任考核，并探索将工程实施的考核指标纳入地方政府考核内容。三是完善森林经营制度，工程区要建立森林经营规划体系，各森林经营主体要编制森林经营方案，强化检查验收管理，并推进森林可持续经营试点和森林抚育经营样板基地建设。四是加快天保工程信息化建设，加强干部队伍、高级专业技术人才队伍建设等各项能力建设，确保林业治理体系能充分发挥效能。

（四）促进企业产业结构调整，发展绿色富民产业

一是鼓励森工企业探索发展混合所有制新模式，并通过引入市场竞争机制，拓宽融资渠道,增强经营活力。二是积极采取有关政策引导企业向非木质林产品产业、非林非木产业、高精尖产业转型，鼓励企业积极推行“走出去”战略。三是在天保工程中增加企业转型发展、发展绿色富民产业的相关政策和专项资金，并在国家层面制定产业发展意见，编制企业发展规划，帮助企业寻找合适的替代产业，形成支柱产业，并开展相关的示范基地培育创建工作。四是探索在工程区建立林业特色产业园区，促进企业形成林业特色产业集群。

（主要执笔人：赵锦勇、何铭涛、许凯、李扬）

天然林资源保护工程县社会经济效益监测报告

天保工程二期启动3年来，工程区以巩固一期建设成果为基础，以保护和恢复森林资源为核心，以保障和改善民生为宗旨，加大资金投入和政策落实的力度，各项建设任务稳步推进，森林资源恢复与生态环境改善成效显著，经济社会转型发展态势良好，民生持续改善，为加快工程区生态文明建设奠定了良好的基础。2013年，天保工程区强化了公益林管护、森林抚育等政策的落实，注重工程建设过程与目标管理相结合，不断提高工程管理的科学性和有效性。在深入调研的基础上，将集体和个人所有国家级公益林的生态补偿标准提高到15元的建议已经财政部同意，并从2013年初开始执行。这将极大提高天保工程区公益林管护人员的积极性，有助于天保工程的顺利实施。

2013年是对长江上游、黄河上中游地区天保工程样本县连续跟踪监测的第12年。为客观、全面地反映工程实施与政策落实情况，继续在长江上游、黄河上中游地区50个监测样本县[①] 采取定点跟踪监测的方法收集样本数据，监测的主要内容包括：工程进展与政策执行情况、生态建设与保护情况、林业产业发展状况、工程对区域社会和经济发展的影响以及工程建设过程中的经验总结与政策建议等等。为

---

① 50个监测样本包括：河南省的栾川县、卢氏县、西峡县、淅川县；湖北省的恩施市、房县、谷城县、茅箭区、郧县、丹江口市；重庆市的江津区、巫溪县、巴南区、武隆县、忠县；四川省的通江县、松潘县、美姑县、康定县、理塘县、木里县、马边县；贵州省的凯里市、都匀市、习水县、大方县、水城县；云南省的玉龙县、德钦县、鹤庆县、元谋县、南华县、兰坪县、广南县、泸水县；陕西省的黄龙山自然保护区、周至县、凤县、淳化县、镇坪县、宜君县、定边县；甘肃省的镇原县、两当县、祁连山国家级自然保护区、岷江林业总场、康南林业总场；青海省的民和县、互助县、门源县。

及时跟踪天保工程二期政策，2013年度对监测指标进行了增删调整，县级监测指标总数为347个（减少8个），村级监测指标90个（减少6个）；新增指标主要反映各地一次性安置职工社会保险补助落实情况，以及工程各建设项目的资金投入情况，删除了二期政策中不涉及或调整后已不存在的指标（如国有林业企业职工一次性安置）。

一 样本县基本情况

长江上游、黄河上中游9省（直辖市）50个监测样本的行政区土地总面积2146.29万公顷，划入天保工程区土地面积2000.65万公顷，占93.21%。2013年，监测样本地区总人口1989.57万人，其中乡村人口1459.21万人，城镇人口530.36万人。总体上看，地广人稀和经济社会发展落后是监测区域的主要特征，人口密度仅为每平方千米93人①，乡村人口比例（73.34%）明显高于46.27%②的全国平均水平。同时，监测地区也是我国大江、大河的水源区，生态区位重要且被破坏严重，生态保护与经济社会发展的矛盾突出，天然林资源保护各项政策措施对当地经济社会发展和民生改善有着深远的影响。

（一）县域经济

1．地区经济增速放缓

2013年，46个③样本县地区生产总值为4387.05亿元，与2012年相比增长了12.81%，增速降低了6.39个百分点，但仍高于7.70%④的全国平均增速。2013年，46个样本县农林牧渔总产值1176.38亿元，与2012年相比增长了10.00%，增速降低了8.01个百分点。其中，农业产值643.82亿元，相比2012年增长了11.48%；林业产值79.02亿元，降低了22.64%；畜牧业产值396.94亿元，增长14.73%；渔业产值28.49亿元，增长了10.56%；农林牧渔服务业产值28.11亿元，增长55.65%。除林业外，其他大农业产值均保持了较高的增速，但由于产值变动幅度不大，大农业产值结构没有明显变化（图2-18）。

2．财政赤字继续扩大

2013年，46个样本县财政赤字再次扩大，达到了823.12亿元，是当年地方财政收入的1.07倍，平均每县17.89亿元；与2012年相比增加了260.33亿元，平均每个样本县增加了5.66亿元。2013年，46个样本县地方财政收入769.40亿元，与2012年相

① 根据第六次全国人口普查，全国平均人口密度为每平方千米140人。

② 根据《中华人民共和国2013年国民经济和社会发展统计公报》，全国城镇常住人口为73111万人，占总人口比例为53.73%。

③ 陕西省黄龙山自然保护区、甘肃省祁连山国家级自然保护区、岷江林业总场、康南林业总场等4个样本不是县级行政区划（跨多个县级行政区），无准确的经济统计数据。

④ 数据来自《中华人民共和国2013年国民经济和社会发展统计公报》。

图2-18　2013年样本县农林牧渔业产值结构

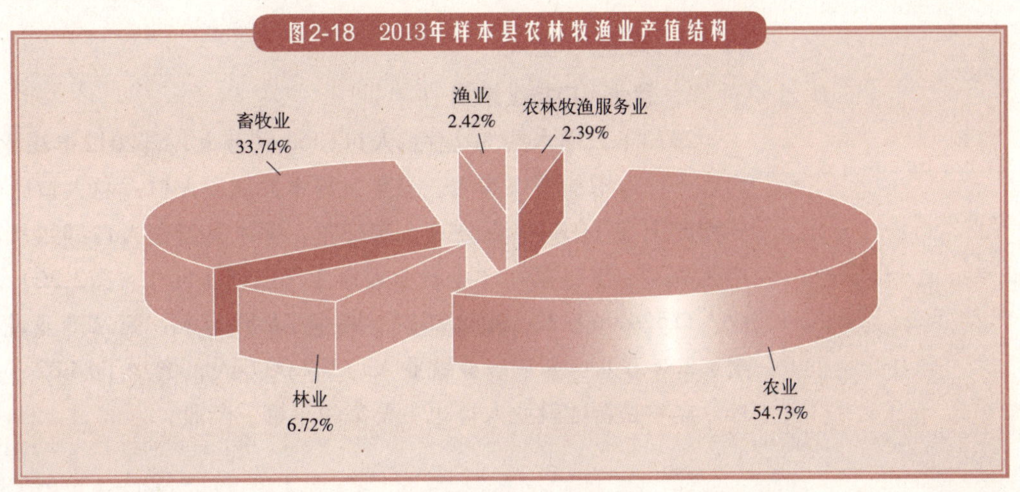

专栏 2-1　天保工程区农村经济增长缓慢

天保工程区农村经济增长缓慢，贫困落后问题突出。监测显示，2013 年 91 个监测样本村经济总收入（756.29 亿元）仅增长了 3.61%。当年，样本村贫困户增加了 661 户，贫困人口增加了 2177 人；平均每个行政村增加了 7 户（23 人）。经济增长缓慢和贫困加剧可能对天然林资源保护和生态建设不利，是天保工程区应该重视和着力解决的问题。

比增长了57.28%；地方财政支出1592.52亿元，增长了51.38%。尽管财政收入增长率高于财政支出，但由于地方财政支出基数较大，其绝对值远大于财政收入增幅，故财政赤字继续扩大，财政收支失衡加剧（图2-19）。

图2-19　46个样本县近三年财政收支对比

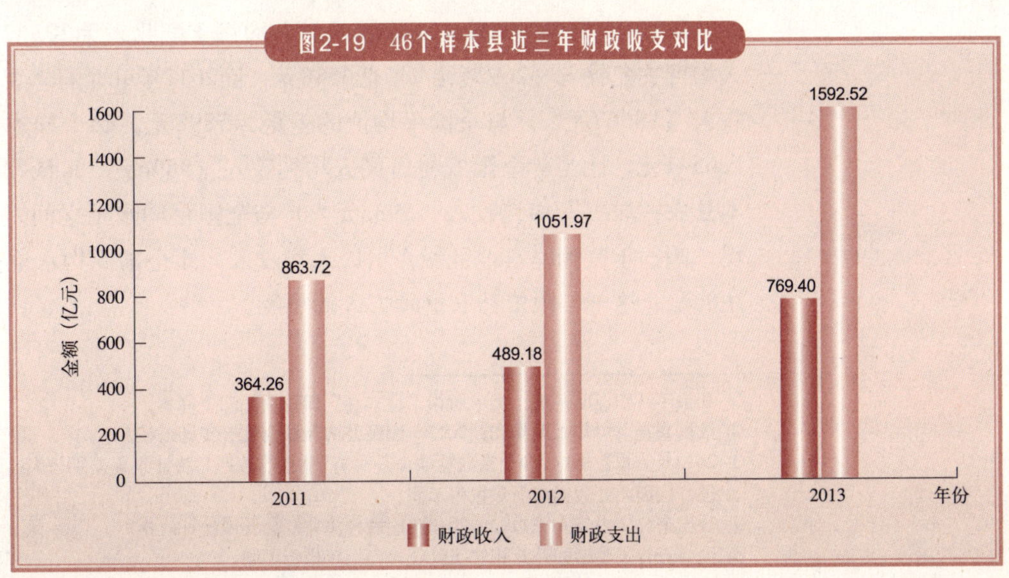

（二）就业与收入

1. 就业人口持续增加

2013年，样本县[①]就业总人口1060.66万人，与2012年相比增加了9.10万人，平均每个样本增加了1820人。当年，样本县就业人口占总人口比例为53.31%，与2012年相比上升了0.44个百分点。2013年，样本县就业人口继续从第一产业向第二、三产业流动，使得第一产业就业人口比例已低于50%（图2-20）。当年，第一产业就业人口524.06万人，相比2012年减少了8.58万人；第二产业就业人口214.60万人，增加2.86万人；第三产业就业人口322.00万人，增加了14.82万人。除就业人口流动外，样本县新增就业人口也主要集中于第三产业。

图2-20 2013年与工程实施前（1997年）样本县就业结构对比

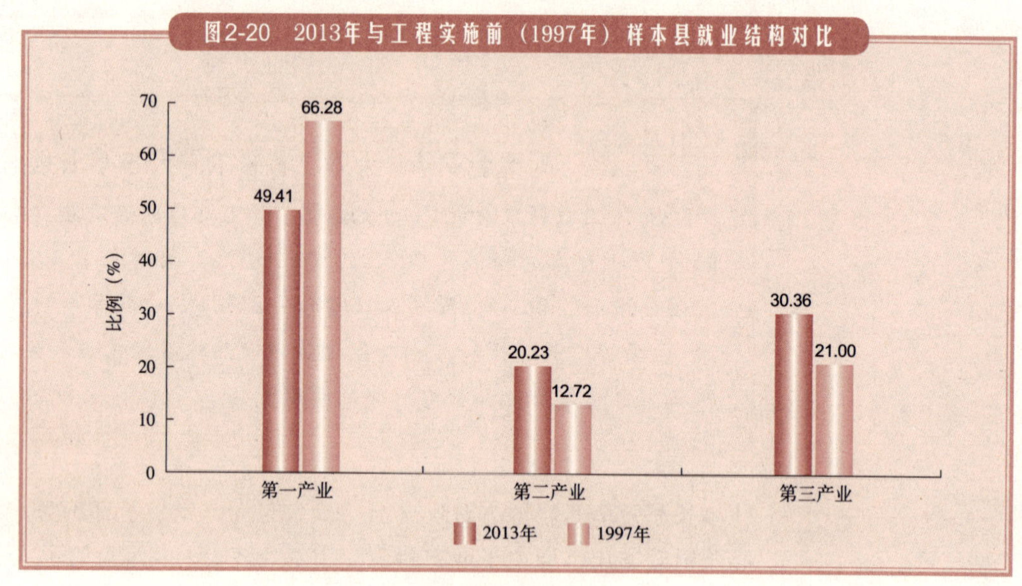

2. 城乡居民收入与全国平均水平差距在拉大

2013年，46个样本县城镇居民年人均可支配收入为20367元，比全国城镇居民人均可支配收入（26955元[②]）低6588元；而2012年46个样本县城镇居民人均可支配收入（18667元[③]）与全国平均值的差距为5898元。46个样本县农村居民人均纯收入6541元，比当年全国农村居民人均纯收入（8896元[④]）低2355元；2012年46个样本县农村居民人均纯收入（5933元[⑤]）与全国平均水平之间差距为1984元。对比发现，2013年监测样本地区城乡居民人均收入均比全国平均水平低了1/4左右；值得关注的是，这一差距依然有继续扩大的可能。

---

① 如果不特别说明范围，文中所指“样本县”即为全部50个样本。

② 数据来自《中华人民共和国2013年国民经济和社会发展统计公报》。

③ 2013年上报数据中，1个县数据缺失，另有2个县的数据与统计年鉴差别较大，这里均进行了补齐和更正处理，因而此处数据与上年报告不同。

④ 数据来自《中华人民共和国2013年国民经济和社会发展统计公报》。

⑤ 同样进行了数据的补充和修正处理，与上年报告不同。

（三）森林资源

1. 林业用地面积持续扩张

近年来，随着生态保护与植被恢复日益受到各级政府的重视，林业用地面积保持了连年增长的趋势。2013年，样本县林业用地面积1297.42万公顷，相比2012年增长了1.00%，平均每个样本县林业用地面积增加了2576公顷；在行政区土地总面积中的比例为60.45%，与2012年相比上升了0.71个百分点。林业用地中，有林地面积784.72万公顷，与2012年相比增长了0.16%；疏林地面积19.09万公顷，比2012年增长了52.84%；灌木林地面积381.06万公顷，比2012年增长了3.93%；未成林地面积25.22万公顷，其他（苗圃、无林地等）面积87.33万公顷，与2012年相比分别下降了8.06%和7.56%。对比显示，2013年样本县森林植被覆盖面积进一步扩大，有林地、灌木林地和疏林地面积合计占行政区土地面积的55.21%；未成林及其他林地面积减少了9.35万公顷，从而使得林业用地内部结构发生了一些变化（图2-21）。

图2-21　2013年样本县林业用地内部结构

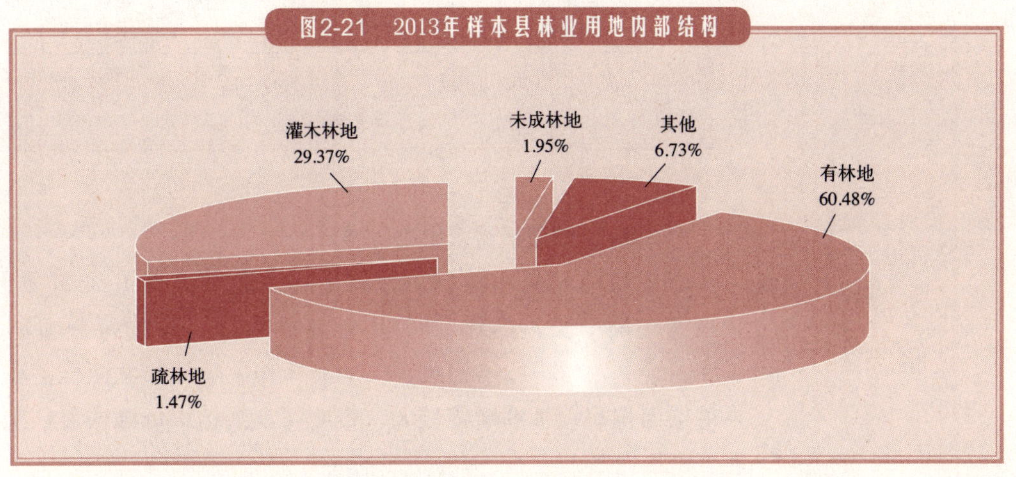

2. 林地和林木的权属、来源和林龄结构均未发生较大变动

2013年，样本县林地面积和森林蓄积均有小幅增长，对面积和蓄积结构影响不大。分权属看，2013年样本县国有林面积292.17万公顷，蓄积41598.05万立方米；集体林面积492.55万公顷（其中确权到户358.40万公顷，占72.76%），蓄积25617.70万立方米（其中6912.99万立方米属私有）。分起源看，天然林面积611.14万公顷，蓄积58665.49万立方米；人工林面积173.58万公顷，蓄积8550.26万立方米。按林龄划分，幼龄林面积279.43万公顷，蓄积9311.13万立方米；中龄林面积241.34万公顷，蓄积16640.53万立方米；近熟林面积115.65万立方米，蓄积12327.48万立方米；成过熟林面积148.30万公顷，蓄积28936.61万立方米。按用途划分，国家级公益林面积389.72万公顷，地方公益林164.61万公顷，商品林面积230.39万公顷。按林种划分，用材林面积183.67万公顷（其中速生丰产林7.06万公顷，占用材林的3.84%），经济林面积27.56万公顷，防护林面积442.59万公顷，薪炭林面积22.64万公顷，特种

用途林面积108.26万公顷。结构对比显示（图2-22），样本县天然林的面积和蓄积比例都很高，不到40%的国有林面积上拥有超过60%的森林蓄积，近熟林和成过熟林的森林质量较好。

图2-22 2013年样本县森林资源的权属、起源和林龄结构

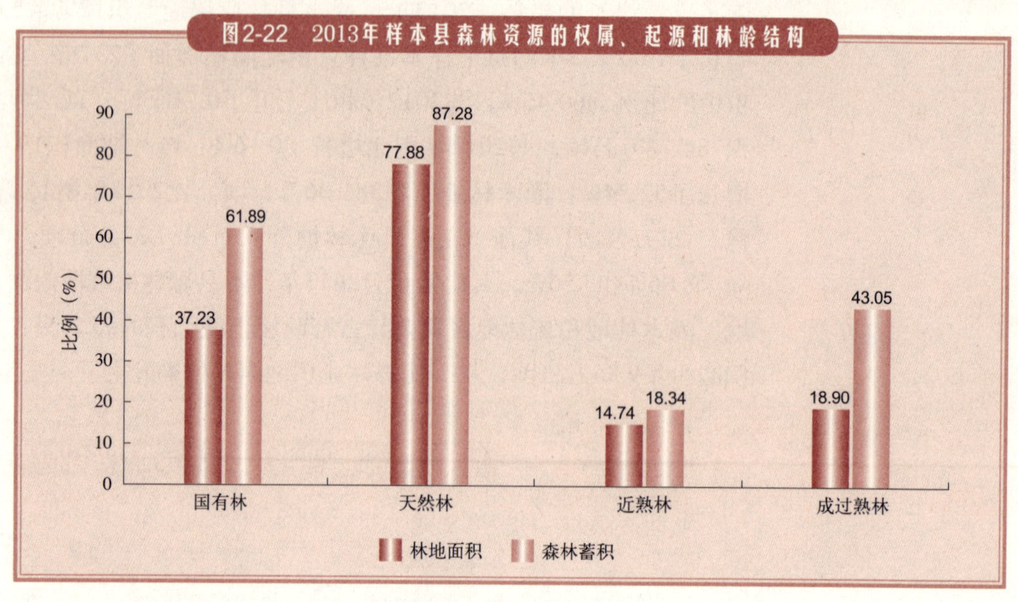

3．森林单位面积蓄积量略有增长

由于森林面积和蓄积均保持了增长趋势，2013年样本县森林单位面积蓄积量也有小幅增长，达到了85.66立方米/公顷，平均每公顷年生长量为4.04立方米（图2-23）。与2012年相比，仅幼龄林和中龄林单位面积蓄积量略有下降，成过熟林单位面积蓄积量则增幅较大，表明样本县林木资源恢复状况较好，木材安全保障能力明显提升。

图2-23 2013年样本县有林地单位面积森林蓄积量

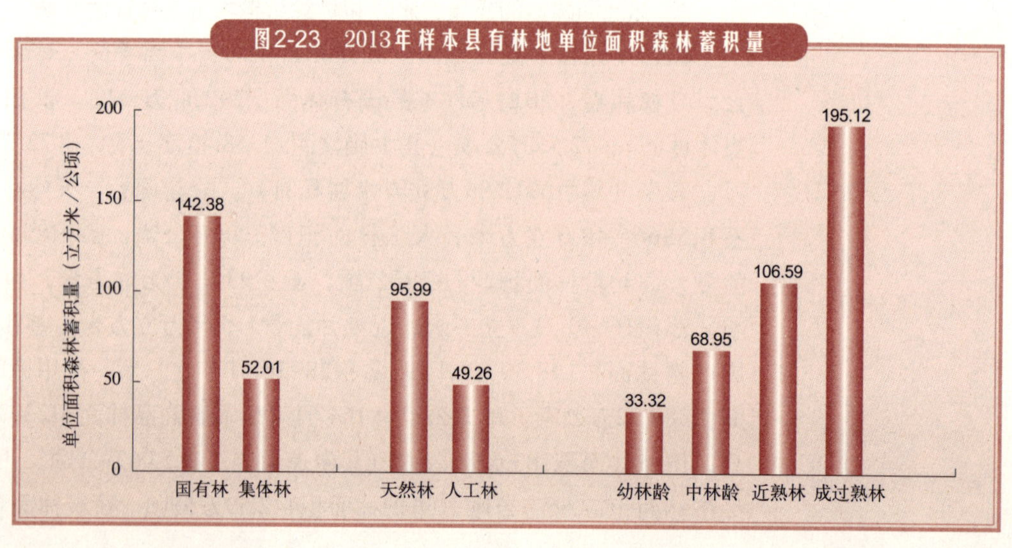

专栏 2-2　天保工程区农村森林资源总量持续增加

天保工程启动后，工程区森林得到了很好保护和快速恢复，资源总量持续增加。2013 年，91 个样本村有林地面积达到了 14.20 万公顷，与 2012 年相比增长了 0.35%。其中，天然林面积 10.77 万公顷，占 75.85%；国有林面积 5.66 万公顷，占 39.86%。当年样本村活立木蓄积 1432.99 万立方米，与 2012 年相比增长了 1.00%。样本村单位面积蓄积量为 100.91 立方米/公顷，森林质量好于 50 个监测样本县平均水平，表明天保工程区优势资源主要分布于农村地区。

二　工程进展与政策执行情况

工程建设任务与政策落实，以及资金到位与使用情况，一直是天保工程监测所关注的重点内容。2013年，长江上游、黄河上中游天保工程区完成投资111.58亿元，比2012年增长了10.72%；全年完成造林46.03万公顷，中幼龄林抚育39.93万公顷，实有森林管护面积7587.76万公顷；当年工程区木材产量为506.71万立方米，其中人工林木材产量占90.68%。整体上，长江上游、黄河上中游地区天保工程各项建设任务进展顺利，政策执行情况良好。

（一）森林管护

森林管护是为保障森林资源安全、促进森林资源持续增长，由县级林业主管部门、国有重点林业企业、国有林场等天保工程实施单位负责组织，国有林业单位职工及其他林业从业人员具体执行，完成对辖区内指定山头地块的看护和巡视任务，保护野生动植物及其栖息地，防止人畜破坏天然林资源。天保工程启动后，森林管护便作为一项重要的建设内容，管护面积随新增林地面积扩大，管理工作持续加强，人员队伍素质不断提高，已成为巩固工程建设成果和吸纳林区居民就业的关键举措，也为探索天然林资源保护长效机制积累了宝贵经验。

1．森林管护范围持续扩大

2013年，样本县计划管护森林面积887.35万公顷，占样本县林地面积的68.40%。当年样本县实际管护森林面积904.61万公顷，占林地面积的69.73%；超出计划1.95%，比2012年增加了4.37万公顷。分权属看，2013年样本县实际管护国有林面积408.92万公顷，比2012年减少了2.21万公顷；管护集体林面积495.69万公顷，增加了6.58万公顷。受集体林地面积增加影响，2013年集体林在实际管护森林面积中所占比例上升了0.47个百分点（图2-24）。

2．不同权属林地管护方式基本确定

根据《长江上游、黄河上中游地区天然林资源保护工程二期实施方案》，结

图2-24 2013年样本县实际管护森林面积的权属结构变化

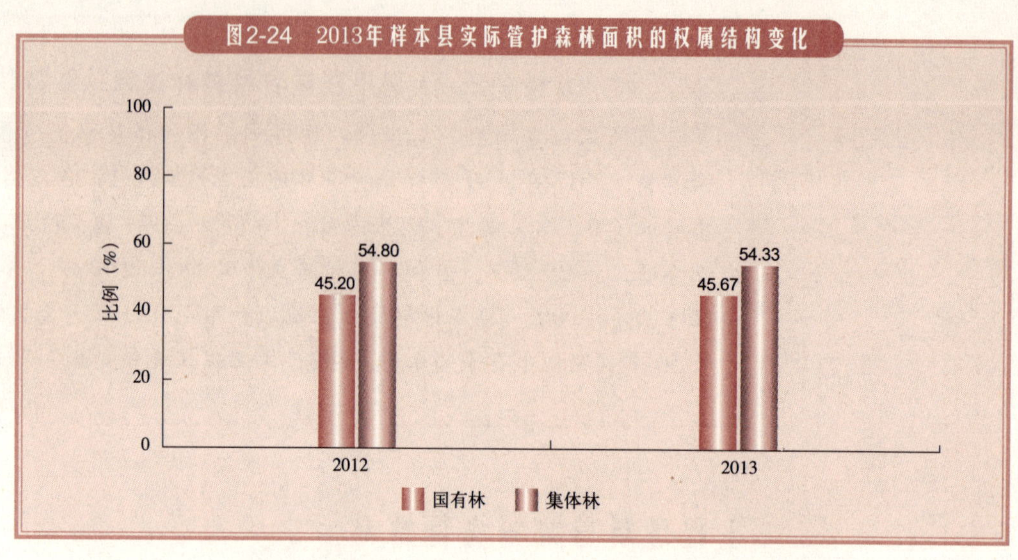

图2-25 2013年样本县国有权属林地管护模式

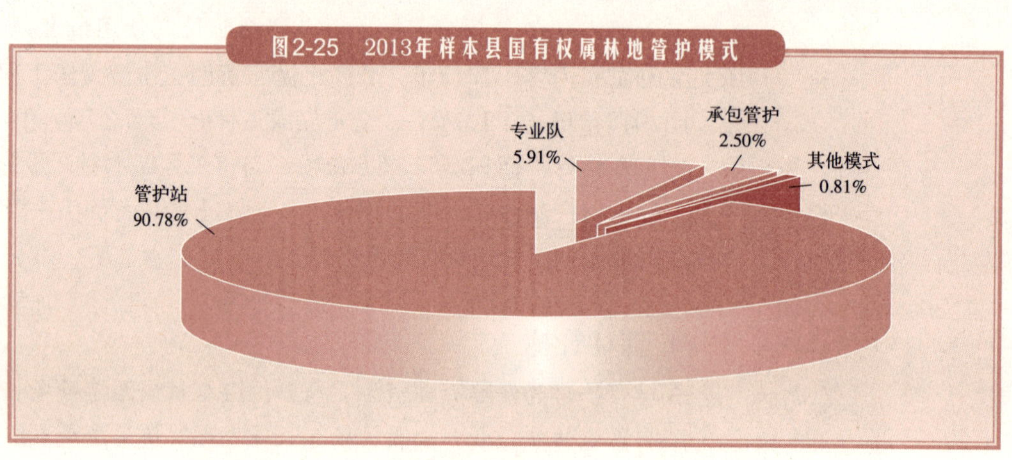

合自然和社会经济状况，针对不同区域具体情况，国有林可采取管护站管护、专业队和承包管护、分级管护和家庭生态林场等方式，集体林可采取分级管护、家庭托管、林农直管、承包管护等方式。2013年，样本县实际管护的408.92万公顷国有林中，建立管护站管护371.21万公顷，由专业队管护24.16万公顷，承包管护10.21万公顷，其他管护方式3.34万公顷（图2-25）；与2012年相比，承包管护的国有林比例下降了4.41%，管护站和专业队管护国有林比例分别上升了1.27%和3.35%，管护站和专业队已成为国有林管护的主要方式。2013年，样本县实际管护的495.69万公顷集体林中，分级管护64.50万公顷，家庭托管1.00万公顷，林农直管53.16万公顷，个体承包管护246.79万公顷，其他管护方式130.24万公顷（图2-26）；对比表明，个体承包依然是集体林管护的主要方式，但随着集体林权制度改革的深入推进，林农为开展林下经营而选择个人或联合管护，因而集体林管护模式有了较大变动。

3．管护人员配置和任务分配进一步优化

合理配置管护人员与设备设施，结合自然条件不断优化管护任务分配，是森林

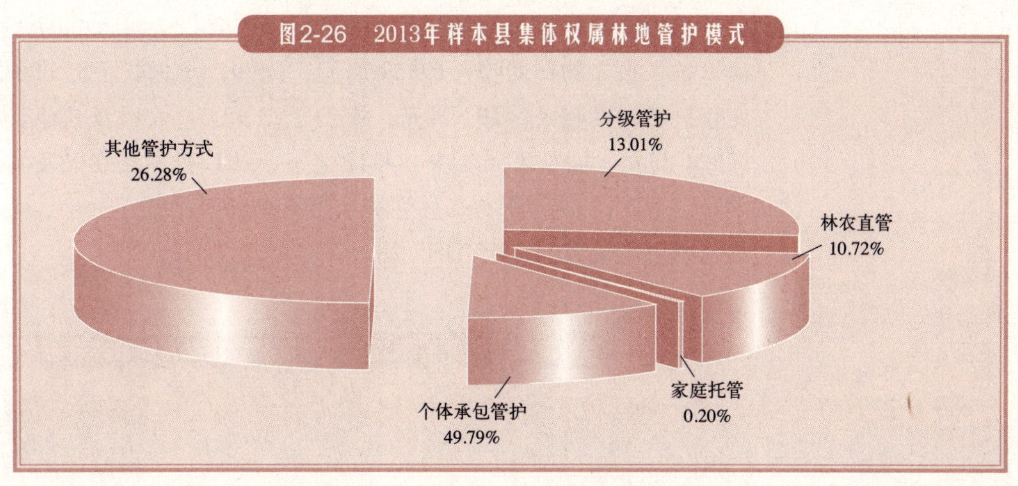

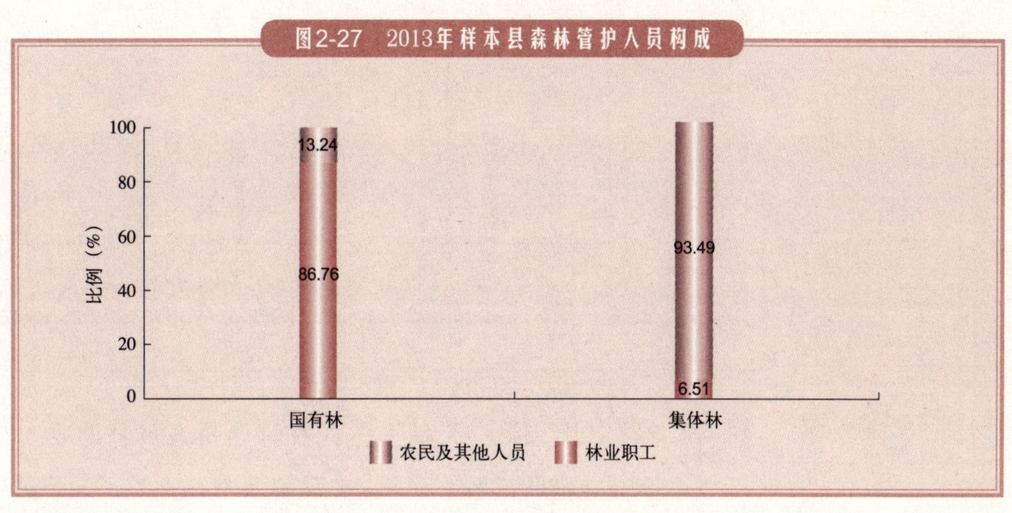

管护工作取得实效的重要保障。2013年，样本县有森林管护人员23199人，与2012年相比减少了1994人，平均每个样本点减少了40人。按管护人员身份划分，林业职工8062人，农民及其他人员15137人；依管护对象划分，国有林管护人员8164人，集体林管护人员15035人（图2-27）。不同管护方式下，管护站人均管护国有林664.53公顷，专业队人均管护国有林154.30公顷，个体承包人均管护国有林238.00公顷；分级管护的集体林人均管护面积357.76公顷，家庭托管人均管护集体林142.86公顷，林农直管人均管护集体林431.44公顷，个体承包人均管护集体林280.07公顷。相比之下，建立管护站的效率更高，其他方式下的管护任务量较前几年都有所下降。

4．管护人员补助大幅增长

资金投入，特别是管护人员工资补助，是森林管护工作稳定开展的重要保障。2013年，样本县森林管护资金投入47367.67万元，比2012年增加0.68%。其中，中央财政投入43955.12万元，占92.80%；地方财政投入3412.55万元，占7.20%。森林管护投入中，管护人员补助46024.99万元，占管护总投入的97.17%。当年，样本县森林管护人员人均补助收入19839.21元，比2012年增长了51.60%。其中，林业职工人均管护费补助收入24191.21元，增长了23.92%；农民及其他管护人员人均补助收入17521.33元，增长了66.32%。相比之下，2013样本县农民及其他管护人员补助收入增长了近2/3，带动所有森林管护人员补助收入增长了一半，是近年来森林管护补助收入增幅度最大的一次（图2-28）。

图2-28 天保工程二期以来样本县管护人员补助收入年际增长率

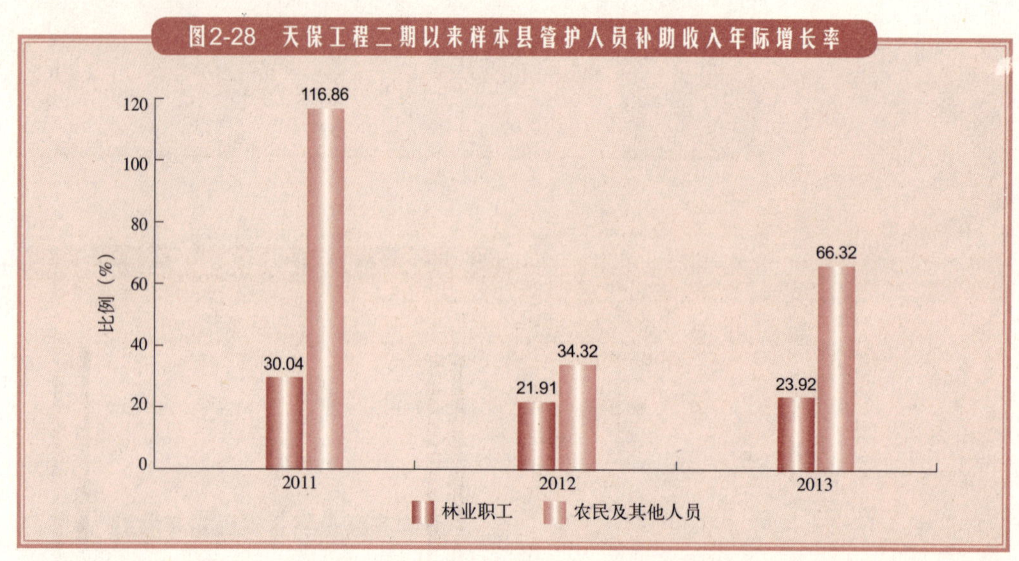

专栏 2-3 天保工程区农村管护人员补助收入稳步提升

天保工程区农村森林管护人员以本地农民为主，管护对象主要是村集体所有的林地。工程二期实施三年来，样本村森林管护人员补助投入持续增加，人均补助收入稳定增长。2013 年，91 个样本村森林管护人员 549 人，其中当地农民 494 人，年人均管护补助收入 3607.98 元；与 2012 年相比，人均管护补助收入增加了 388.44 元。

（二）公益林建设

为尽快恢复林草植被，长江上游、黄河上中游地区天保工程二期继续采取人工造林、飞播造林和封山育林等方式开展公益林建设。中央财政对人工造林每亩补助300元，飞播造林补助120元/亩，封山育林补助70元/亩。截至2013年年底，原44个监测样本县造林保存幼林面积48.83万公顷，相当于1998～2009年累计完成造林面积（78.90万公顷）的61.89%。与2012年相比，幼林保存率再次降低了6.03%，表明监测区域（特别是黄河上中游地区）新造林保存的难度非常大，公益林建设成果的巩固越来越困难。

1. 封山育林是工程区植被恢复的主要手段

长期以来，天保工程公益林建设以自然修复为主，封山育林占年度公益林建设任务量的一半以上，且计划完成情况好于其他两种方式。2013年，样本县完成公益林建设面积5.92万公顷，比2012年增长了19.35%，完成了年初计划（5.60万公顷）的105.71%。当年，样本县完成人工造林2.42万公顷，飞播造林0.27万公顷，封山育林3.23万公顷，人工造林和封山育林完成任务量分别比2012年增长了24.10%和18.32%。横向对比表明，封山育林依然是样本县公益林建设的主要方式（图2-29）；受自然条件所限，人工造林和飞播造林完成面积没有明显增长。

2. 人工造林实际资金投入量较大

2013年，样本县公益林建设投入14763.77万元，与2012年相比减少了625.30万元（4.06%）。其中，中央财政投入13993.97万元，占94.79%；地方财政投入769.80万元，仅占5.21%。2013年，样本县人工造林投入11373.50万元，占77.04%；飞播造林投入259.00万元，占1.75%；封山育林投入3131.27万元，占21.21%。对比显示（图2-30），样本县人工造林每亩实际资金投入为313.77元，远高于飞播造林（63.18元/亩）和封山育林（64.56元/亩）；

图2-29　2013年样本县公益林建设任务构成

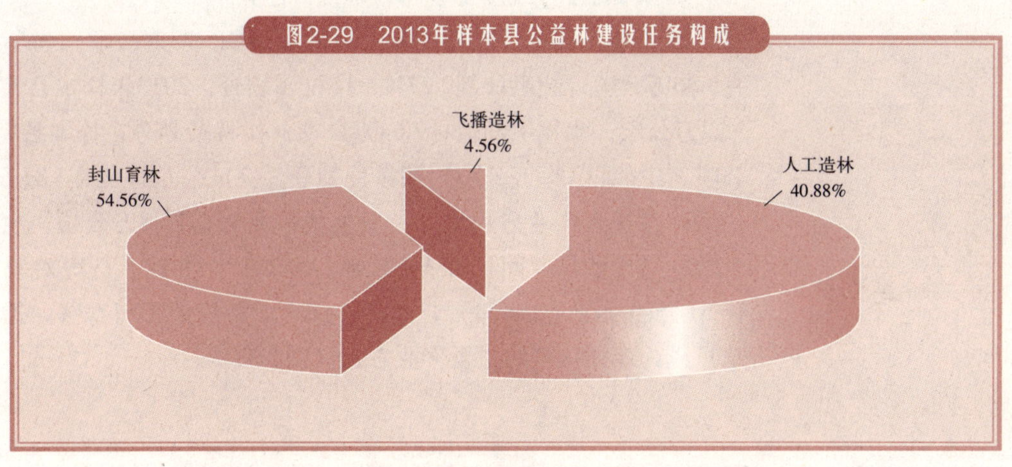

图2-30　2013年样本县公益林建设单位面积资金投入

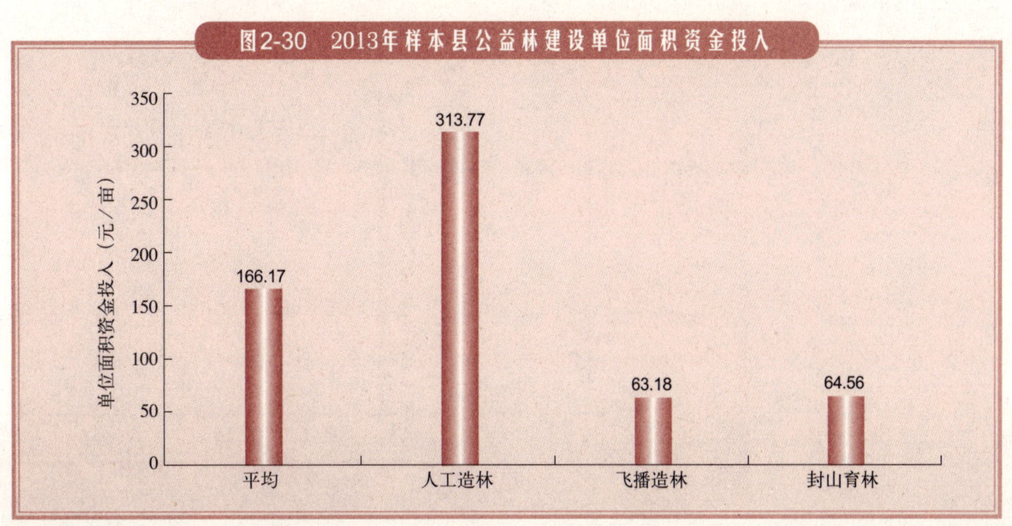

而飞播造林和封山育林的实际投入均低于中央财政对工程区的投入标准，工程区在造林资金使用上向成效较好的人工造林倾斜。

3. 新造林当年成活状况良好

从造林当年成活和保存状况来看，样本县多年来公益林建设成效较好，新造林地面积增幅较大。2013年，有人工造林建设任务的30个样本县中，造林成活率达到和超过85%的样本县有26个；只有3个样本县安排了飞播造林任务，成效面积为0.21万公顷，成效率为77.78%；有封山育林建设任务的34个样本县，当年封育合格面积为3.09万公顷，合格率为95.67%。

（三）森林抚育

森林抚育，是在幼林郁闭到进入成熟封育前，围绕培育目标所采取的营林措施。为提高森林质量和林地生产力，天保工程二期在长江上游、黄河上中游地区安排国有中幼龄林抚育任务466万公顷，中央财政每公顷补助1800元，预期可为林业职工和周边农民提供5.20万个就业岗位。

1. 样本县超计划完成当年森林抚育任务

2013年，样本县计划抚育中幼龄林面积5.73万公顷，当年实际完成中幼龄林抚育5.86万公顷，超出计划2.27%。按权属划分，2013年样本县完成抚育国有中幼龄林3.22万公顷，集体中幼龄林2.64万公顷；按林龄划分，样本县完成幼龄林抚育2.01万公顷，中龄林3.85万公顷；按林种划分，完成公益林抚育3.81万公顷，商品林2.05万公顷；按抚育作业方式划分，卫生伐作业面积1.68万公顷，生长伐作业面积1.87万公顷，透光伐作业面积2.31万公顷。与2012年相比，抚育对象中集体林比例上升了16.51个百分点（图2-31），商品林抚育面积增长了57.69%，透光伐（主要是割灌除草）成为森林抚育的主要作业方式（图2-32）。

图2-31 近两年样本县抚育中幼龄林权属构成

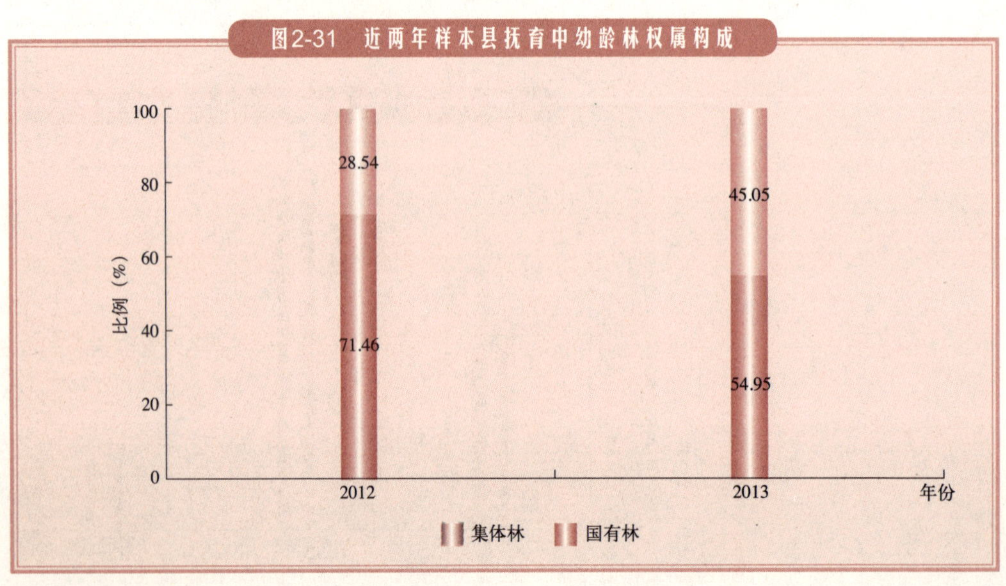

图2-32 样本县近两年中幼龄林抚育作业方式对比

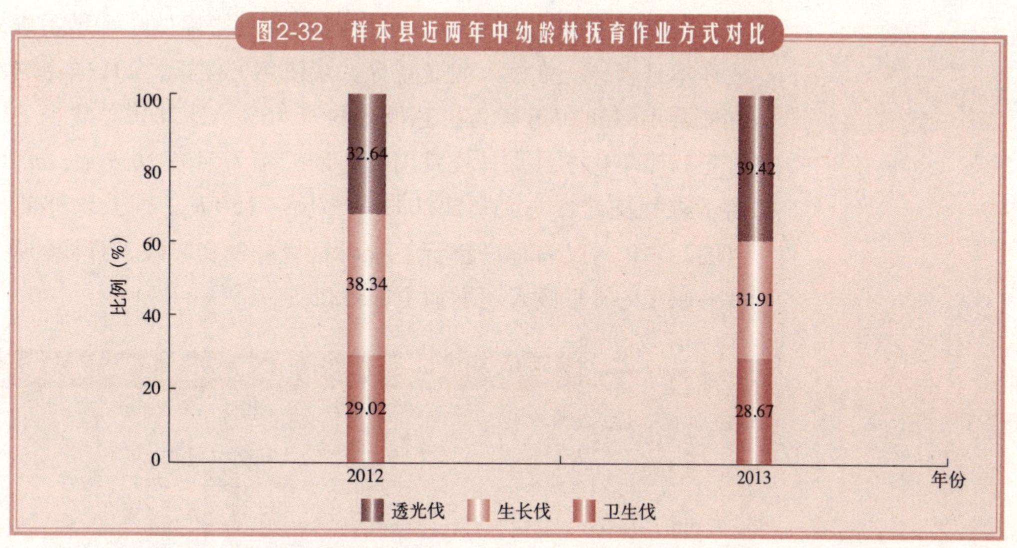

2．森林抚育单位面积用工量下降

2013年，样本县中幼龄林抚育用工总量为97.49万个，平均每公顷用工16.65个，比2012年减少了4.48个。不考虑用工估算和统计上的误差因素，单位面积森林抚育用工量的减少，表明工程区中幼龄林抚育作业效率在提高。

3．森林抚育为当地提供了更多就业机会

2013年，样本县从事中幼龄林抚育的人数为18795人，比2012年增加了150人。其中林业系统职工2554人，比2012年增加了270人，在从事中幼龄林抚育人员中所占比例上升了1.31%。参与森林抚育的林业职工人数增加，可能是抚育作业效率提高的原因之一。

专栏2-4　森林抚育资金对增加工程区农村居民收入的贡献率明显提高

监测显示，天保工程森林抚育工作主要由临时雇佣的当地农民完成，随着抚育任务量的增加，为农村创造了大量的就业机会。2013 年，91 个样本村完成森林抚育 1491.47 公顷，相比 2012 年增长了 18.94%。当年森林抚育资金总投入为 137.67 万元，相比 2012 年增长了 64.28%；其中用于人员补助 73.10 万元，占资金总投入的 53.10%，比 2012 年提高了 38.66 个百分点。也就是说，天保工程森林抚育资金主要用于人员补助，而此项工作又主要由当地农民完成，森林抚育正在成为农村增加就业和提高收入的重要途径。

4．抚育人员人均补助收入下降

2013年，样本县中幼龄林抚育资金总投入9195.51万元，与2012年相比下降了10.16%。其中，中央财政8324.64万元，比2012年增长0.85%；地方财政870.87万元，比2012年减少56.03%。中央财政投入增幅偏小和地方财政投入减幅过大，导致样本县森林抚育投入明显减少。从使用方面看，2013年样本县用于人员补助等的直接费用8438.05万元，占总投入的91.76%，比2012年减少了1302.24万元。与之相对应，当年样本县森林抚育用工补助总额为7465.36万元，比2012年降低了3.05%；由于森林抚育参与人员比2012年多出了150人，则人均补助收入要比2012年还低（图2-33），仅为3971.99元，森林抚育补助实际收入降低的是农民及其他人员，而林业职工的补助收入还增加了1135.05元。

图2-33 2013年与2012年样本县森林抚育人员补助收入对比

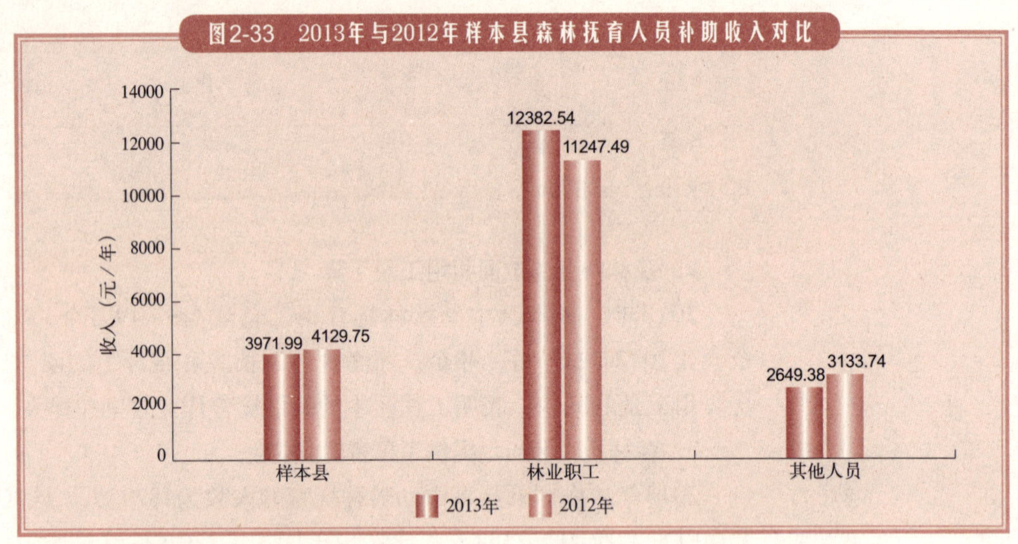

（四）木材生产与森林资源消耗

天保工程启动后，长江上游、黄河上中游地区实施了最严格的天然林禁限伐措施，以木材为原材料的林业企业和生活中依赖木材和木质能源的农户受到了直接影响。时至今日，长江上游、黄河上中游天保工程区生产和生活对木材的依赖程度已明显降低，监测样本县连续多年木材采伐消耗森林蓄积量远低于年度采伐限额，这是天然林资源保护倒逼当地生产、生活方式转变的结果，也是当地居民生态保护意识不断提高的表现。

1. 采伐限额利用率仍不足一半

2013年，样本县木材采伐消耗森林蓄积128.27万立方米，比2012年减少了4.8万立方米。但由于当年采伐限额（273.95万立方米）降低，故采伐限额利用率（46.82%）提高了8.37个百分点，是近年来采伐限额利用率较高的一年，但依然不到50%。其中，商品材采伐消耗森林蓄积60.57万立方米，占当年木材采伐消耗森林蓄积的47.22%；农民自用材采伐消耗森林蓄积15.14万立方米，占11.80%；烧材采伐消耗森林蓄积52.56万立方米，占40.98%。对比表明，样本县森林资源消耗结构没有明显改变（图2-34）。天保工程实施后，农村生产、生活对森林资源的消耗在下降，这是可喜的转变；但受限额分散影响，木材生产的规模收益不高（甚至亏本），商品材采伐限额利用率一直很低。

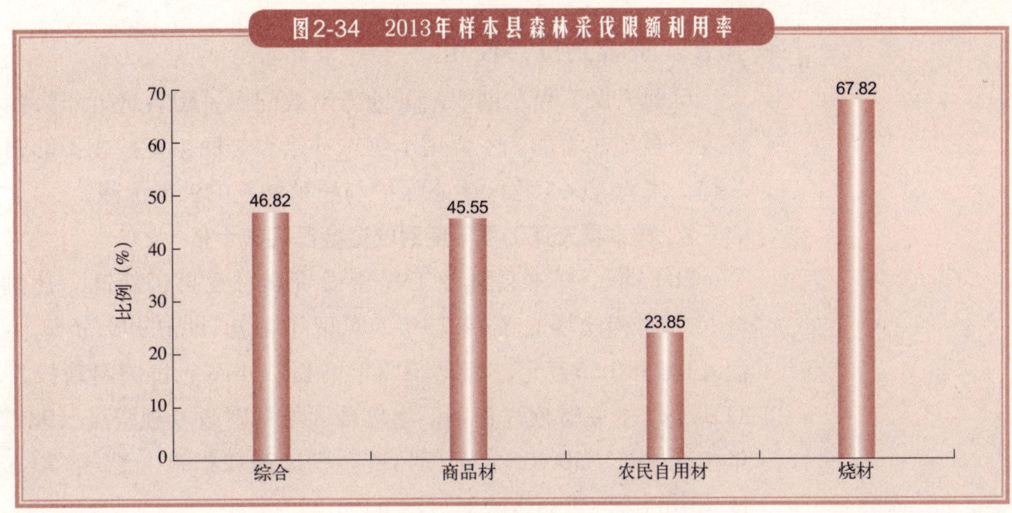

图2-34　2013年样本县森林采伐限额利用率

2．农村生产、生活对森林资源的消耗在下降

2013年，样本县森林采伐限额仅为273.95万立方米，比2012年下降了20.85%（72.15万立方米）。其中，农民自用材调减幅度（36.80万立方米）最大，尽管烧材的采伐限额增加了，但两者综合仍减少了20.31万立方米，表明各地对农村生产、生活用材使用量的预期在下降。农民自用材和烧材实际采伐消耗森林蓄积量比2012年增加了5.15万立方米，其增加量主要来自烧材（4.57万立方米）。从消费群体来看，2013年样本县以薪材为主要能源的农户数为76.39万户，相比2012年减少了3400户；以薪材为主要能源的人口数为264.01万人，减少了36.89万人。数据显示，样本县农村生产生活依赖林木资源的家庭和人口数量都在减少，多年以来使用量也呈明显的下降趋势。

专栏 2-5　天保工程区农村用材总量持续减少

自天保工程实施以来，工程区农村木材产量呈明显下降趋势。到天保工程一期结束（2010 年），76 个监测样本村木材产量比 1997 年减少了 4.64 万立方米。受天然林禁伐影响，农村木材采伐量和使用量明显下降，2010 年与 1997 年相比，农民自用材年度采伐量减少了 0.05 万立方米，烧材年度采伐量减少了 1.93 万立方米，极大改变了农村生活能源结构。天保工程二期启动后，农村木材产量仍保持下降趋势，2013 年 91 个样本村的木材产量为 4.39 万立方米，与 2012 年相比减少了 16.33%。其中，农民自用材减少了 24.64%（0.11 万立方米），烧材减少了 27.26%（1.20 万立方米）。表明农村生活能源对木材的依赖继续在下降。

（五）资金到位与使用

尽管天保工程二期取消了地方财政配套，但各地近年来投入生态保护与建设的财政资金却在增加，主要用于生态补偿等与民生直接相关的领域，与中央财政资金一起，成为天保工程区生态保护与植被恢复的关键保障。

1．样本县天保工程年度到位资金已突破十亿

2013年，样本县到位工程建设资金总量再创新高，达到了124407.37万元，与2012年相比增长了44.73%，实现了年初计划的99.56%。其中，中央财政资金投入102980.55万元，相比2012年增长47.46%；地方财政投入21426.82万元，增长32.94%。中央财政资金中，增幅最大的是财政专项资金（98922.05万元），与2012年相比增长了50.96%；而国债资金则比2012年减少了248.50万元，使其在中央财政投入中的比例进一步降低（图2-35）。

图2-35 样本县天保工程二期中央财政资金构成

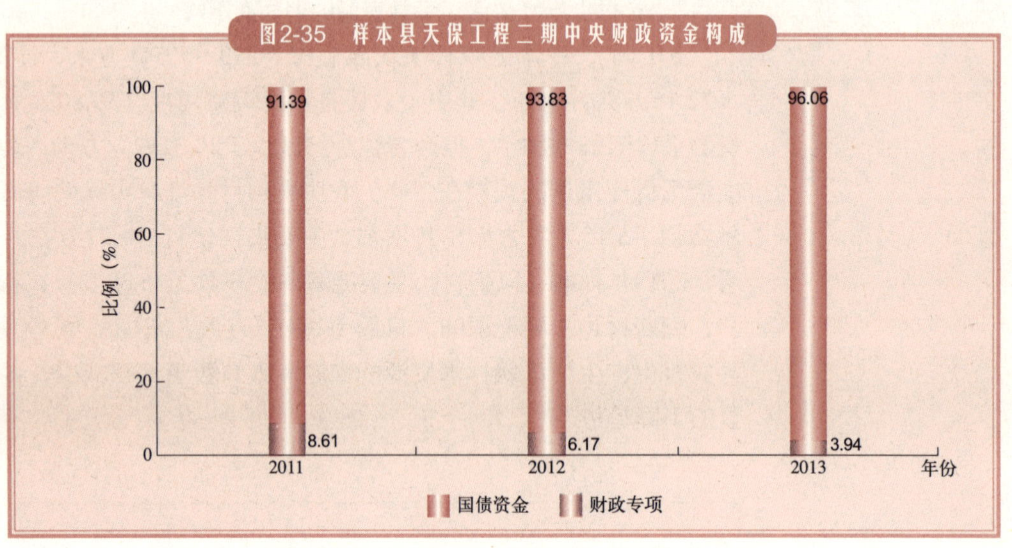

2．生态补偿资金投入明显增长

与工程建设到位资金快速增长相对应，2013年样本县完成投资额也创历史新高，达到了136021.19万元，相比2012年增长了41.20%。其中，公益林建设投入14763.77万元，比2012年降低了4.06%；森林管护投入47367.67万元，比2012年增长了0.68%；中幼龄林抚育投入9195.51万元，比2012年减少了10.16%；生态补偿投入54050.45万元，比2012年增长了204.93%；社会保险补助投入8738.67万元，比2012年下降了8.00%；政社性支出补助1352.62万元，比2012年减少了57.49%；剥离公益性事业改革经费奖励补助15.00万元（重庆市巴南区），其他用途537.50万元。相比之下，样本县工程资金投入中，生态补偿资金增幅最大，其他投向都有不同程度的减少，也使得工程资金使用结构发生了较大变化（图2-36）。进一步调查发现，2013年样本县生态补偿资金增长，一方面是因为中央财政对集体权属国家级公益林

图2-36　2013年样本县天保工程建设资金支出结构

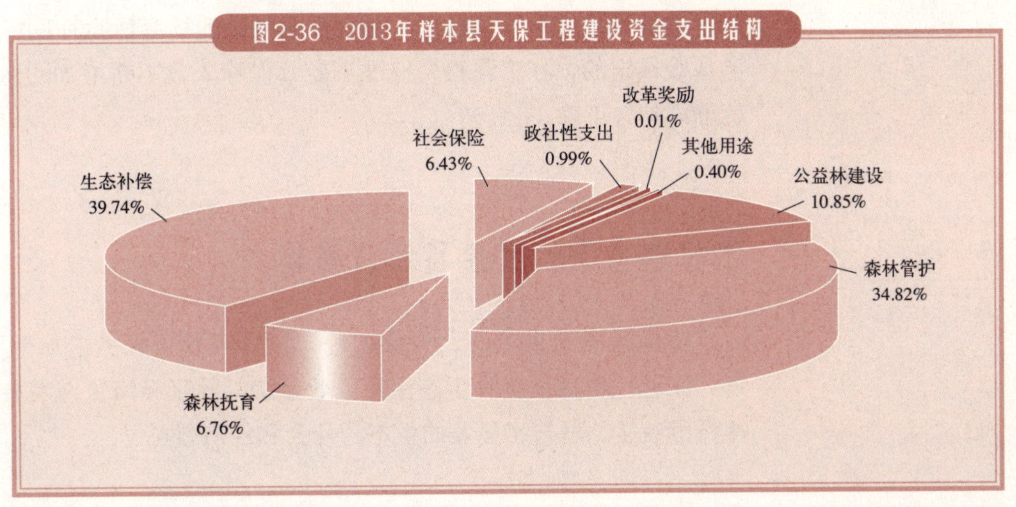

生态补偿标准每亩提高了5元，另一方面是因为许多地区集体林地确权进度缓慢，前期生态补偿资金直到2013年才大量兑现。无论如何，从2013年样本县工程资金使用来看，生态补偿、森林管护、森林抚育、社会保险补助等与工程区民生息息相关的政策性支出占据了总支出的87.75%，使得天保工程成为名副其实的民生工程。

3. 社会保险实际补助额在下降

与2012年相比，样本县2013年社会保险补助支出减少了760.13万元，获得社会保险补助的人数（15951人）增加了782人，人均补助金额（5478.45元）减少了783.53元。分险种看（图2-37），基本养老保险人均补助5108.88元，与2012年相比下降了33.30%；基本医疗保险人均补助1602.17元，减少了10.30%；失业保险人均补助505.92元，减少了4.37%；工伤保险人均补助213.44元，下降了26.30%；生育保险补助人均207.49元，下降了11.33%。根据工程实施方案和国家林业局、财政部《关于做好天然林保护工程区国有企业职工“四险”补助和混岗职工安置等工作的通

图2-37　2013年与2012年样本县人均社会保险补助

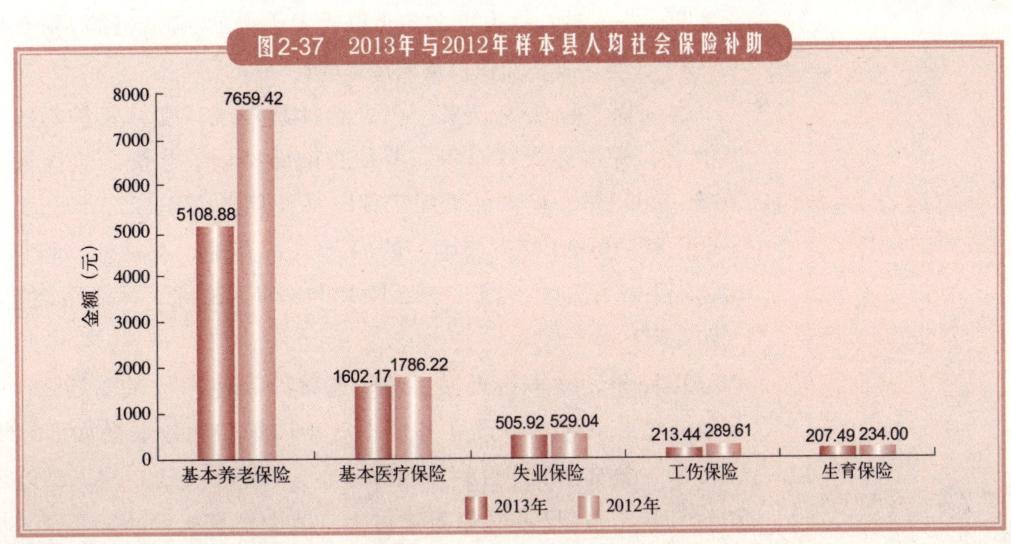

知》（林计发[2006]92号），国有企业缴纳的社会保险补助标准是以职工工资总额为基数核定的，在工程投资标准不变、保障人数不断增加的情况下，社会保险补助标准必然会下降。

三 工程的生态、社会和经济影响

跟踪监测结果表明，天保工程二期各项建设任务进展顺利，政策执行情况良好；工程区植被恢复和生态保护成效显著，林区经济快速发展，社会和谐稳定，民生持续改善，取得了显著的生态、社会和经济效益。

（一）资源与生态

生态改善是天保工程建设的核心目标。工程启动十多年来，样本县森林植被覆盖率有了明显提高，水土流失扩张的势头已被遏制，天保工程在其中发挥了非常重要的作用。

1．生态保护与防治力度加强

至2013年年底，样本县水土流失面积430.13万公顷，占样本县行政区土地总面积的20.04%，与天保工程一期末（2010年）相比减少了162.82万公顷。当年，样本县水土流失治理面积84.16万公顷，比2012年增加了26.68万公顷，占当年水土流失面积的19.57%。自天保工程二期启动以来，样本县水土流失治理工作加快推进，水土流失总面积在减少，年度治理面积在增加，生态环境持续改善。2013年，有33个样本县发生了277起森林火灾，森林火灾发生率为3.65%；受害森林面积646.44公顷，平均每个样本每次0.07公顷，比2012年减少了0.03公顷。当年，样本县森林病虫鼠害发生面积24.70万公顷，比2012年增加了3100公顷；防治面积20.66万公顷，比2012年增加了1300公顷；灾害防治率为83.64%，比2012年降低0.53个百分点。综合对比表明，样本县森林火灾和病虫鼠害发生频率不高，预防和治理措施比较到位。

2．工程区森林面积、蓄积持续增长

自天保工程实施以来，在天然林禁限伐、森林管护与抚育等政策措施的严格保护下，样本县森林面积、蓄积长期保持增长趋势，为区域生态改善奠定了良好基础。2013年，样本县天保工程区林业用地面积1222.57万公顷，占工程区行政区土地面积（2000.65万公顷）的61.11%；其中，有林地、疏林地和灌木林地面积依次为757.91万公顷、17.33万公顷和348.07万公顷，林业用地结构没有发生大的变化（图2-38）。

2013年，样本县天保工程区有林地和林木按权属划分，国有林面积273.58万公顷，蓄积40055.27万立方米，与2012年相比分别增加了0.81万公顷和2070.98万立方米；集体林面积484.33万公顷（其中确权到户342.25万公顷，占集体林地的70.66%），蓄积25422.91万立方米（其中私有权属6865.27万立方米，占工程区森林

图2-38　2013年样本县天保工程区林地利用结构

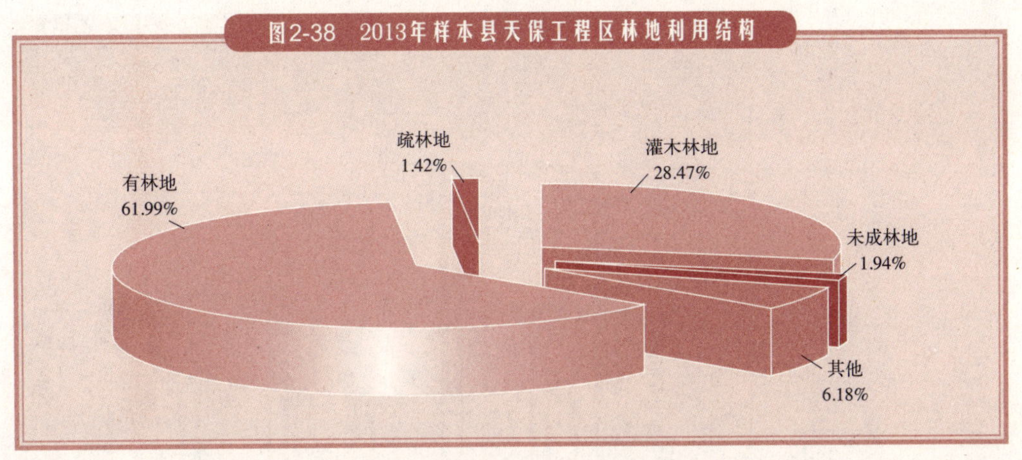

图2-39　样本县天保工程区不同权属和起源的森林构成

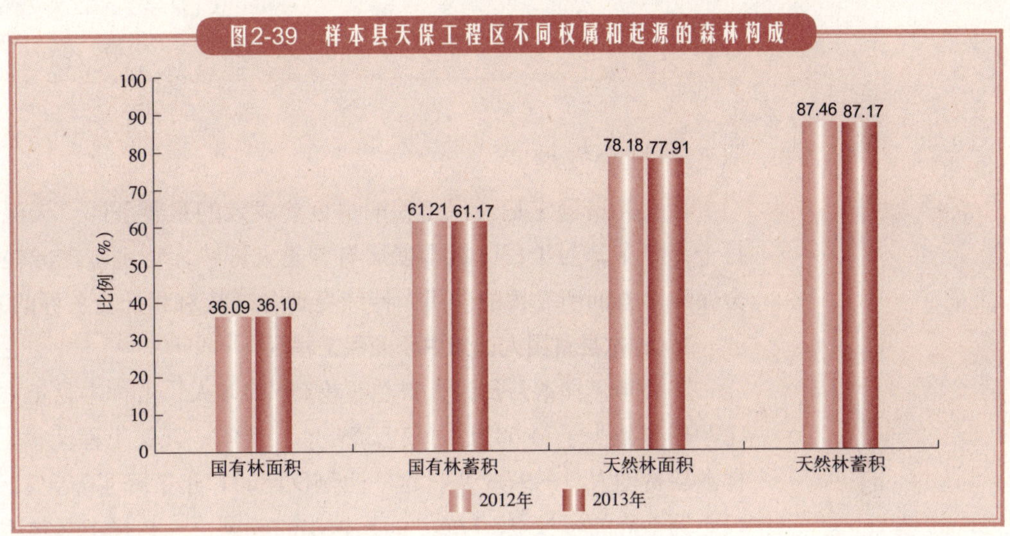

蓄积的10.49%）。按起源划分，2013年样本县天保工程区天然林面积590.46万公顷，蓄积57079.71万立方米；人工林面积167.45万公顷，蓄积8398.48万立方米。按林龄划分，幼龄林面积268.54万公顷，蓄积8995.44万立方米；中龄林面积233.39万公顷，蓄积16094.56万立方米；近熟林面积109.84万公顷，蓄积11740.17万立方米；成过熟林面积146.14万公顷，蓄积28648.02万立方米。与2012年相比，样本县天保工程区森林面积、蓄积都有小幅度增长（图2-39），森林资源保持了双增长良好势头。

3．工程区森林质量稳步提升

2013年，样本县天保工程区单位面积森林蓄积量为每公顷86.39立方米。分权属看，2013年样本县天保工程区国有林单位面积蓄积量为每公顷146.41立方米，集体林每公顷52.49立方米；分起源，天然林每公顷96.67立方米，人工林每公顷50.16立方米；分林龄，幼龄林每公顷33.50立方米，中龄林68.96立方米，近熟林每公顷106.88立方米，成过熟林每公顷196.03立方米。与2012年相比（图2-40），成过熟林单位面积蓄积量变化最大，幼龄林和中龄林单位面积蓄积量略有下降。

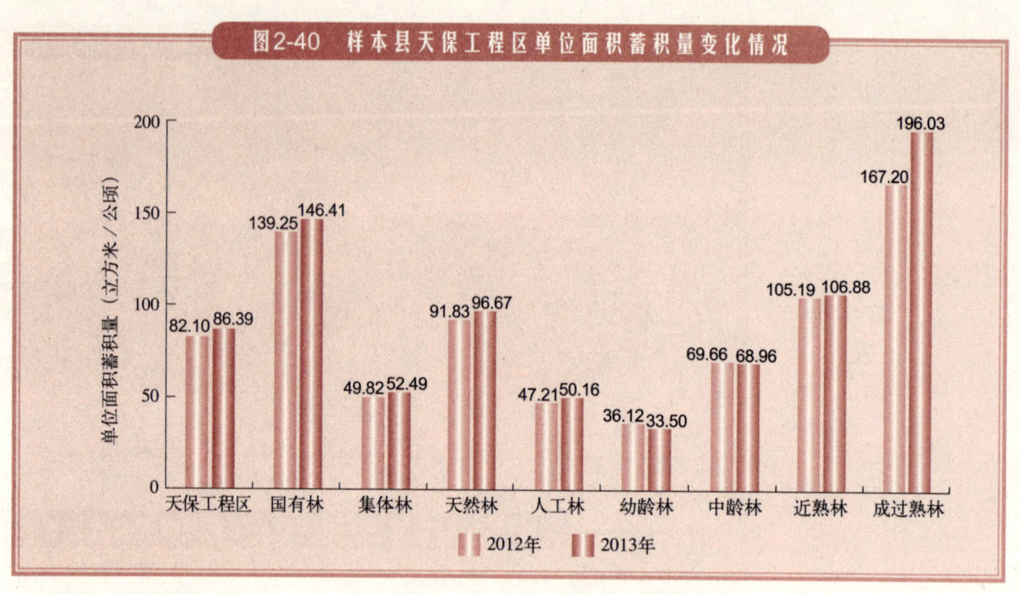

（二）社会发展

社会和谐稳定是天保工程取得显著成效的重要条件。天保工程相关政策措施执行十多年来，对工程区社会发展有着重大影响，特别是在减轻贫困、就业安置和社会保障等方面所发挥的作用，持续受到各级政府和社会各界的高度关注。

1．样本县贫困人口集中于天保工程区

2013年，样本县贫困人口总数为355.83万人，占样本县年末总人口的17.88%，相比2012年减少了74.68万人（17.35%）。当年，天保工程区贫困人口346.40万人，占样本县贫困人口的97.35%，这一比例仅比2012年下降了0.03%，远低于样本县贫困人口比例下降的幅度（3.77%）。反映出的问题，一是样本县贫困人口主要集中于天保工程区，12个非全县划入天保工程区的样本，其工程区贫困人口占贫困人口总数的86.65%；二是样本县脱贫人口主要在天保工程区，其贡献率为97.52%（图2-41）。

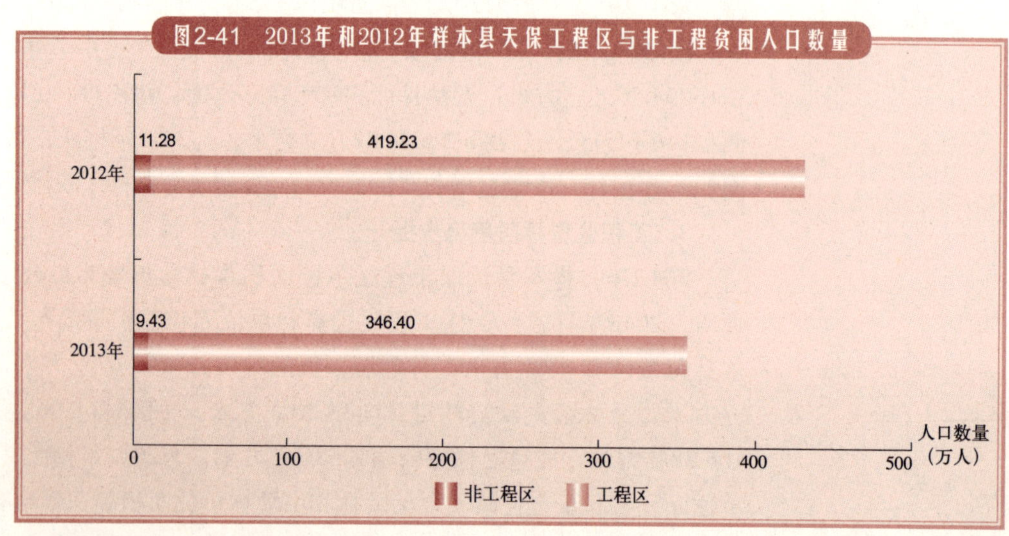

图2-42 2013年以木材采伐、加工和营林管护为家庭主要经济来源的农民人口比例

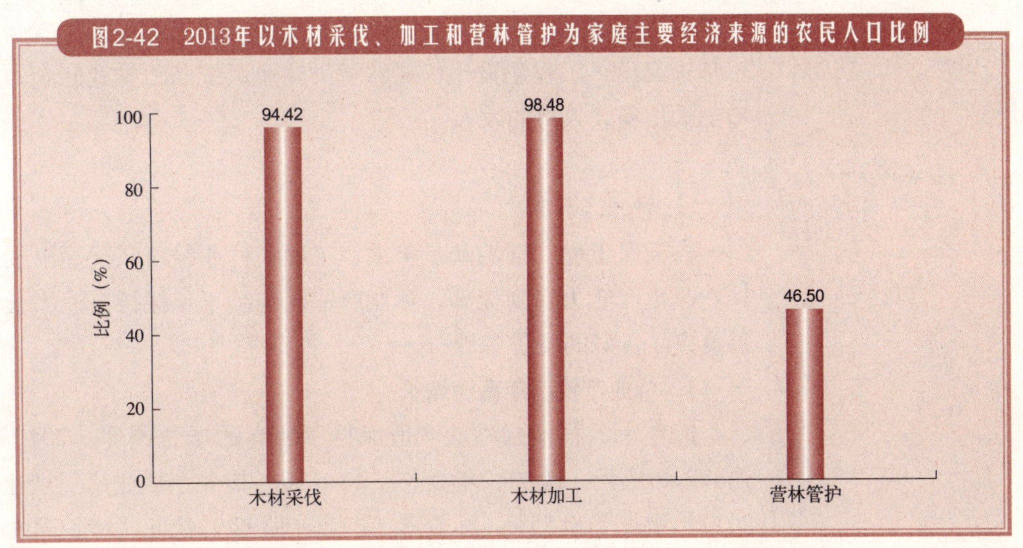

2. 以木材采伐、加工和营林管护为主要收入的工程区人口增加

与2012年相比，样本县以采伐木材收入为主要经济来源的人口（1257人）增加了732人，其中主要是农民，增加了832人；以木材加工收入为主要经济来源的人口（3955人）增加了70人，其中农民增加了244人；以营林管护收入为主要经济来源的人口（13768人）增加了1486人，其中林业职工增加了1504人。对比表明（图2-42），样本县家庭收入构成在2013年有着明显的变化，以木材采伐、木材加工和营林管护收入为家庭主要经济来源的总人口在增加。

3. 国有企业职工是工程建设的重要力量

自天保工程启动以来，森林管护、公益林建设等主要建设任务主要由林业系统职工完成，国有企业职工是其中的主要力量，天保工程使他们从“砍树人”变为生态保护与建设者。2013年，样本县工程建设人员（22575人）中有5689人是国有企业职工，占25.20%。其中，参与公益林建设679人，从事森林管护3917人，森林抚育308人，其他岗位785人（图2-43）。当年样本县共有国有企业职工5812人，在岗职工占97.88%，另有下岗职工80人，离开本单位保留劳动关系43人。与东北、内蒙

图2-43 2013年样本县森工企业在册职工参与工程建设人员结构

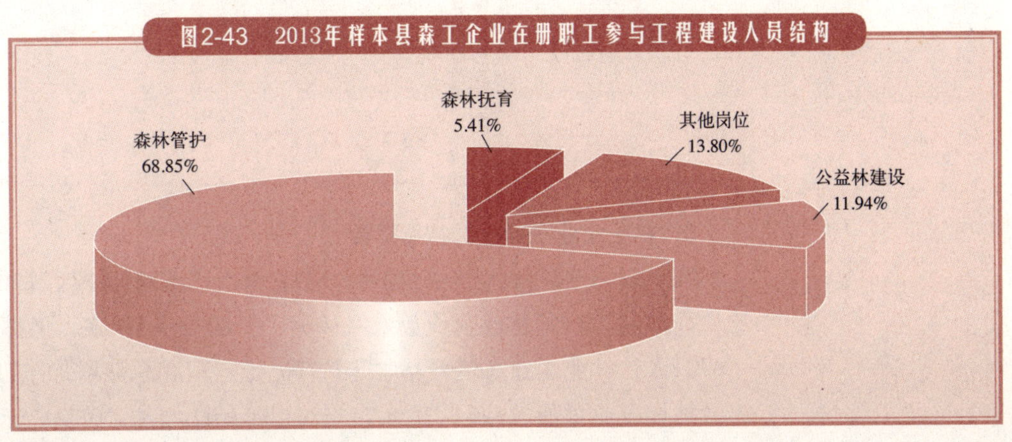

古等重点国有林区相比，长江、黄河流域天保工程区的国有企业在册职工安置问题不是很突出，工程建设不仅能够解决林业系统职工就业问题，还吸纳了当地农民，增加的工程区人口的收入。

（三）林业经济

自天保工程二期启动三年来，工程区林业经济状况逐渐改善，企业盈利能力和林产品生产能力得到提升，林业产值已连续三年保持高速增长，为林区社会繁荣发展奠定了良好的经济基础。

1. 林业产值连年高速增长

近年来，样本县林业产值保持了较高的增长速度。2013年，样本县林业产值达473.40亿元，比2012年增长了27.18%。其中，林业第一产业产值287.38亿元，比2012年增长了20.55%；林业第二产业产值92.92亿元，增长34.96%；林业第三产业产值93.10亿元，增长43.25%。进一步对比发现，样本县林业产业发展不均衡，当年林业产值构成中，属第一产业的经济林产品种植与采集产值（153.95亿元）和林木培育与种植产值（59.83亿元）分别占林业总产值的32.52%和12.64%，属第三产业的森林旅游与休闲服务产值（56.58亿元）占林业总产值的11.95%，三者合计占林业总产值的57.11%，高出林业第二产业产值比例（19.63%）37.48个百分点。样本县近年来林业产值比例反映出的问题是，林业产出主要集中于第一产业的种植与采集环节，附加值较高的第二、三产业发展相对薄弱（图2-44）。

图2-44 样本县近三年林业产值结构

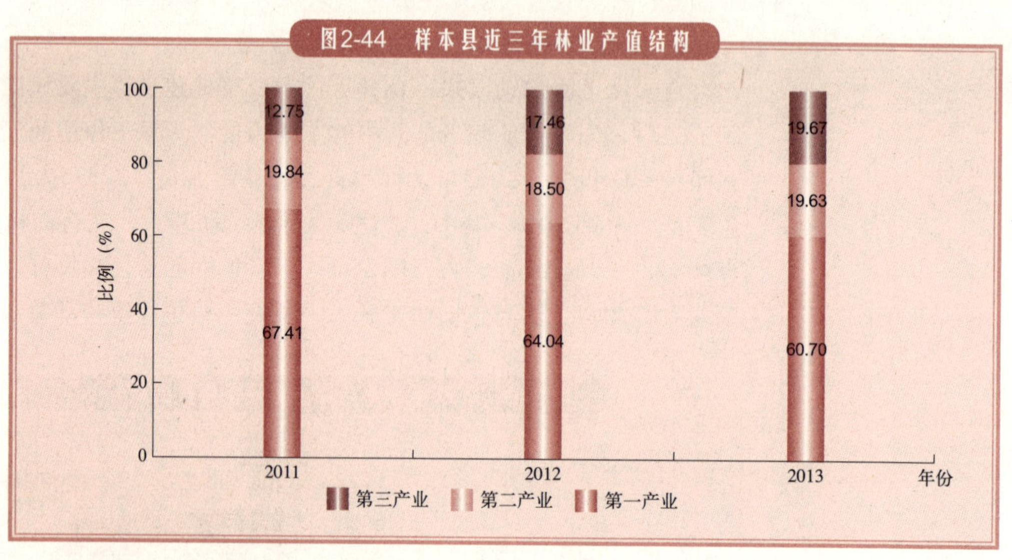

2. 林业企业经营状况持续好转

吸纳就业和利润总额的增加，是企业生产经营状况好转的表现。与2012年相比，样本县2013年林业企业数量（1084个）减少了114家，但林业企业从业人员增加了6721人，林业企业总资产增加了3.27亿元，利润总额增加了1.25亿元。2013年，样本县林业企业负债总额6.12亿元，与2012年相比增加了0.72亿元。其中，金融机构贷款本息余额2.82亿元，比2012年增加了0.37亿元；欠财政等社会资金0.49亿元，当年新增0.05亿元；拖欠工资（劳务费）等0.18亿元，减少了0.33亿元；其他债务2.63亿元，新增0.62亿元（图2-45）。

3．林产品生产能力稳步提升

2013年，样本县木材产量为97.00万立方米，比2012年减少13.61万立方米；其中，原木产量52.95万立方米，薪材44.05万立方米。当年，样本县竹材产量10598.94万根，与2012年相比增加了7171.75万根；锯材产量25.35万立方米，增加4.47万立方米；生产人造板27.24万立方米，增加3.07万立方米，生产家具37.68万件，增长了1.55倍。与2012年相比，样本县仅木材产量下降，主要是原木产量减少了34.97万立方米，其他主要产品均有不同幅度的增长，林产品生产能力稳步提升（图2-46）。

图2-45　2013年样本县林业企业负责结构

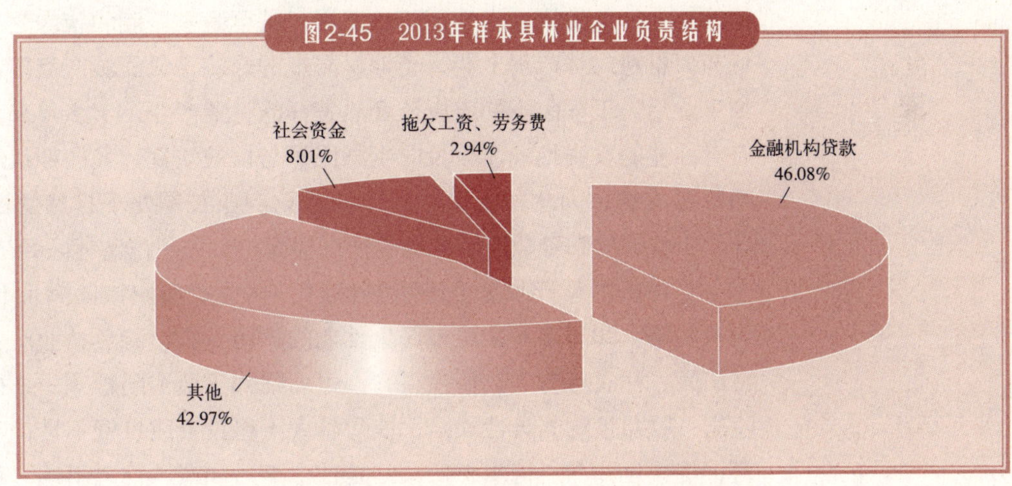

图2-46　样本县近三年主要林产品产量

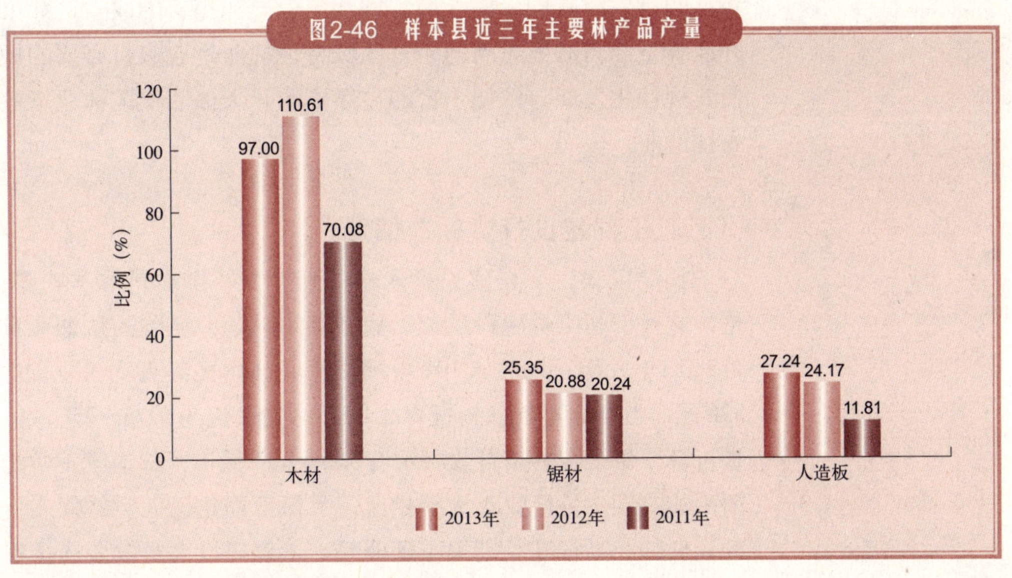

四 主要问题

总结天保工程建设取得成就的同时，我们更应该关注监测中发现的问题。

（一）工程区林业产业发展活力不足

尽管近年来工程区林业产值增长速度很快，但林业产业结构不合理，对区域就业与发展的贡献不大，与其拥有丰富的森林资源优势不相符。之前的监测报告中，我们不止一次提到工程区林业产业发展存在的问题。如对特色产业发展没有给予足够重视，以及工程区林业产业定位不明确、规划不到位等。天保工程启动后，工程区的林业产业发展一直处于不被重视，甚至是被压制的状态之下。尤其是对于以木材为原材料的林产加工业，受木材减产的影响，只能破产倒闭；在放弃传统的林产加工业后，工程区不知道应该发展怎样的林业产业。十多年来，中央及地方各级政府对林业的投资绝大多数投向生态保护与植被恢复，发展替代产业却很少得到稳定的资金支持。因此，天保工程区的林业产业长期处于自然发展状态，缺乏规划引导，少有政策和资金支持，发展极不均衡，失去了拉动林区经济的活力。

当传统的林产加工业不可持续时，林业产业应该向满足群众的多样化需求来寻找出路。2013年对重庆市民生林业的调研发现，特色林业产业在农村发展前景非常广阔，林农参与的热情也很高。但面临如下几个问题：一是林业产业投入大、风险高、收益慢的先天性缺陷，使得林农不愿投资或投资不足；二是一家一户分散经营，规模化和专业化水平低；三是技术落后和市场信息不畅，在市场竞争中处于弱势；四是农村基础设施落后，增加了生产和销售的成本。如果能够尽快解决林农在开展林下经营的上述问题，对区域特色林业产业进行必要的规划引导和政策扶持，使其规模化发展，依托丰富的自然资源，天保工程区林业产业依然能够成为林区的支柱产业。

（二）工程建设投资标准偏低

长期以来，工程建设投入标准低、且不随物价和居民消费水平变化而做出调整，这是引起工程建设单位诟病最多的问题。从监测结果来看，样本县森林管护人员2013年人均补助收入19839元，比城镇居民年人均可支配收入（20367元）低了528元；当年样本县森林抚育人均补助收入仅为3971.99元，根据补助总额和用工总量折算，每个劳动工日收入仅有76.58元，低于西部地区正常的务工收入。如果与全国平均或发达地区收入水平相比，天保工程建设人员的收入就明显偏低了。如果这种较低的补助标准长期得不到调整，工程建设人员就会选择到外地打工，天保工程建设将会丧失人员保障。

天保工程二期实施方案中明确提出，要随着社会平均工资水平的提高和物价变，调整有关补助标准。2013年，国家林业局上报了2013～2017年天保工程中央财政资金预算建议，要求大幅提高天保工程各项投资标准；在2014年度天保工程中央财政资金预算建议中，提出将每年的国有林管护费补助定在每亩10元、森林抚育补助标准提高到每亩200元。目前，基层工程建设单位对这两项标准的意见最大。天保工程一期国有林管护费每年1.75元/亩，其中中央财政每年投入1.40元/亩；从天保工程二期开始，中央财政按照每年5元/亩的标准安排工程区国有林管护补助费，与当时国家级公益林生态补偿标准一致。目前天保工程区以外的国家级公益林中央财政生态补偿每年为10元/亩，而中央财政对天保工程区集体权属国家级公益林的生态补偿为每年15元/亩；相比之下，国有林管护费补助偏低已是不争的事实。另外，从天保工程区开展中幼龄林抚育的3年来看，各地普遍反映120元/亩的投入标准偏低，只能组织完成割草除灌等用工量较少的抚育任务。

（三）工程区政社性人员剥离困难

2013年末，50个样本县还有政社性人员1535人，当年只有两个样本县剥离了33人（巫溪县15人，武隆县18人），2012年样本县剥离了99人，这两年间剥离的全部是公检法司人员。根据《长江上游、黄河上中游地区天然林资源保护工程二期实施方案》，天保工程二期启动之初，国有林业单位政策性社会性岗位职工1.24万人，需要通过推进政企分开、社企分开改革，逐步移交地方政府管理；为鼓励推进改革，对将国有林业单位承担的消防、环卫、街道等社会公益事业移交地方政府管理的省（自治区、直辖市），中央财政给予补助奖励，按照2008年年底人数和各省（自治区、直辖市）年社会平均工资的80%测算补助资金。对于长江上游、黄河上中游地区，将1.24万人划归地方政府管理，无论从资金保障还是编制上，都应该不是难题。那么，监测样本县政社性人员剥离如此缓慢，究竟卡在哪里了？

结合调研和部分县级监测调查员反映的情况，政社性人员剥离缓慢的原因：一是国有企业身份不明确，地方政府因经费和编制等难以落实而不愿接收。云南省部分国有企业就面临这样的问题，这些国有企业既不是事业单位、也没有企业法人资质，人员纳入地方政府机构编制必然受阻。二是许多国有林业单位已转为当地全额拨款事业单位，人员工资由地方财政全额发放，占用了地方编制；但人员归属还是林业系统，也就没有明确属于剥离人员，工资以外的经费保障还要依靠来自天保工程的中央财政补助。如果是前者，希望各地各级政府能够找到合适的解决办法，推动国有林业单位政社性人员的剥离工作。如果是后者，希望地方财政能够逐步增加工资以外的经费保障投入，给剥离后的林业系统工作人员以正常待遇。

五　对策与建议

针对2013年天保工程样本县监测中发现的问题，我们给出如下建议。

（一）加强对林业特色产业规模化发展的引导与扶持

当前，林业的有形产品和无形产品能够满足人民群众最迫切的物质和文化需求，天保工程区拥有多样的林业特色资源和丰富的劳动力资源，林业特色产业发展具备得天独厚的条件。做好天保工程区特色林业产业发展的规划和扶持工作，一是要注重规模化发展，通过龙头企业带动，建立专业合作社，将一家一户的分散经营组织起来，满足家庭林下经营的技术问题和市场信息需求；二是要个性化发展，充分发掘林区特色资源潜力，满足多样化的市场需求，避免无序竞争和重复建设；三是要综合发展，企业、林农、专业合作社之间既要有分工，更要加强合作，优势互补，提高特色林业产业的综合竞争实力。各级政府要认识到产业发展对生态保护和民生改善的积极作用，对于工程区的林业特色产业，从资金、技术和市场管理等方面给予全方位的支持，培育充满活力的林区经济。

（二）根据用工量和物价水平调整工程建设补助标准

自天保工程二期启动以来，我国各地物价水平都有明显提高，因而兑现工程投资标准动态调整的承诺势在必行。建议：一是要合理核定工程各项建设任务的单位面积用工量，特别是对于中幼龄林抚育不同作业手段的单位面积用工差异，作为确定工程投入标准的重要依据。二是根据年度物价变动水平，确定工程建设补助标准的调整幅度；中央财政以全国物价变动水平为依据，地方财政以当地物价水平为依据，弥补中央财政补助可能存在的不足部分。此外，要对工程申报预算与执行情况进行严格管理，确保工程建设措施得当，确保工程各项建设任务高质量完成，确保人员补助资金足额发放到位。

（三）对剥离国有林业单位政社性人员制定时间表

剥离国有林业单位政社性人员，解决国有林业企业、国有林场等人员的编制和待遇问题，解除他们的后顾之忧，是林区改革的一项重要内容，也是天保工程区人员安置问题的延续。为加快解决这一问题，建议在天保工程二期剩余时间内，要求有政社性人员的工程实施单位制定政社性人员剥离的时间表，中央与地方各级政府相互协调，解决好以下两个问题：一是人员编制问题，根据人员工作性质和内容落实；二是工资及其他保障问题，一定时期内（不超过工程二期剩余时间）由中央财政按一定比例给予补助，之后由地方财政全额拨款，各项待遇与同类单位人员一致。中央财政建立天保工程区人员安置专项扶持基金，一是满足改革过程中正常的补助资金需求，二是作为奖励基金，对推进较快、改革彻底的地方政府给予奖励，以缓解短期内对地方财政的压力。

（主要执笔人：谷振宾、王月华、刘永红、倪嶷）

退耕还林工程

退耕还林工程社会经济效益监测报告

2013年退耕还林工程进入重要发展期。退耕还林政策实现重大突破，中央进一步明确要求继续实施退耕还林，新周期退耕还林箭在弦上；超过80%的原退耕面积已进入延长期，原退耕还林政策亟待建立长效机制。2013年退耕还林工作继续紧紧围绕巩固和扩大退耕还林成果这一核心，巩固和扩大退耕还林成果同时更加关注改善民生，提高退耕还林实效。

2013年是退耕还林工程社会经济效益监测开展的第12年，继续对100个工程县、119个村和1156 个退耕农户进行定点连续跟踪监测。这些监测点分布在全国22个省（自治区、直辖市），其中，长江流域有52个县61个行政村和576个农户，黄河流域有48个县58个行政村和580个农户。100个监测县自工程启动以来累计完成的退耕地还林任务占全国的11.85%。工程监测采取县、村、户三级调查表和户问卷的方式收集数据。监测的主要内容包括监测点基本情况、工程进展、政策执行及成效。2013年，县、村、户三级监测共有487个指标，其中，县指标172个，村指标138个，户指标177个。针对当前退耕还林工程的焦点热点问题设置了村、户调查问卷，问卷内容包括退耕补助兑现、专项建设、退耕还林的林木经营、问题与建议等。为进一步准确评价退耕还林建设影响，在农户调查设置了地块指标，在村级调查设置了工程执行决策指标，3个问卷共有48个问题。在新周期退耕还林政策即将启动之际，2013年退耕还林社会经济效益监测的重点转向把握原政策重要趋势、分析新政策需求上。

监测结果显示：退耕还林各项政策稳步实施，巩固退耕还林专项建设在调整中发展，对退耕村户的覆盖面继续提高；退耕地管理总体增强；退耕还林生态改善对提高耕地生产力的效益开始显现，2013年监测农户粮食单产比退耕前提高77.45%，比监测农户多年粮食单产平均增长22.21%；退耕还林政策继续发挥减贫作用，退耕监测农户人均纯收入达9544元，比全国农民人均纯收入8896元高6.79%，对贫困农户的收入贡献达1/3，是否延续退耕补助在不同地区间存在差异；新政策周期前的预警指标继续延续明显变化趋势：超过80%的原退耕面积已进入延长期，补助到期户已达10%，部分低收入贫困户结束二轮补助；在城镇化和农业直补政策的推动下，退耕区土地利用剧烈变化，开荒地增加较快，退耕地经营比较利益已显著低于耕地，平均给退耕农户造成约6000元的机会损失，复耕现象存在且略有扩大，经济林复耕现象出现，提示需高度重视市场价格对退耕地收益的重要影响；现有退耕区域仍有一定的退耕潜力，可退耕地约占当前耕地的10%左右，新退耕区域应避开粮食主产区和人地资源紧张地区，有少数退耕户因为口粮不足而不愿退耕，新退耕任务应着力甄别这些农户；尽管面临诸多压力，退耕还林生态优先目标不容动摇，必须千方百计巩固退耕还林成果，坚决杜绝生态林复耕，在新周期退耕还林政策启动之际，应从国家长期生态战略需求和农户变化了的土地收益期望出发，发挥好政府和市场两方面的作用，加快建设新退耕还林长效机制。

一 退耕还林工程政策重点

2013年，退耕还林工程实现重大突破，中共中央进一步明确要求继续实施退耕还林。十八届三中全会《中共中央关于全面深化改革若干重大问题的决定》明确要求："稳定和扩大退耕还林、退牧还草范围，调整严重污染和地下水严重超采区耕地用途，有序实现耕地、河湖休养生息。"在《中共中央 国务院关于加快发展现代农业 进一步增强农村发展活力的若干意见》（中发［2013］1号）要求："巩固退耕还林成果，统筹安排新的退耕还林任务。" 2013年8月19日，李克强总理在兰州主持召开促进西部发展和扶贫工作座谈会时强调，在推进开发式扶贫、增强造血功能的基础上，把生态文明建设作为重要抓手，切实保护好环境，探索生态移民、退耕还林、发展特色优势产业相结合的新路子。为贯彻落实中央有关精神，国家林业局会同中国工程院开展了中国工程院开展退耕还林政策的咨询，并经过深入调查研究，新一轮退耕还林还草总体方案初步形成。

2013年提高了巩固退耕还林成果部分项目的补助标准。根据国务院第217次常务会议关于"自2013年起，适当提高巩固退耕还林成果部分项目的补助标准"的要求，5月15日有关部门下达的《关于2013年度巩固退耕还林成果建设任务及陕西省专项规划调整的批复》（发改西部[2013]913号）明确将基本口粮田建设补助标准南方由600元/亩提高到750元/亩、北方由400元/亩提高到500元/亩，补植补造补助标准由50元/亩提高到100元/亩，共增加巩固退耕还林成果专项资金85766万元。这有利于减轻基层负担，提高基本口粮田建设和补植补造项目实施质量。

按照党中央、国务院关于退耕还林工作的总体要求和国家林业局的统一部署，2013年退耕还林工作继续紧紧围绕巩固和扩大退耕还林成果这一核心，巩固和扩大退耕还林成果同时更加关注改善民生，提高退耕还林实效。

二 监测点基本情况

2013年，监测点经济保持较快增长，资源、环境继续改善，在城镇化加速发展和退耕还林工程的双重推动下，农村劳动力转移和非农化趋势延续，同时，农村劳动力短缺状况初现。

（一）人口缓慢增长，农村劳动力短缺趋势初现

2013年，在城镇化加快发展、农村产业结构调整的情况下，监测县农村劳动力外迁和非农的趋势继续延续，同时，在总人口保持增长的情况下，乡村人口数和农林牧渔劳动力人口数同时下降，农村劳动力短缺状况出现。

人口缓慢增长，乡村人口比例继续下降，城镇化进程继续加快。2013年，样本县总人口4641.48万人，比2012年增长0.43%，增幅提高0.21个百分点：其中，乡村人口3706.15万人，比2012年减少32.36万人，减少0.87%，乡村人口占总人口的比例为79.85%，比2012年减少1.04个百分点。自1998年以来，监测县乡村人口比例一直呈下降趋势，但与全国平均的乡村人口比例（46.27%）相比，监测县乡村人口比例仍较高（图3-1）。

农业劳动力和外出务工人数同时减少，农村劳动力短缺状况初显。2013年末样本县乡村从业人员2142.62万人，比2012年增加35.72万人，增加1.70%，占样本县总人口的46.16%。其中，乡村从业人员中从事农林牧渔生产的劳动力继续减少，2013年，样本县农林牧渔劳动力1048.58万人，比2012年减少110.47万人，下降9.49%；

图3-1 退耕还林样本县人口状况

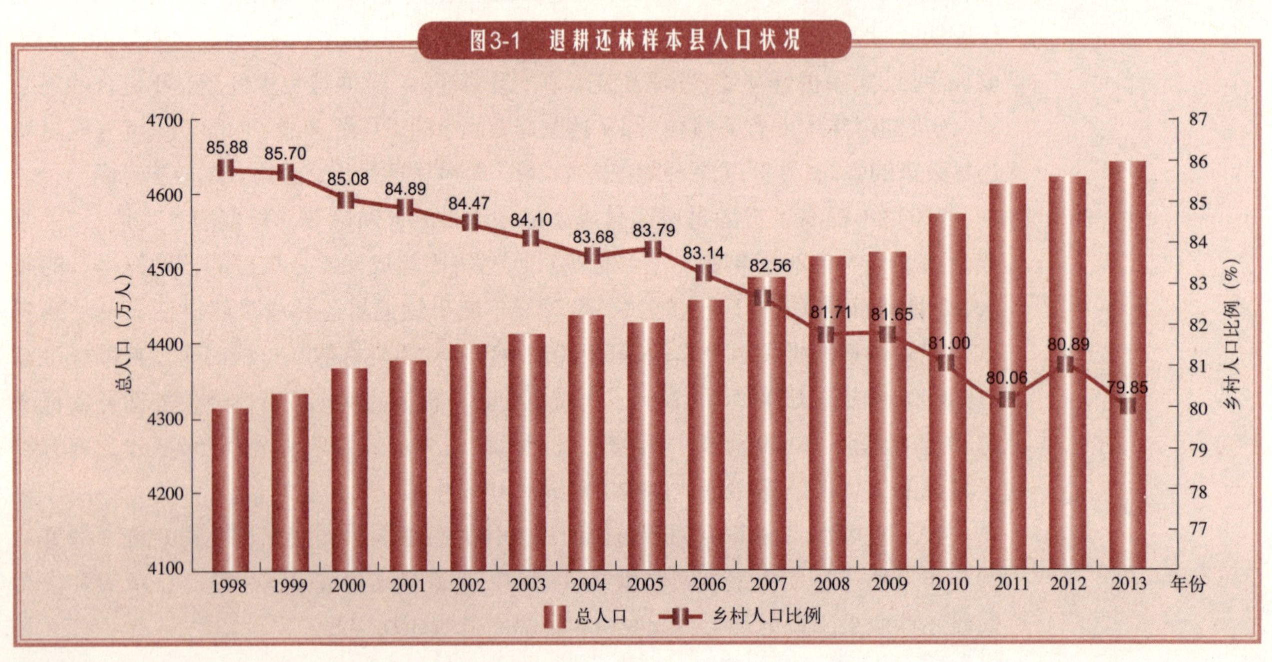

图3-2 1998～2013年样本县人口与就业变化

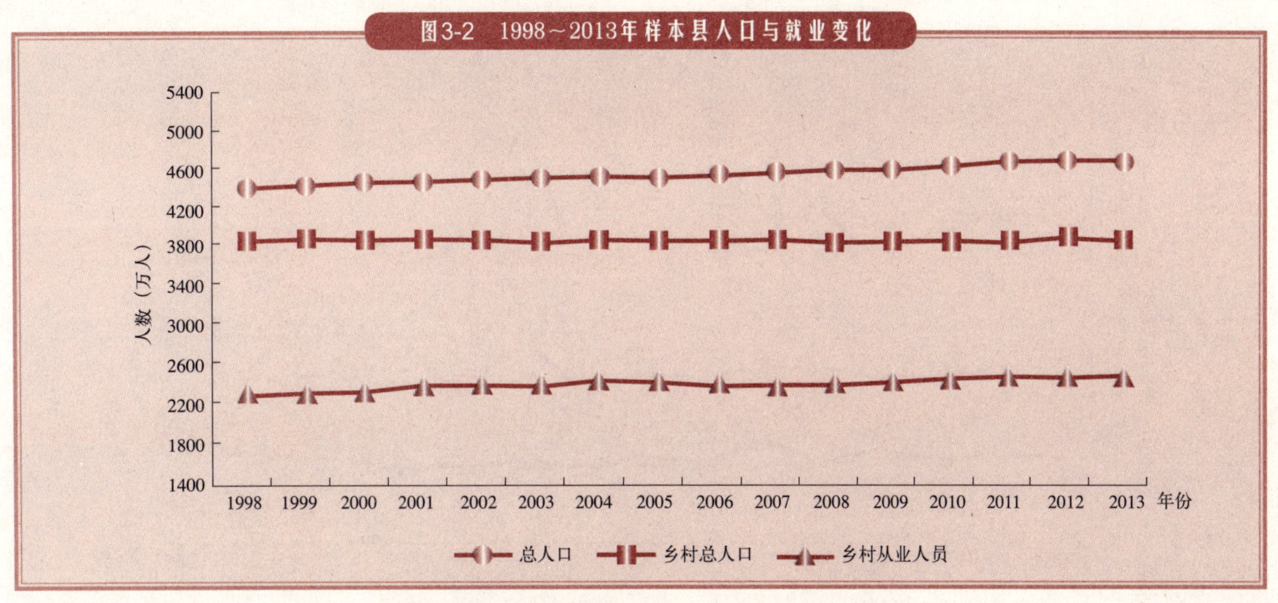

图3-3 样本县农村劳动力及转移情况

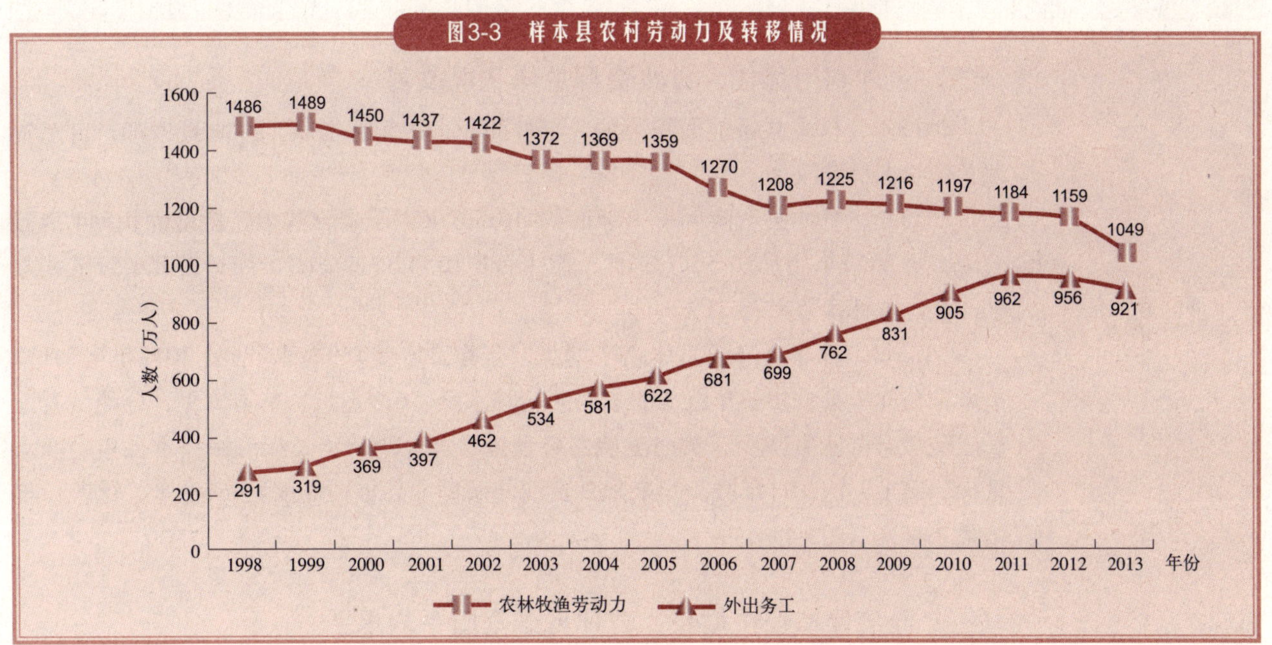

外出务工人员921.47万人，比2012年减少35万人，下降3.66%，外出务工人员占乡村总人口的24.86 %，占乡村从业人员的43.01%（图3-2、图3-3）。

2013年，119个样本村总户数5.05万户，累计有3.30万户参加退耕还林工程，占总户数的65.35%；总人口19.31万人，总劳力10.78万人，其中，外出务工人数4.90万人，占总人口的25.31%，占总劳力的45.45%。

2013年，1149个样本农户家庭人口总数5240人，比2012年的5295人减少了55人；样本户劳动力总数2932人，比2012年减少47人；劳动力负担系数为1.79；外出务工劳力人数326人，占总劳力比例为11.12%。

图3-4 1998～2013年样本县降水量变化

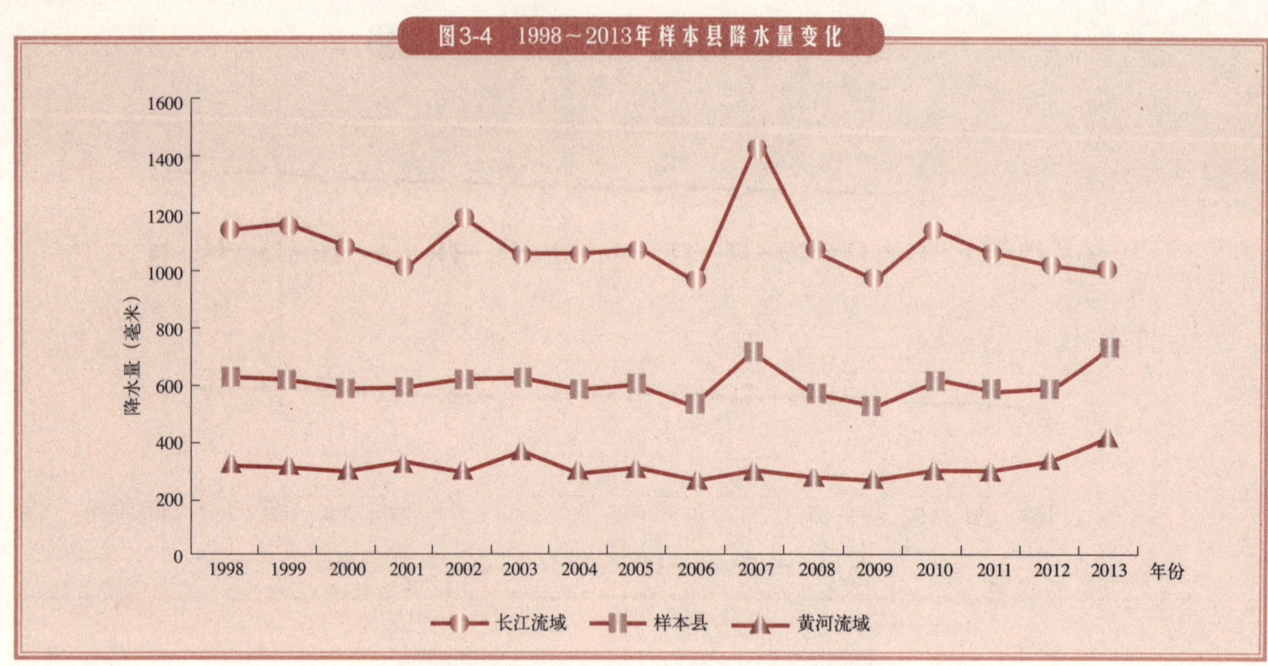

（二）土地利用优化，自然资源总体状况改善

2013年，样本县耕地面积增加，森林面积、蓄积双增长，降水量增加，自然资源总体状况继续改善。

2013年，样本县行政区总土地面积41.67万平方千米，其中，耕地面积544.74万公顷，比2012年增加10.56万公顷，森林面积1054.55万公顷，森林蓄积6.51亿立方米，县均森林覆盖率25.31%。

2013年，样本县降水总体趋于增加，年均降水量759毫米[①]，比2012年增加132毫米，与样本县自1998年以来的多年平均降水量（629毫米）基本持平。分流域看，长江流域县降水量减少，黄河流域县降水量增加。2013年长江流域样本县年均降水量1024毫米，比2011年减少23毫米，黄河流域样本县年均降水量461毫米，比2012年增加76毫米（图3-4）。

（三）经济保持较快增长，总体低于全国平均水平

2013年，样本县经济持续保持较快增长，结构继续调整，农村人口社会保障进一步增强，农村居民收入继续增长，为巩固退耕还林成果提供了有利的经济发展环境，但样本县总体经济增长和农民收入增长均低于全国平均水平。

2013年，样本县地区生产总值11257.89亿元，扣除物价上涨因素，比2012年增长11.55%，增长幅度高于同期国内生产总值增长速度（7.7%）3.85个百分点；样本县地方财政收入896.95亿元，比2012年增长20.59%，高于全国财政收入增长（10.1%）10.49个百分点。第一、二、三产业增加值占地区生产总值的比例分别为

① 该降水量为按样本县行政区土地面积的加权平均数。

15.76%、56.31%和27.93%，与全国相比，第一产业比例高于全国5.74个百分点，第三产业比例低于全国18.17个百分点，样本县经济结构落后于全国平均水平，但比上一年有明显的结构调整，第一产比例减少，第三产比例增加。

2013年，样本县农村居民人均纯收入6230.56元[①]，扣除物价上涨因素，比2012年实际增长9.15%。同年，全国农村居民人均纯收入8896元，比2012年实际增长9.3%，样本县农村人均纯收入的绝对额和增长幅度仍低于全国，但比较上一年9.62个百分点的差距，数据显示监测县农民纯收入状况持续改善。2013年，样本县参加新型农村社会养老保险的人数1768.21万人，参加新型农村合作医疗保险人数为3581.94万人，分别比2012年增长8.16%和1.37%。

三 主要政策执行情况

2013年，巩固退耕还林成果专项建设取得新进展，退耕还林补助资金和专项建设资金有所减少，农民技术培训和农村后续产业发展得到重视，农户对退耕地的家庭管护意识提高。

（一）投资增幅扩大，地方投资增加

2013年，监测县完成退耕还林投资任务，随着巩固退耕还林专项政策的实施，样本县退耕还林总投资趋于减少，地方投资增加。

2013年，样本县全年共完成退耕还林投资38.01亿元，比2012年减少2.88亿元，下降7.04%，占全国退耕还林工程总投资的17.48%。总投资中，粮食补助资金、生活费补助和种苗费等（以下简称“退耕补助资金”）共计14.33亿元，比2012年下降15.76%；巩固退耕还林成果专项建设资金（以下简称“专项建设资金”）共计23.67亿元，比2012年下降0.83%；退耕补助资金和专项建设资金分别占样本县当年退耕还林投资完成额的37.70%和62.27%。

2013年，在专项建设资金投资完成额中，中央投资占47.40%，地方配套投资占52.60%。从分项投资看，基本口粮田、农村能源、生态移民、后续产业、农民就业技能培训以及补植补造投资分别占当年专项建设投资的24.58%、7.88%、3.17%、59.95%、0.96%和3.46%。投资增长幅度排前三位的分别是后续产业、补植补造和基本口粮田建设。

2013年，样本县专项建设资金投资完成率为92.13%，略低于2012年，下降了1.57个百分点，其中，中央投资完成率90.73%，地方配套投资完成率93.55%，分别比2012年增加0.22和-3.22个百分点，地方配套投资完成率下降较多。分项看，农民就业、补植补造、农村能源、基本口粮田、后续产业和生态移民的投资完成率分别为 92.21%、91.07%、88.21%、86.74%、81.75%和68.66%。2013年，退耕补助资金的投资完成率为98.41 %，退耕补助政策得到有力执行。

① 以年末总人口为权重计算的加权平均数。

（二）造林规模继续减少，封山育林有所增加

截至2013年，样本县完成大部分退耕地造林任务，造林规模继续减小，主要是荒山荒地造林和封山育林。全年完成造林43.09万公顷，其中，退耕还林工程造林3.61万公顷，占县造林总面积的8.38%，比2012年减少0.69万公顷，下降了16.05%，其中，荒山荒地造林和封山育林分别为2.23和1.39万公顷，分别比2012年减少0.06和0.49万公顷，下降2.62%和26.06%。

自1999年以来，样本县退耕还林工程累计完成退耕还林308.33万公顷，其中，退耕地还林107.38万公顷，退耕还草8.44万公顷，配套荒山荒地造林166.40万公顷，封山育林26.11万公顷，退耕地还林、荒山荒地造林和封山育林分别占全国的14.74%、11.23%和10.05%（图3-5）。

（三）专项建设在调整中发展，农民技术培训和后续产业发展得到重视

2013年，巩固退耕还林成果专项建设继续实施，建设重点转基本农田建设；样本村侧重生物质能源和太阳能的利用；农民技术培训得到加强；后续产业发展中毛竹、蔬菜和干鲜果业增长较快；农户对退耕地的家庭管护意识增强；专项建设对退耕村户的覆盖面明显提高。

1．继续加大基本口粮田建设，坡改堤和土壤改良建设规模扩大

样本县继续建设基本口粮田，坡改堤和土壤改良的建设规模扩大，坡改堤任务集中在西北的甘肃省。

2013年，样本县完成基本口粮田建设7.86万公顷，比2012年减少1.22万公顷，下降13.44%，其中，新建4.84万公顷，改建3.02万公顷，分别比2012年下降15.30%

图3-5 样本县退耕造林情况

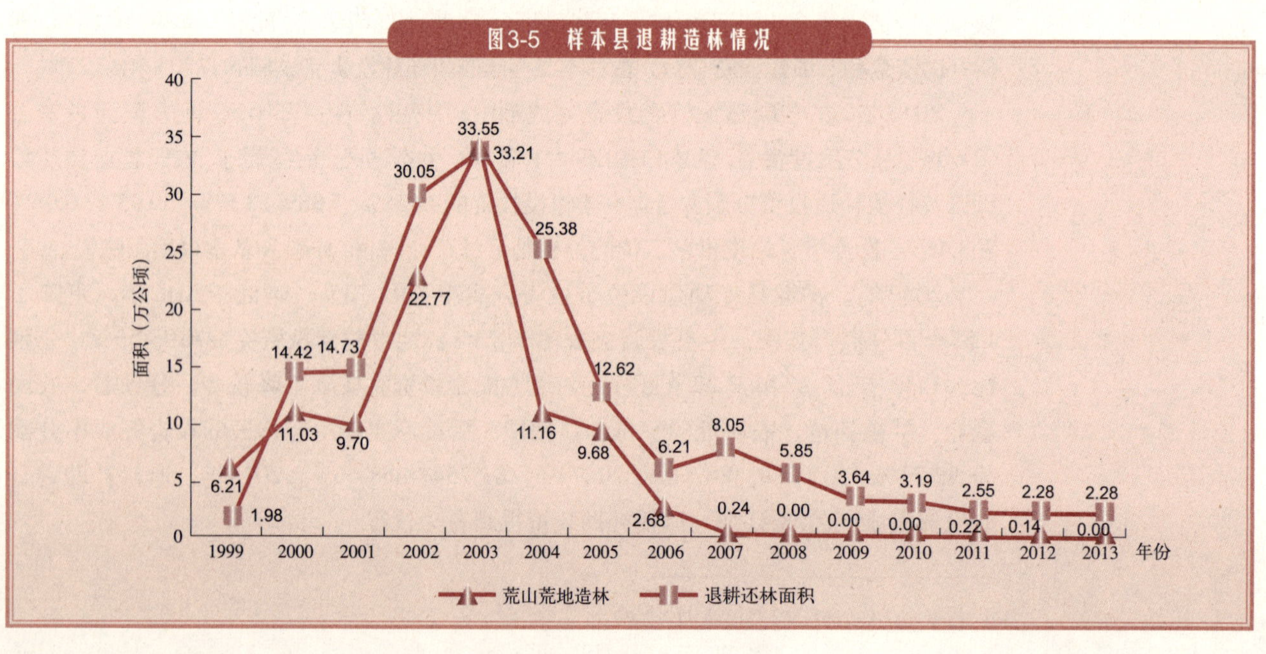

和10.09%。在改建的基本口粮田建设中，坡改堤和土壤改良分别为1.04万公顷和0.63万公顷，比2012年分别增长35.07%和18.76%，农田水利建设1.16万公顷，比2012年下降34.82%。

2013年，119个样本村中有6个村参与共完成基本口粮田建设3753.44亩，比2012年下降22.29%，其中，新建1988.44亩，比2012年下降接近一半；改建1765.00亩，比2012年增长60.75%，其中新建农田水利建设1500亩，坡改堤120亩，分别比2012年增长83.37%和120%。

2．农村新能源建设增速放缓，生物质能源建设成重点

2013年，样本县农村能源专项建设总体比2012年增速下降，样本村生物质能源和太阳能建设加强，特别加大了薪炭林、沼气池和太阳能的建设力度。其中薪炭林营造增长1.2倍，沼气池建设增幅超过50%，太阳能设备建设增长40.70%。样本农户新能源利用的增速相对缓慢。

2013年，样本县共建家用沼气池59226口，太阳能39333台，节柴节能灶48127个，营造薪炭林4833.36公顷，分别比2012年增加-9.45%、-19.51%、-72.72%和-18.04%。自2008年农村能源专项建设以来，样本县已累计建沼气池26.10万口，各种太阳能燃器具24.86万台，小水电984座，节柴节能灶45.97万个，营造薪炭林4.49万公顷。

2013年，农村能源建设力度加大，样本村新建沼气池3838座，太阳能2686个，小水电2个，节柴灶（生物质炉）6767台，营造薪炭林9160亩。分别比2012年增长56.46%、40.70%、0、32.95%和119.72%。自2008年巩固退耕还林专项建设实施以来，119个样本村共新建沼气池10748口，太阳能7615个，小水电33座，节柴灶16503台，营造薪炭林35544亩。

2013年，样本农户新增太阳灶12座，太阳能35个，样本农户共拥有沼气池252口，节柴灶290座，太阳灶153个，太阳能258个，拥有率分别为21.72%、25.00%、13.19%和22.24%，分别比2012年增加0.27、-0.43、1.25和2.95个百分点。数据表明退耕农户逐渐增加新能源方式的利用，但是进展缓慢。

3．加强农民技术培训，生态移民数量减少

2013年，样本县巩固退耕还林专项建设共完成生态移民1.01万人，比2012年减少1.75万人，下降63.41%，参加农民技术培训12.09万人，比2012年增加0.49万人，上升4.22%。自2008年以来，样本县巩固退耕还林专项建设累计生态移民13.56万人，累计对农民开展技术培训79.78万人。

样本村生态移民和退耕农户就业技能培训均减少。2013年样本村生态移民1275人，比2012年下降48.34%；就业技能培训6113人，比2012年下降16.97%。自2008年以来，样本村累计生态移民6460人，占样本村2013年总人口的3.31%，累计培训农民19568人，占样本村2013年劳动力总数的18.02%。

4．补植补造任务继续减少

2013年，样本县共完成专项建设补植补造6.43万公顷，比2012年下降8.66%，其中，补植5.27万公顷，比2012年下降22.50%，补造1.16万公顷，比2012年上升

364.00%，补造面积增加的主要原因是河北省丰宁县增加的10000公顷补造任务。自2008年以来，样本县巩固退耕还林专项建设累计完成补植补造56.32万公顷，占样本县累计退耕造林（退耕地造林和荒山荒地造林）面积的20.57%。

119个样本村专项建设共完成补植补造3.93万亩，比2012年增加2.15万亩，增长120.79%，其中，补植2.40万亩，补造1.53万亩，分别比2012年增加0.91万亩和1.25万亩，增长了60.00%和446.43%。自2008年以来，样本村累计完成专项建设补植补造0.90万亩，占样本村累计退耕地还林面积26.54万亩的37.00%。

农户监测结果显示，退耕还林地经过多年的建设，大部分进入抚育阶段，样本农户补植补造需求大大减少。2013年，有补植补造任务的农户81户，共补植补造16亩，补植补造株数137株，投入补植补造费用725元，分别比2012年下降42.14%、99.13%、99.79%和96.93%。户均补植2株，亩均补植9株，亩均补植费用45.31元。

5. 后续产业结构有所调整

样本县后续产业结构以长短结合，继续向满足市场需求和销路的产品生产转移。蔬菜和毛竹种植面积增长幅度均在20%左右，干鲜果业果业种植面积增幅接近10%，其他产业建设规模有所下降，下降较为显著的是茶叶、工业原料林和油茶项目。

2013年，样本县共完成林果茶业、种植业等后续产业11.47万公顷，比2012年减少1.80万公顷，下降13.56%，其中，后续产业任务排在前三位的分别是干鲜果业、中药材和蔬菜，分别完成2.75万公顷、2.35万公顷和1.45万公顷（图3-6）。2013年后续产业中增长最快的前三位是蔬菜、毛竹和干鲜果业，分别比2012年增长了25.70%、18.37%和8.96%。自2008年以来，样本县累计完成林果茶业、种植业等后续产业面积69.03万公顷。

样本村种养殖业结构有所调整，但养殖业和林果种植业均快速发展。2013年，样本村完成林果茶业、种植业等后续产业面积2.66万亩（图3-7），比2012年增加0.51万亩，增长23.72%，其中，油茶、干鲜果业、毛竹、中药材、茶叶和蔬菜面积分别为3500亩、1898.50亩、3267.3亩、2349亩、4239亩和2342亩，分别比2012年增长250%、220.15%、148.46%、142.02%、70.79%和39.50%；工业原料林种植下降幅

图3-6 2013年样本县后续产业发展状况

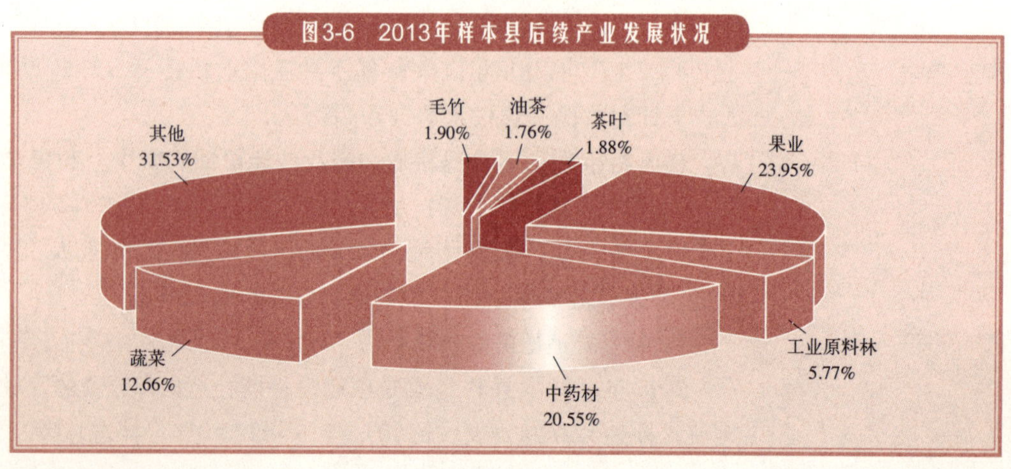

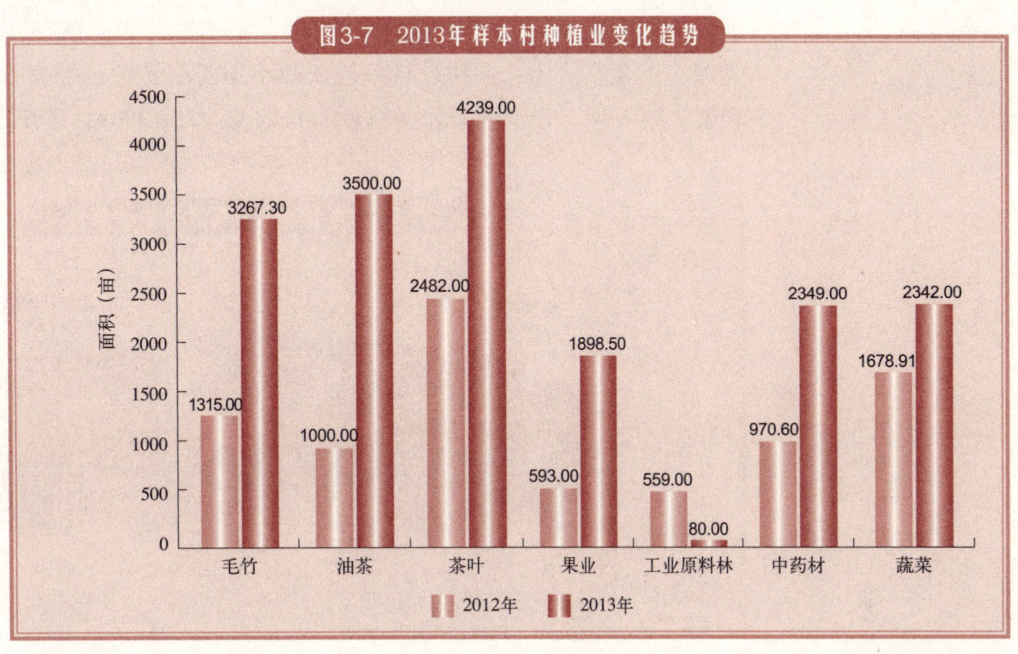

度较大，下降了85.69%。2008～2013年样本村累计完成10.01万亩林果业等后续产业发展，其中，排在前三位的分别是茶叶、干鲜果业和蔬菜。

2013年，样本村养殖业快速发展，棚圈建设增长五成多。样本村养殖家禽27.66万只，家畜4.35万头，分别比2012年增长2.29%和-18.08%，建设棚圈10.62万平方米，比2012年增长51.71%。从2008年到2013年，样本村累计养殖家禽86.28万只，家畜16.37万头，建设棚圈33.16万平方米。

专项建设对退耕村户的覆盖有所扩大。2013年，119个样本村中，有退耕还林专项建设任务的村67个，占样本村的56.30%，比2012年增加3个村；样本村中，累计参加退耕还林专项建设的农户为11411户，比2012年增加1181户，占样本村退耕还林农户数比例为35.74%。

（四）农户对退耕地管护意识加强，但退耕地投入减少

退耕地林木的管护、经营是反映退耕农户林地经营意识的一个重要指标，从一定程度上表明农户对退耕还林地收益期望的程度。2013年监测结果显示，退耕农户更加重视退耕还林地的管护，但是对退耕地的经营投入积极性尚显不足。

农户监测结果显示，退耕农户更加重视退耕地的管护，近九成受访户表示其退耕还林地受到管护，农户家庭是管护的主体。在1148户调查农户中，86.84%的农户表示他们的退耕林地得到管护，其中自家管护、村民自治管护和政府指定专人管护分别占总量的81.44%、8.93%和9.63%，退耕还林地主要是农户自家管护。三种管护方式分别比2012年增加4.02、-1.06和-2.96个百分点。

2013年，八成五的监测样本农户对自家退耕林地开展劈杂、除草、松土、补植补造、采摘、采伐等管理措施。98.14%的样本农户表示他们了解对退耕地进行相关

经营管护的政策，实际对退耕地实施管护的占农户总量的84.79%。未对退耕地开展管护的主要原因为：退耕地林分已成林不用实施管护，经营收益不大、不值得管护和家中缺人手，分别占未管护总量的44.86%、22.43%和17.76%（图3-8）。

图3-8 退耕林地未经营管护的原因

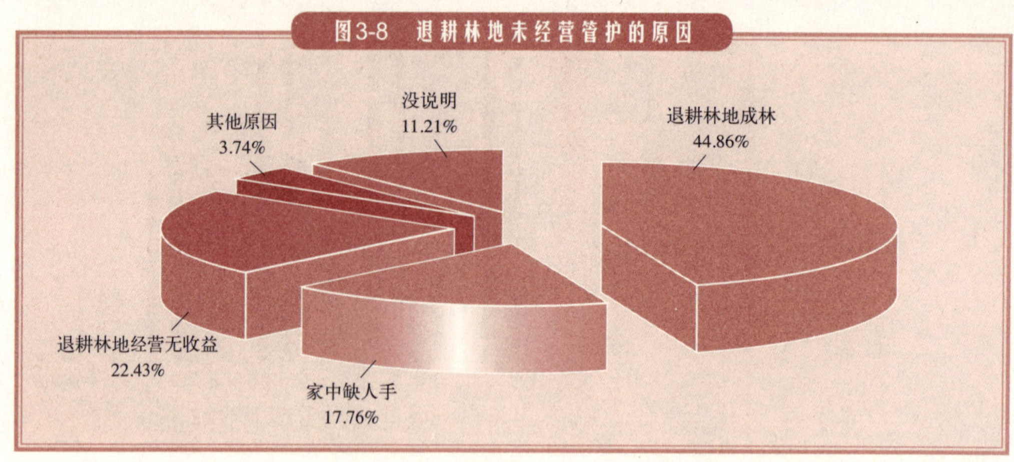

2013年，样本农户中有退耕地经营投入的239户，比2012年减少58户，占样本总数的20.67%，总投入金额2.12万元，比2012年减少36.68万元。农户监测数据表明，退耕地经营投入减少主要是较多样本村出现整村农户停止或减少退耕地经营投入的情况，个别样本村也存在大部分农户增加退耕地经营投入，但是总体规模较小，不足以改变退耕地经营投入下降的趋势。

样本农户退耕地块调查结果显示，到2013年，共有765块、计2916.53亩的退耕地发生过火灾和病虫害，分别占样本农户退耕地块总数和退耕地面积的21.04%和21.14%，即约二成的退耕地块发生过火灾/病虫害。

表3-1 样本农户退耕地块发生火灾/病虫害情况

地　块	发生火灾/病虫害的地块数	发生火灾/病虫害的面积（亩）
地块1	251	1517.05
地块2	185	573.77
地块3	138	402.52
地块4	74	195.63
地块5	44	87.66
地块6	35	90.44
地块7	18	15.16
地块8	14	25.7
地块9	4	6.6
地块10	2	2
合　计	765	2916.53
比例（%）	21.04	21.14

四 政策预警预测

（一）退耕地比较收益已明显低于耕地，农户机会损失不容忽视

由于粮食直补资金的增加和退耕补助减半，加之近年来农产品价格的不断上升，退耕地经营的比较利益已低于耕地。2013年，样本农户亩均耕地种植业收入1438.25元，亩均林地（含退耕地）林业收入1066.96元，平均林地经营收入低于耕地371.29元；按照当前的农业直补和农产品价格，样本农户户均土地（仅包括耕地和林地）收入为15415.72元，如果不退耕，则样本农户户均土地收入21557.36元，即退耕平均造成每个样本农户机会损失6141.63元。

（二）补助到期户已达10%，部分低收入贫困户结束二轮补助

随着时间的推移，越来越多的退耕农户二轮退耕补助到期。没有了退耕补助，退耕农户的生计能否持续？2013年我们继续跟踪二轮补助到期户（到期户）的生计状况。

退耕补助到期户快速增加，已占样本农户总数的近10%。2013年，退耕样本农户中有117户二轮补助到期，比2012年增加67户，占样本农户总数的10%。这些到期户从2012年的5省5县[①] 扩展到9省 20县[②] 。

由于不同年份分别退耕，或同时退耕还生态林和经济林，部分到期户仍有退耕补助，一定程度上缓解了补助到期给农户带来的生计压力。如山西中阳的9户监测户退耕种植核桃的地块补助到期，还刺槐的还在领取延长期补助，贵州清镇8户监测户退耕种植梨的地块补助到期，还柳杉、喜树的地块仍在领取二轮补助。2013年，117户到期户中，有63户仍部分退耕地享受二轮补助，占到期户的53.85%，户均退耕补助519.60元，退耕补助平均占到期户家庭纯收入的3.78%。

到期户主要收入来源是种养业，低收入户主要集中在只有少量单一粮食收入、没有务工收入的家庭。2013年，到期户人均纯收入9132.44元，高于监测样本户人均收入水平，到期户主要收入来源是种养业，种养业纯收入平均占到期户家庭纯收入的51.09%，务工收入占30.46%，农林补贴等转移性收入占15.32%。按照我国的农村贫困线，有10户到期户属于低收入贫困户，占到期户的8.55%。这些户的主要特征是只有玉米、薯类等粮食收入，没有务工和其他收入来源，退耕补助占家庭收入比例较大的户。

与2012年的到期户相比，已有少量低收入贫困户成为到期户，由于这些低收入到期户主要依赖土地资源为生，对巩固退耕成果形成较大压力。

---

① 这5县分别是：陕西彬县、四川资中、甘肃榆中，黑龙江尚志、陕西耀州。

② 这20县包括：山西中阳，辽宁北票，黑龙江尚志，安徽金寨，湖北竹溪，四川彭州和资中，贵州清镇和普定，云南香格里拉，陕西蓝田、耀州彬县和宁陕，甘肃榆中、天祝和康县，宁夏彭阳和原州区，新疆新和。

（三）全退户目前没有经济困难，退耕地产出继续成为替代收入来源

在退耕补助陆续到期的情况下，将耕地全部退耕还林的农户（全退户）生计是否有问题？2013年我们继续对40户全退户[①]进行跟踪监测。

2013年40户全退户平均人均纯收入11406.32元，高于全部样本户的人均纯收入水平，且40户人均纯收入均高于农村贫困线。全退户的主要收入来源是家庭经营收入，占59.48%，其次，外出务工收入也是全退户的重要收入，40户中有36户有外出务工收入，户均外出务工纯收入14325元，外出务工收入占37.23%，比2012年提高6.29个百分点，包括退耕补助在内的转移性收入占3.28%，比2012年减少1.15个百分点，其中，退耕补助占家庭纯收入的比例1.19%。值得关注的是退耕地产出的水果、茶叶等收入占全退户家庭纯收入的比例平均为41.09%，其中，四川资中和甘肃榆中两县全退户的这一比例超过50%，表明退耕地产出成为这些农户的替代收入来源。

从上述对全退户生计状况的分析可以看出，到2013年，退耕地产出和外出务工收入是全退户的主要收入来源，由于退耕地产出较高，且市场情况较好，全退户整体经济状况稳定，不会出现因贫复耕的情况。由于全退户的收入对干鲜果品依赖较重，应密切关注果品价格波动可能给全退户带来的收益风险。

（四）退耕还林补助继续发挥减贫作用，但补助继续减少

退耕还林补助继续成为样本农户稳定的收入来源，对贫苦户收入贡献显著。2013年，样本农户共获退耕补助139.03万元，户均退耕补助1212.16元，占样本农户家庭纯收入的3.05%，退耕补助超过500元的有712户，占61.59%，成为退耕农户稳定的收入来源；2013年，样本户中收入低于2500元的低收入户有120户，退耕补助占这些低收入户家庭纯收入的比例达28.92%，即退耕补助对贫困农户的收入贡献平均约1/3，退耕还林政策继续发挥减贫作用(图3-9)。

与农业直补相比，退耕补助趋于减少，但户均和单位面积退耕补助仍高于农业直补。2013年，样本县4项农业直补（粮食直补、良种补贴、农机补贴和综合直补）资金57.75亿元，比2012年增长2.41%，同年，样本县退耕还林补助资金（粮食折资和生活费补助）14.33亿元，比2012年下降15.76%。与县级退耕补助变化趋势一样，样本农户的农业直补快速增加，退耕补助继续减少。2013年，样本农户获4项农业直补72.48万元，比2012年增长17.83%，获退耕补助139.03万元，比2012年减少5.37%；2013年，样本户户均退耕补助1213.22元，户均农业直补632.47元，退耕补助是农业直补的1.92倍；亩均退耕补助101.80元，亩均农业直补60.95元，亩均退耕补助是农业直补的1.67倍(图3-10、表3-2)。

① 40户全退户分别来自湖北省秭归、四川省资中、甘肃省榆中和康县。

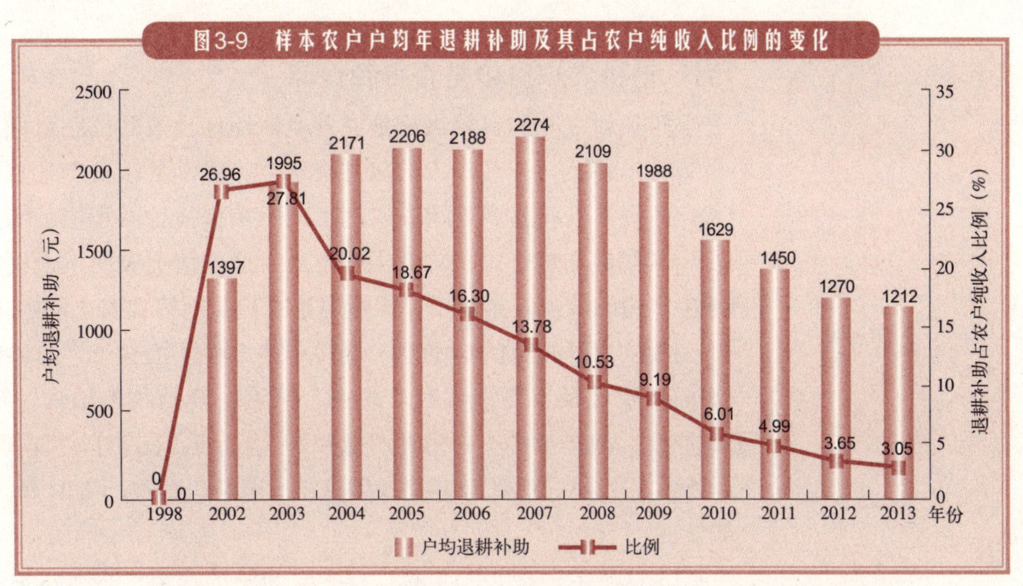

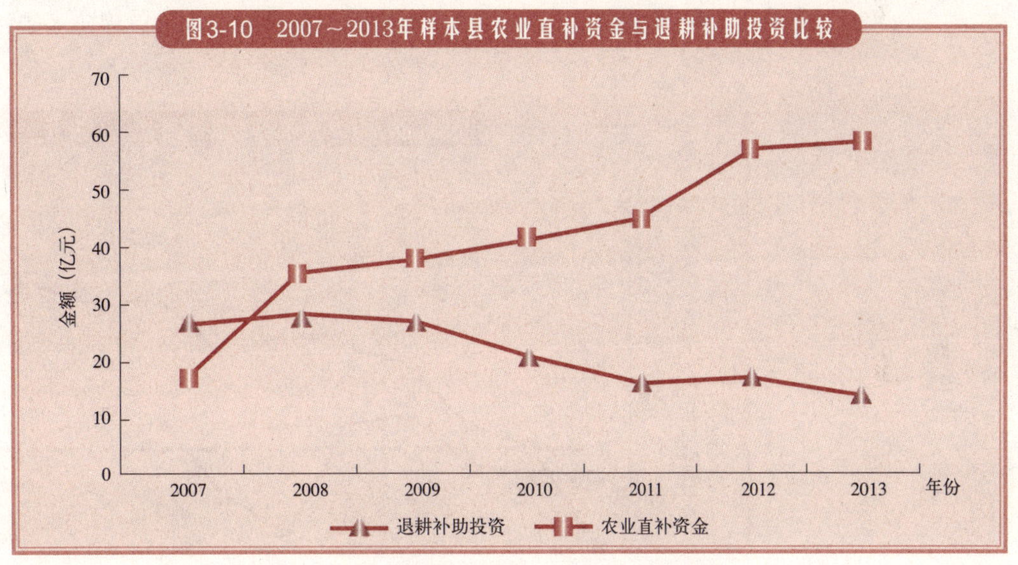

表3-2 样本农户退耕补助与农业直补的比较 元，%

年份	退耕补助（户均）	农业直补（户均）	退耕补助（亩均）	农业直补（亩均）	退耕补助占农户纯收入比例	农业直补占农户纯收入比例
2006	2188	63.61	176.05	7.19	16.30	0.48
2007	2274	203.54	180.08	21.35	13.78	1.58
2008	2109	321.47	167.30	34.74	10.53	1.61
2009	1988	425.00	159.40	42.74	9.14	1.97
2010	1629	470.00	134.70	47.87	5.68	1.60
2011	1450	475.88	117.24	47.93	4.99	1.64
2012	1270	531.66	104.38	52.14	3.65	1.20
2013	1213	632.47	101.80	60.95	3.05	2.55
2013年比2012年增长（%）	−4.49	18.96	−2.47	16.90		

（五）退耕农户口粮是否得到保障

保障退耕农户的口粮供应是完善退耕还林政策的核心目标。2013年，在粮食直补政策和退耕还林专项建设的双重推动下，样本县粮食产量总体继续增长，与退耕前相比，样本县粮食产量增长幅度远高于粮食播种面积增长幅度，同时，样本农户粮食增长幅度和单产水平均高于样本县，这些情况表明：退耕还林生态改善对提高耕地生产力的效益开始显现，保障退耕农户长期粮食安全的生态基础正在形成。

在粮食直补政策的鼓励下，退耕还林工程区粮食生产总体继续保持增长趋势，一些前几年已经放弃粮食生产的农户又重新开始种植粮食，样本农户粮食增长高于样本县。2013年样本县粮食产量2370.25万吨，比2012年下降3.25%；样本村粮食总产量9.38万吨，比2012年增长0.31%；样本户粮食产量3176.23吨，比2012年增长0.40%。

图3-11显示，自2003年起，样本农户的粮食单产平均水平均高于样本县，表明退耕还林提高了退耕农户粮食生产的集约经营水平，保障了退耕农户的粮食安全。

图3-11 样本县及样本农户粮食单产变化

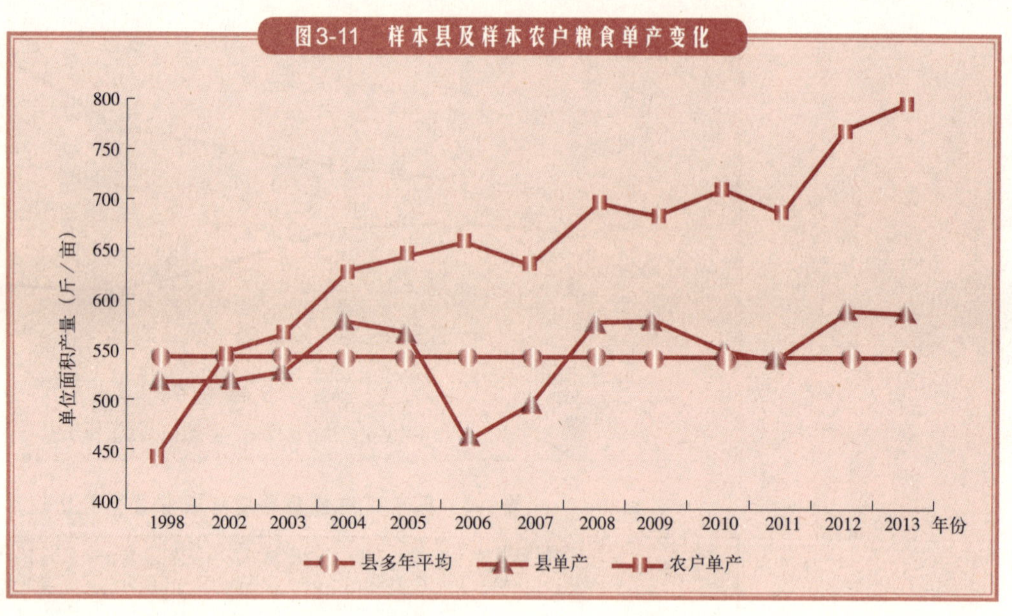

退耕还林工程区粮食单产继续提高，表明退耕区耕地生产力逐步增强，生态改善促进耕地生产力提高的效益开始显现。2013年，样本农户粮食单产800.62斤/亩，比2012年增长3.43斤/亩；样本县粮食单产595.46斤/亩，高于多年平均553.74斤/亩。与退耕前的1998年相比，样本县粮食播种面积增长9.67%，粮食产量增长23.95%，粮食产量增长的幅度高于面积增长幅度14.28个百分点（图3-12）。样本县计量分析结果表明，退耕还林对样本县粮食增产有显著贡献，提示：退耕还林生态改善对提高耕地生产力的效益开始显现，广种薄收、以破坏环境为代价的粮食生产模式已彻底改变，保障退耕农户长期粮食安全的生态基础正在形成。

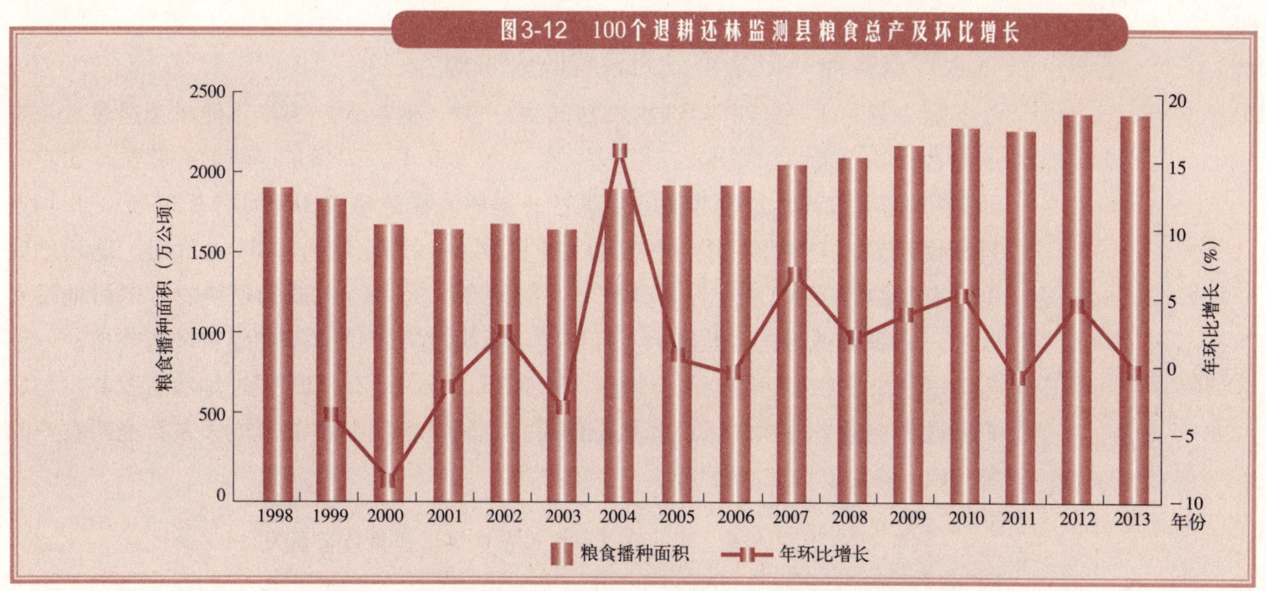

表3—3 退耕样本县粮食产量决定因素回归分析

因变量：粮食总产量			
方法：面板数据最小二乘分析法			
样本时间变量（调整）：1999～2012年			
包括的样本量：98			
总面板数据观测值：817			
自变量	相关系数	T-检验值	P值
常数C	88488.06	8.259183	0.0000
单位面积粮食产量	35.18393	4.346512	0.0000
粮食直补	13.54254	15.98937	0.0000
灌溉面积	2.238077	8.735989	0.0000
化肥	2650.104	2.216653	0.0270
灾害面积	−0.008897	−0.305263	0.7603
人均耕地面积	−1326.416	−0.576778	0.5643
退耕还林面积	1.762699	1.995105	0.0464
人均收入	6.260976	2.228151	0.0262
R-squared	0.972839	Mean dependent var	192180.4
Adjusted R-squared	0.968247	S.D. dependent var	242609.3
S.E. of regression	43231.49	Akaike info criterion	24.32042
Sum squared resid	1.30E+12	Schwarz criterion	25.00581
Log likelihood	−9815.890	F-statistic	211.8670
Durbin-Watson stat	1.022551	Prob(F-statistic)	0.000000

（六）退耕地产出是否成为替代收入来源

除少数退耕还经济林且收益较好的农户外，退耕地产出尚不能成为退耕农户普遍的替代收入来源。样本农户监测结果显示(表3-4)，2013年退耕地有收益的农户有355户，占有效样本户的30.74%，其中，退耕地收益超过1000元的有277户，户均退耕纯收入3209.77元，占样本农户家庭纯收入的平均比例为3.05%。同时，退耕地完全没有收益的有801户，占有效样本户的69.35%，即近七成的退耕农户退耕地没有收入。退耕地块调查结果显示，有1249块退耕地块的4560.29亩退耕地有收成，分别占退耕地块总数和退耕地面积的34.35%和33.05%，即有1/3的退耕地块有收益，与农户问卷调查结果一致。因此，从总体看，退耕地产出仍不能形成大多数退耕农户的替代收入来源。

表3-4　2013年样本农户退耕地块收成状况

序号	地块数	有收成面积（亩）	序号	地块数	有收成面积（亩）
地块1	423	2499.08	地块9	11	28.90
地块2	282	888.72	地块10	9	6.65
地块3	186	489.14	地块11	3	15.40
地块4	127	304.84	地块12	1	4.00
地块5	83	153.92	地块13	1	3.00
地块6	56	84.34	合计	1249	4560.29
地块7	41	47.89	比例	34.35	33.05
地块8	26	34.41			

（七）退耕农户生计状况是否改善

监测显示，退耕农户收入状况高于全国平均，退耕农户生计状况明显改善；农户非农收入比例接近50%，表明退耕农户仍倚重土地资源，同时，随着后续产业的发展以及农业产业结构的调整，多样化收入来源的格局已初步形成，有利于降低退耕农户的收入风险。

退耕农户收入继续增长，人均纯收入高于全国平均水平。样本农户监测结果显示，2013年，样本农户户均纯收入42144元，人均纯收入9544元，比全国平均的农民人均纯收入8896元高7.28%。

家庭经营是农户收入的主要来源，退耕农户生机仍较倚重土地资源。2013年，样本农户户均家庭经营纯收入24865元，占样本农户户均纯收入的54.39%，其中，工副业纯收入6344元，占户均纯收入的15.05%，户均务工纯收入12854元，占户均纯收入的34.36%，工副业和务工收入合计占样本农户户均收入的49.41%，即退耕农户有约一半的收入仍需依赖土地资源。在国家惠农政策的支持下，转移性收入对农户收入的贡献逐渐加大。2013年，样本农户户均转移性收入3095.02元，占样本农户户均纯收入的8.61%。

家庭经营收入过于依赖种植业的状况已经根本改观，多元化收入格局初步形成，有利于降低退耕农户收入风险。2013年，样本农户家庭收入中，除种植业收入比例（35.88%）略高外，工副业和养殖业的收入比例分别为23.52%和22.17%，林业收入比例也提高到18.43%，四柱鼎立的家庭收入格局初步形成(图3-13、表3-5)。

图3-13　2013年样本农户家庭经营结构

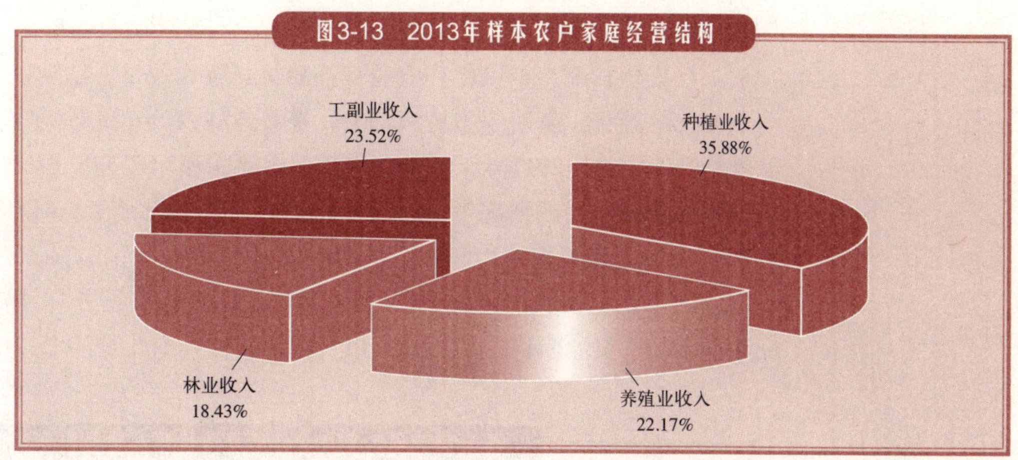

表3-5　2013年样本户家庭经营收支情况

一、收入	1998年	2012年	2013年	2013年比2012年变化率(%)
1.种植业收入	5019	10988	11623	1.82
其中：粮食作物	2542	5824	7030	20.71
经济作物	2477	5164	4593	−11.06
2.养殖业收入	1275	6095	6913	13.42
3.林业收入	316	5215	5745	10.16
4.工副业收入	431	5706	7333	28.51
5.劳务收入	956	10717	12854	19.94
6.转移性收入	0	2904	3095	6.58
其中：农业直补		532	617	15.98
退耕还林补助		1254	1212	−3.35
其他转移性收入		1103	2699	144.70
7.财产性收入		1333	1336	0.23
收入合计	7997	42958	48464	16.43
二、生产性支出				
1.种植业支出	1610	2939	2776	−5.55
2.养殖业支出	359	2438	1975	−18.99
3.林业支出	36	558	571	2.33
4.工副业支出		1356	998	−26.40
5.其他生产性支出	17	532	330	−37.97
支出合计	2022	7823	6650	−14.99
三、家庭纯收入	5974	33802	42144	24.68
四、人均纯收入	1328	7350	9544	29.85

（八）复耕趋势如何

在农业直补政策持续增加、退耕补助到期及补助金额减半的情况下，村级开荒地猛增5倍，监测退耕区的复耕压力持续增大，复耕现象存在且略有扩大，易复耕地区主要集中在人地资源矛盾大、粮食主产区以及有大量劣质荒地的地区，复耕地块主要是经济林。

在集体林改、城镇化和农业直补政策三重作用下，退耕区土地利用继续延续剧烈变化的趋势，复耕压力持续加大。在集体林权改革的推动下，样本农户林地面积继续快速增加。2013年，样本农户经营林地面积3.57万亩，比2012年增长1.91%；在城镇化快速发展的情况下，2013年样本农户耕地出租面积618.19亩，比2012年增长14.39%，占样本农户当年经营耕地面积的5.20%；同时，在粮食直补政策不断加强的情况下，样本农户租种面积2374.58亩，比2012年增长14.48%，相当于样本农户2013年经营耕地面积的19.97%，租种耕地的地区主要是西部省份(图3-14)。

图3-14 样本农户户均经营耕地和林地面积变化

约1/5的退耕地退耕前种植小麦/水稻，在农业直补政策的支持下，复耕压力趋大。退耕地块调查结果显示，样本农户中退耕前的耕地种植小麦和水稻的地块共639块，占样本农户退耕地块数的17.57%，种植小麦和水稻的退耕地块面积合计为2871.82亩，占样本农户退耕地面积的20.81%(图3-15)。

样本村开荒地猛增5倍多，易复耕地区主要集中在人地资源矛盾大、粮食主产区以及有大量劣质荒地的地区。村级监测结果显示，2013年，样本村共新开荒耕地4163.3亩，比2012年猛增5倍多，这些有新开荒地的村主要出现在粮食主产区、人地资源紧张地区和有较多低质荒地的地区。

复耕存在且略有扩大，复耕地块主要是经济林。在农户问卷中，明确表示将自

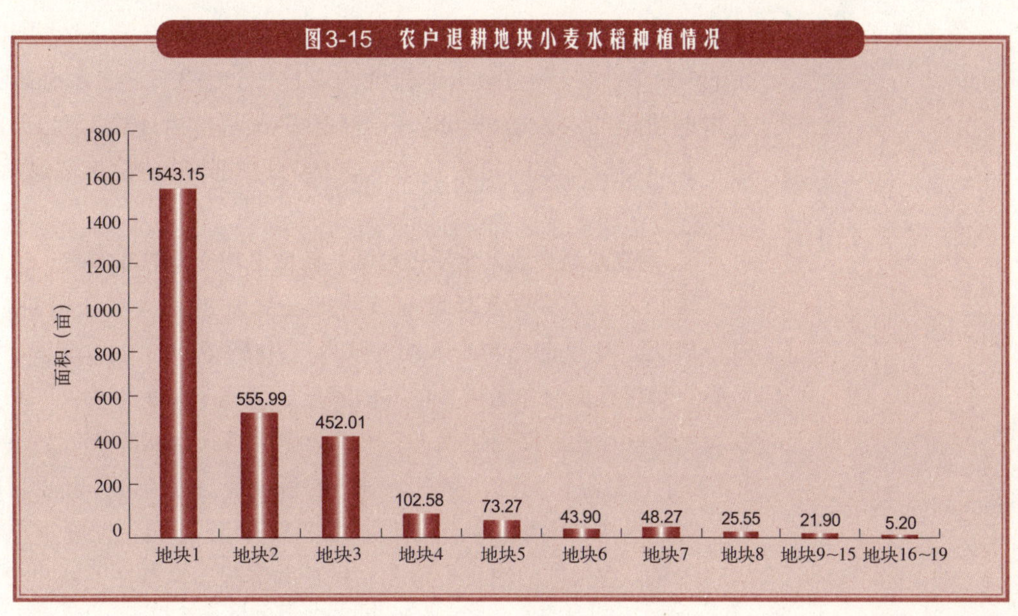

图3-15　农户退耕地块小麦水稻种植情况

己家里的退耕林木砍掉重新种庄稼的农户有31户，占问卷户的2.7%；指出村里有复耕情况的农户有84户，覆盖了13个村，有复耕情况的村比例为10.92%；从退耕地块统计结果看，31块退耕地复耕，复耕面积为134.31亩，占样本农户退耕地面积的0.98%。从复耕地块的情况看，除少数是生态林外，大多数是经济林，如核桃、油茶等，且这些经济林都有了收成。由于复耕是敏感问题，实际发生复耕的情况难以准确估计，但从问卷、地块以及村、户表等不同方面反映的复耕情况看，实际复耕情况要大于上述的数据。

五　新周期退耕形势及政策需求

（一）新周期退耕形势分析

1．在100个退耕监测县的现有耕地中，仍有近一成的陡坡、沙化石漠化地需要退耕

2013年，100个退耕监测县中有62个县有仍在耕种的25度以上陡坡耕地，共有51.37万公顷的25度以上陡坡耕地和严重沙化、石漠化耕地需要退耕，占100个监测县耕地面积的9.04%，其中，仍在耕种的25度以上陡坡耕地43.06万公顷，占100个监测县耕地面积的7.58%；仍在耕种的25度以上坡耕地中，平均看，71.19%的需要退耕，其中，需要全退的有29个县。从地区分布看，有新退耕要求的县主要集中在西部省区和严重沙化、石漠化地区，有1万公顷以上仍25度陡坡耕地的15个县，都在西部地区。

2．样本农户仍有10%左右的25度陡坡耕地可以退耕

样本农户问卷调查结果表明，现已退耕的农户和村庄中仍有可退耕地。有310户监测户表示家里仍有未退耕的25度陡坡耕地，占1144份有效问卷的27.10%；共有

未退耕地1098.38亩，平均每户3.54亩，相当于2013年全部监测户耕地面积11797.64亩的9.31%；在310户有未退耕地的农户中，有278户表示愿意将这些耕地退耕，占有未退耕地的农户的89.68%；有580户表示村里还有25度以上的陡坡耕地没有退耕，占1144份有效问卷的50.70%，认为这些陡坡耕地应该退耕的有655户，占有效问卷的57.26%。

3．潜在退耕户收入水平相对低，新增退耕任务的成本高

2013年，292户有25度陡坡耕地且愿意退耕（潜在退耕户）的农户均纯收入9173.80元，比全部样本户人均纯收入（10035.76元）低8.59%；由于收入较低，潜在退耕户对转移支付和退耕补助的依赖度显著高于样本平均。2013年，潜在退耕户转移收入和退耕补助占家庭纯收入的比例分别为12.35%和8.37%，分别比样本平均高3.78个和5.32个百分点；同时，潜在退耕户的耕地经济价值高，新退耕的成本也会高。2013年，潜在退耕户的单位耕地粮食收入为1277.35元/亩，比样本户平均（958.87元/亩）高33.21%，在目前的粮食价格和农林补助情况下，潜在退耕户户均新退耕的机会成本13355.37元/户，比样本户平均的6141.63元/户高117.46%（表3-6）。

表3-6　潜在退耕户与全部样本户的收益比较

指　标	人均纯收入（元）	转移收入占家庭纯收入的比例（%）	退耕补助占家庭纯收入的比例（%）	亩均粮食收入（元/亩）	亩均林业收入（元/亩）	不退耕的户均土地收益（元/户）
潜在退耕户	9173.80	12.35	8.37	1277.35	594.34	25105.64
全部样本户	10035.76	8.57	3.05	958.87	1066.96	21557.36

4．新退耕区域应避开粮食主产区和人地资源紧张地区

有252户表示他们村已经没有未退耕地，这些村主要分布在华北、华中等粮食主产地区，西北和西南人地资源紧张的地区，以及新疆有较好农业产出的退耕区。这一结果表明，新退耕任务应避开粮食主产区和人地资源紧张地区。

5．不愿意新增退耕任务的主要原因是退耕补助低

在不愿意新增退耕任务的理由中，表示目前的补助标准太低、退耕不划算的有142户，占168户不愿退耕农户的84.52%，表示家里粮食不够吃，需要种粮的有12户，占7.14%，表示环境已改善不需要退耕的有13户，占7.74%。值得注意的是有退耕户因为口粮不足而不愿退耕，新退耕任务应着力甄别这些农户。

（二）新周期退耕政策需求

1．多数退耕户希望出台新的退耕补助标准

在回答“如果愿意新增退耕任务的话，您希望得到多少退耕补助呢？”一问时，有456户表示希望出台新的合理补助标准，不沿用以前的补助标准，表示希望仍采用一期补助标准的有87户，还有一些样本户提出将补助标准提高到500元/亩。

2. 农户希望用一折通兑现补助

在回答“对于新退耕地的补助，您希望用什么方式领取呢？”问题时，有567户农户表示希望用一折通领取退耕补助，占问卷农户总数的49.56%，表明大多数退耕农户希望退耕补助仍采取一折通的方式来兑现；希望采用其他补助兑现方式的农户有5户，其中，有的希望补现金。

六 结论与建议

（一）结论

① 2013年退耕还林各项政策稳步实施，巩固退耕还林专项建设在调整中发展，对退耕村户的覆盖面继续提高，退耕地管理总体增强，退耕林木存活率保持在90%以上，退耕还林成果得到有效巩固。

② 退耕还林生态效益日益显现，有力维护国家粮食安全。与退耕前的1998年相比，样本县粮食播种面积增长9.67%，粮食产量增长23.95%，粮食产量增长的幅度高于面积增长幅度14.28个百分点；同时，2013年监测农户粮食单产比退耕前提高77.45%，比监测农户多年粮食单产平均增长22.21%。这两组数据说明随着退耕还林工程的实施，退耕工程区耕地生产力水平显著提高，退耕还林发挥了提高耕地生产力、维护国家粮食安全的作用。

③ 退耕还林补助金额继续发挥减轻贫困作用，但不同地区对退耕补助的需求已出现明显差异。2013年退耕监测农户人均纯收入9544元，比全国平均的农民人均纯收入8896元高7.28%，退耕还林补助对贫困退耕农户的收入贡献达1/3左右。西南地区的实地调研发现，一些将青稞和土豆地退耕的监测户目前单位面积退耕的收益只相当于不退耕的1/10甚至1/20 ，监测户表达了增加退耕补助的强烈愿望。但在西北的典型调查中，有林果收入的退耕还经济林户明确表示当退耕补助到期后不需要延续退耕补助，当地的村干部和林业管理人员也支持不延续退耕补助，理由是由于农村劳动力不足，退耕地管理从长期看仍需要国家统一，长期依靠国家扶持，不是巩固退耕还林成果的主要途径。

④ 退耕地比较收益已明显低于耕地，农户机会损失不容忽视。由于粮食直补资金的增加和退耕补助减半，加之近年来农产品价格的不断上升，退耕地经营的比较利益已低于耕地。2013年，样本农户亩均耕地种植业收入1438.25元，亩均林地（含退耕地）林业收入1066.96元，平均林地经营收入低于耕地371.29元；按照当前的农业直补和农产品价格，样本农户户均土地（仅包括耕地和林地）收入为15415.72元，如果不退耕，则样本农户户均土地收入21557.36元，即退耕平均造成每个样本农户机会损失6141.63元。

⑤ 新政策周期前的预警指标继续延续明显变化趋势：超过80%的原退耕面积已进入延长期；补助到期户已达10%，部分低收入贫困户结束二轮补助，巩固退耕还林成

果的不确定性加大；在城镇化和农业直补政策的推动下，退耕区土地利用剧烈变化，监测村开荒地比2012年猛增5倍，复耕现象存在且略有扩大，经济林复耕现象出现，提示需高度重视市场价格对退耕地收益尤其是占主导地位的干鲜果品的重要影响。

⑥ 现有退耕区域仍有一定的退耕潜力，可退耕地约占当前耕地的10%左右，新退耕区域应避开粮食主产区和人地资源紧张地区，有少数退耕户因为口粮不足而不愿退耕，新退耕任务应着力甄别这些农户。

（二）建议

尽管面临诸多压力，退耕还林生态优先目标不容动摇，必须千方百计巩固退耕还林成果，坚决杜绝生态林复耕，在新周期退耕还林政策启动之际，应从国家长期生态战略需求和农户变化了的土地收益期望出发，发挥好政府和市场两方面的作用，细致甄别最需要退耕的地块和农户，加快建设新退耕还林长效机制。

① 在新旧政策交替之际，坚持退耕还林生态优先目标不动摇，引导退耕农户自觉维护来之不易的退耕还林成果。尽管出现与农户短期利益相冲突的问题，但退耕还林的生态效益不仅是国家和地区的，从长期看退耕农户也是生态改善的受益者，除非产生巨大的利益冲突，大多数退耕农户将遵守退耕还林政策规定，因此，在新旧退耕还林政策交替之际，林业部门要发挥好管理监督作用，引导退耕农户自觉遵守退耕还林政策的各项规定，最大限度地限制林粮兼作，对违法乱砍滥伐和毁林复垦的行为要严厉打击，形成震慑，避免连锁反应现象的发生，切实巩固退耕还林成果。

② 未雨绸缪，高度重视退耕经济林果的市场变化，稳定退耕农户的经济收益。从监测结果看，退耕农户退耕地的主要收入是干鲜果品，部分退耕农户的干鲜果品收入是其家庭收入的大部甚至全部。果品生产利润大，市场风险也高，复耕地块中大多是经济林也说明了这个问题，干鲜果品的市场价格波动较大，直接影响农户经营收益。因此，有关部门应及早开展退耕还林干鲜果品市场研究，帮助退耕农户应对未来可能的收益风险。

③ 密切关注二轮补助到期户的生计和退耕地经营情况，防止补助到期引发的复耕反弹。根据监测结果，已有10%的退耕农户二轮补助到期，今后还将有更多的退耕农户完成二轮补助。由于《退耕还林条例》没有对退耕还林补助期满后退耕地林木的保有做出明确规定，在针对原退耕地的新政策出台前，应分区跟踪补助到期户，分区的类别应包括粮食主产区、生态区位重要地区、人地资源紧张地区等。

④ 在新周期退耕还林政策启动之际，应从国家长期生态战略需求和农户变化了的土地收益期望出发，发挥好政府和市场两方面的作用，针对不同地区，抓紧研究原退耕补助标准，既维护退耕农户经济利益，又提高退耕还林投资效益。新退耕区域应避开粮食主产区和人地资源紧张地区，有少数退耕户因为口粮不足而不愿退耕，新退耕任务应着力甄别这些农户，加快建设新退耕还林长效机制。

（主要执笔人：谢晨、张坤、彭伟、王佳男、刘建杰、姜喜麟、李保玉）

4 京津风沙源治理工程

2014

京津风沙源治理工程社会经济效益监测报告

2013年，既是京津风沙源治理工程（以下简称“京津工程”）一期收官之年，也是京津工程二期开篇之年，还是京津工程社会经济效益连续跟踪监测的第11年。截至2013年12月31日，5个省（自治区、直辖市）共完成林业建设任务56.86万公顷，占年度计划任务的100%，其中，人工造林22.26万公顷，飞播造林6.17万公顷，封山育林28.43 万公顷。至此，京津工程已全面完成一期下达的林业建设任务752.61万公顷（含退耕还林109.47万公顷），工程二期正式启动。为加强工程管理，进一步提高工程质量，当年制定并下发了《京津风沙源治理工程二期管理办法》，出台了《京津风沙源治理工程二期林业建设项目技术规定》，加大了科技支撑力度，强化了治沙适用技术推广和培训工作。

本年度继续对河北、陕西和内蒙古3个省（自治区）的21个京津工程县和400个农户开展社会经济效益监测，其中连续跟踪监测农户327个（参与工程287个，未参与工程40个），新增工程二期建设监测指标82个，当年21个县（旗）均有工程一期建设任务，11个县（旗）开始实施工程二期建设任务。本年度户级问卷调查范围是河北、内蒙古和山西3个省（自治区）21县的324个样本农户，在收回的324个调查问卷中，数据无效的问卷以及数据缺失率较高的问卷共124份，有效问卷200份，问卷有效率为62%。

监测结果表明：经过十多年建设，目前已初步形成了守卫京津的三道生态屏障——浑善达克沙地灌草结合的防风固沙屏障、坝上及晋北地区以乔灌结合的防风阻沙林带、北京及城郊地区纵横交错的森林绿化网。工程区植被增加，森林覆盖率12.13个百分点，其中，森林覆盖率上升超过20个百分点的样本县（旗）有3个，上升10到20个百分点的有9个，物种丰富度和稳定性提高，工程区土地沙化面积减少，土壤侵蚀面积减少206.93万公顷，减幅达61.15%，沙尘天气减弱，受风沙危害的乡镇数由2000年的96.60%下降到2013年的85.36%，工程自身吸纳和带动了当地农民就业，为劳动力就地转移找到了一条稳定出路。工程区通过大力发展特色林果、林下种养、生态旅游等产业，拓宽了农民增收致富门路，样本户家庭农村居民人均纯收入从2000年1625.12元增长到2013年的8881.39元，增长了4.67倍。群众生产经营方式由广种薄收、超载放牧向集约经营、舍饲圈养转变，初步实现了人与自然和谐相处，经济、社会与生态协调发展。

一　样本县（旗）自然经济社会概况

（一）人口与资源状况

1. 人口与劳动力资源

2000～2013年，样本县（旗）总人口平稳增长，乡村人口总体上呈稳中有降的趋势。2013年，样本县（旗）总人口和乡村人口分别为613.29万人和441.01万人，与2012年比，人口增长了0.54%，乡村人口下降了6.04%；与工程实施前的2000年相比，人口增长了5.92%，乡村人口下降了10.93%，乡村人口比例下降了13.60个百分点（图4-1）。

户级监测结果显示，自2000年以来，样本户家庭人口、劳动力和劳动力负担系数基本保持稳定，劳动力负担系数总体上呈现稳中有降的趋势。2013年，样本户户

图4-1　样本县（旗）人口变化

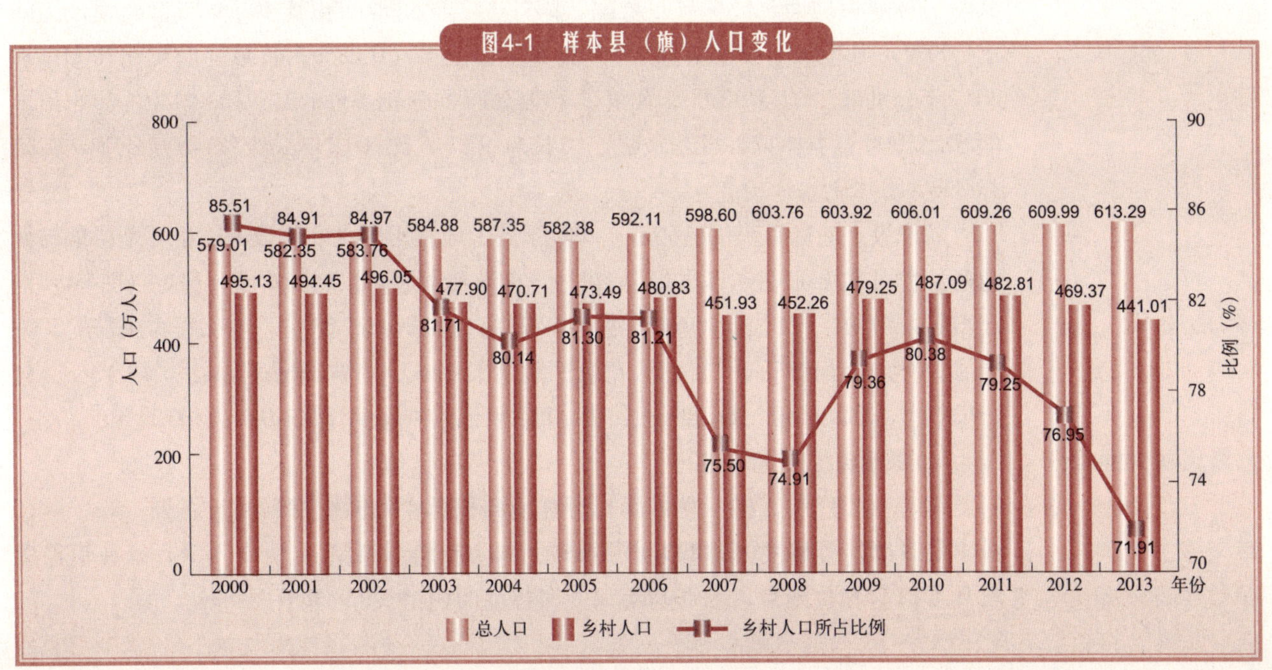

图4-2 327户样本户均人口和劳动力情况

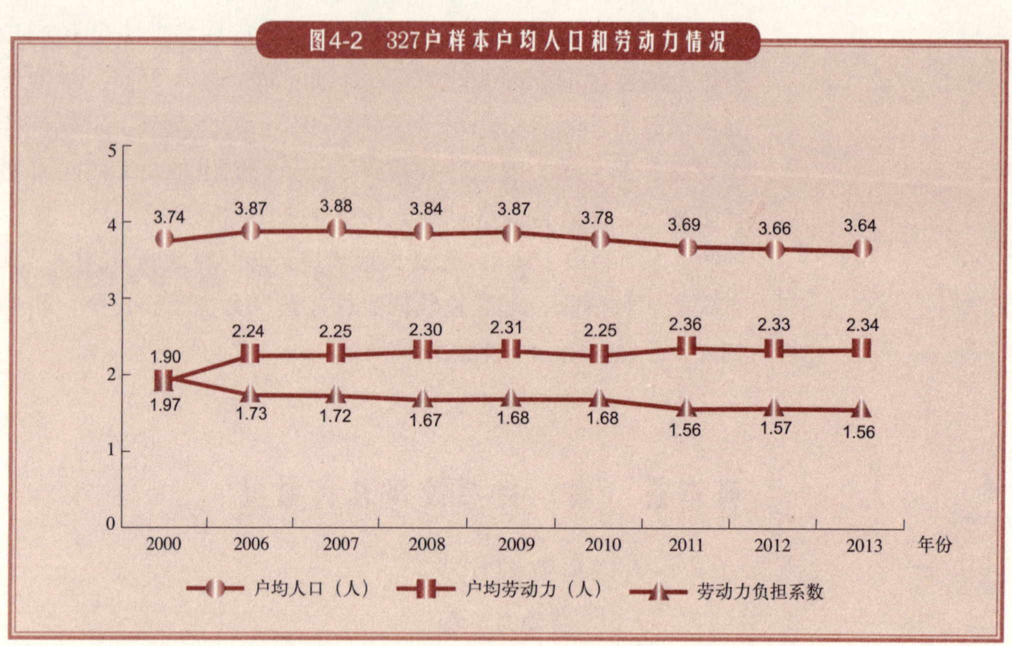

均（以下简称户均）人口为3.64人，比2000和2012年分别下降2.67%和0.55%；户均劳动力2.34人，比2000年和2012年分别上升23.16%和0.43%，户均劳动力负担系数为1.56，比2000年和2012年分别下降0.41和0.01（图4-2）。

2. 土地资源

2000～2013年，样本县（旗）牧草地面积基本保持稳定，林业用地面积持续攀升。2013年，样本县（旗）年末在册耕地面积149.08万公顷，牧草地面积592.35万公顷，林业用地面积536.41万公顷，同2000年比耕地面积减少了9.52万公顷，下降了6.00%，与2012年相比增加了0.42万公顷，上升了0.28%；牧草地面积比2000年和2012年分别减少了11.52万公顷和24.73万公顷，分别下降1.91%和4.01%；林业用地面积比2000年增加129.94万公顷，增长31.97%，比2012年减少22.48万公顷，下降4.02%（图4-3）。

从户级土地资源变化趋势看，2006年前土地利用形式变化较大，主要是耕地与林地两种利用方式间转换，2006年后耕地、林地和草地面积则基本保持稳定（图4-4）。2013年，户均经营耕地22.36亩，林地27.24亩，牧草场29.31亩，与工程实施前的2000年比，林地面积增长近7倍，牧草场面积增长10.87%，耕地面积减少了18.13%，与2012年比，耕地面积、林地面积和牧草地面积分别增长0.13%、0.48%和0.21%。

3. 森林资源

2000～2013年，样本县（旗）有林地面积总体上保持持续增长态势。2013年，样本县（旗）有林地面积239.83万公顷，与2000年相比，增长48.32%，森林覆盖率上升了12.13个百分点，与2012年比，有林地面积增长0.98%（图4-5）。

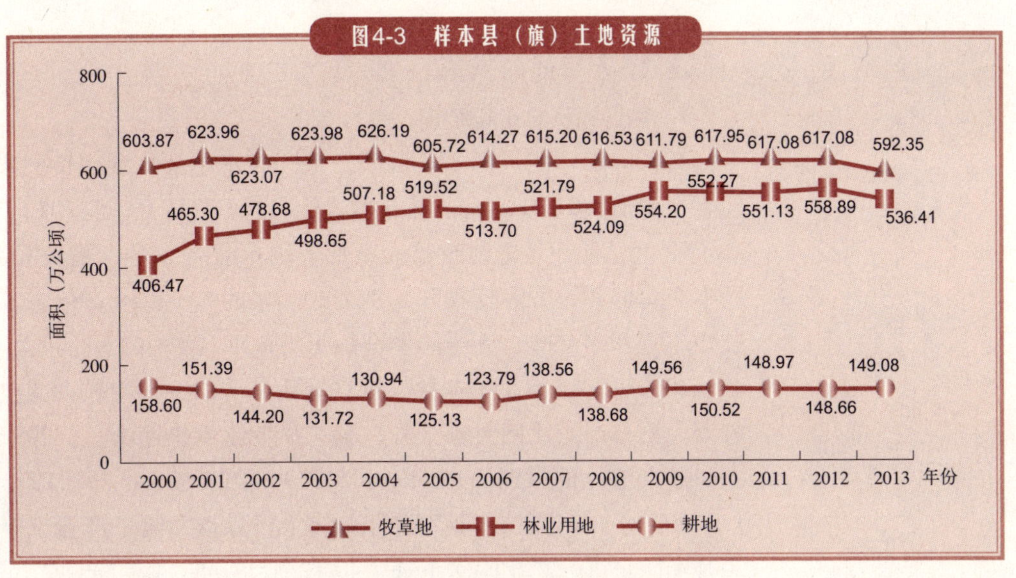

图4-3 样本县（旗）土地资源
800
600
400
200
0
面积（万公顷）
603.87
623.96
623.07
623.98
626.19
605.72
614.27
615.20
616.53
611.79
617.95
617.08
617.08
592.35
406.47
465.30
478.68
498.65
507.18
519.52
513.70
521.79
524.09
554.20
552.27
551.13
558.89
536.41
158.60
151.39
144.20
131.72
130.94
125.13
123.79
138.56
138.68
149.56
150.52
148.97
148.66
149.08
2000 2001 2002 2003 2004 2005 2006 2007 2008 2009 2010 2011 2012 2013 年份
牧草地
林业用地
耕地

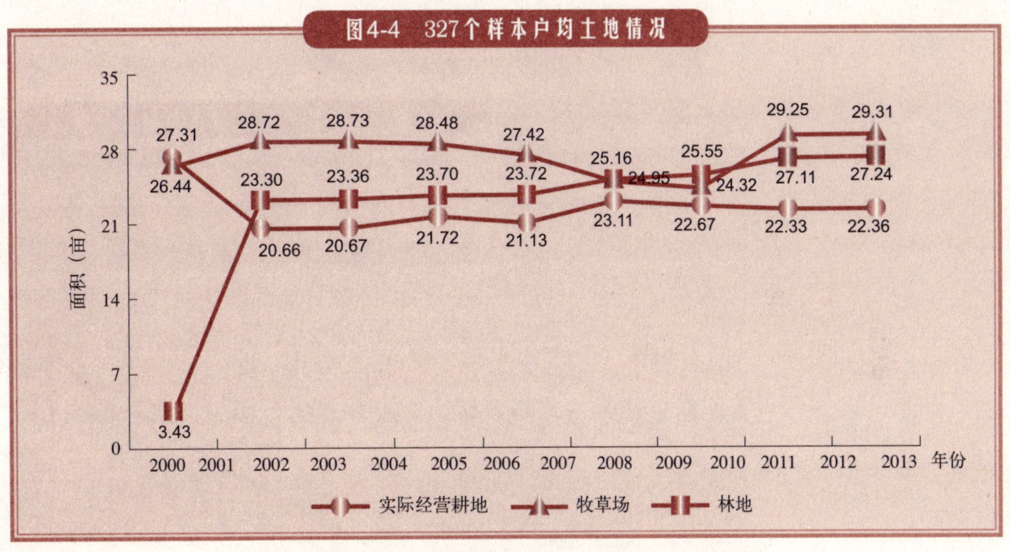

图4-4 327个样本户均土地情况
35
28
21
14
7
0
面积（亩）
27.31
26.44
3.43
28.72
23.30
20.66
28.73
23.36
20.67
28.48
23.70
21.72
27.42
23.72
21.13
25.16
23.11
24.95
25.55
22.67
24.32
29.25
27.11
22.33
29.31
27.24
22.36
2000 2001 2002 2003 2004 2005 2006 2007 2008 2009 2010 2011 2012 2013 年份
实际经营耕地
牧草场
林地

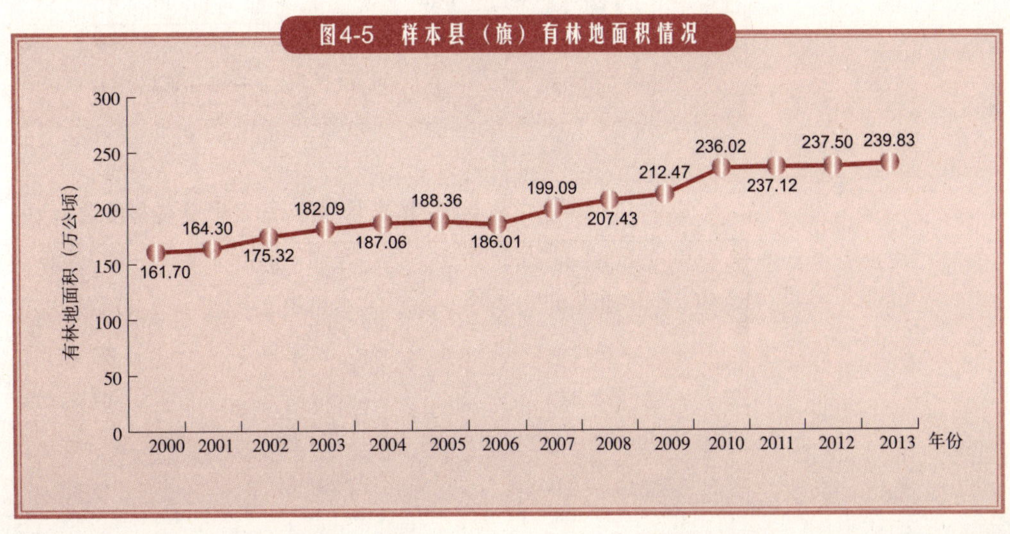

图4-5 样本县（旗）有林地面积情况
300
250
200
150
100
50
0
有林地面积（万公顷）
161.70
164.30
175.32
182.09
187.06
188.36
186.01
199.09
207.43
212.47
236.02
237.12
237.50
239.83
2000 2001 2002 2003 2004 2005 2006 2007 2008 2009 2010 2011 2012 2013 年份

（二）经济与社会发展

1．地区经济总量和结构

2000～2013年，样本县（旗）地区经济总量持续增长。2013年样本县（旗）地区生产总值1701.01亿元，地方财政收入135.73亿元，与2012年比，地区生产总值增加了97.96亿元，地方财政收入增加了29.60亿元，分别增长6.11%和27.89%，当年地区生产总值和地方财政收入分别为2000年的9.12和16.20倍，13年间环比年均分别增长19.37%和24.99%，高于同期全国平均水平（图4-6）。

2000～2013年，样本县（旗）地区经济结构发生较大变化，第一产业比例下降较大，第二产业比例大幅上升，第三产业比例快速增长。2013年，样本县（旗）三次产业产值比例分别为19.59%、51.79%和28.62%；与2012年比，第一产业上升了1.10个百分点，第二产业下降了1.66个百分点，第三产业上升了0.56个百分点；与2000年比，第一产业比例下降了40.42个百分点，第二产业和第三产业比例分别上升了12.73和27.69个百分点（表4-1）。

图4-6 样本县（旗）经济总量变化情况

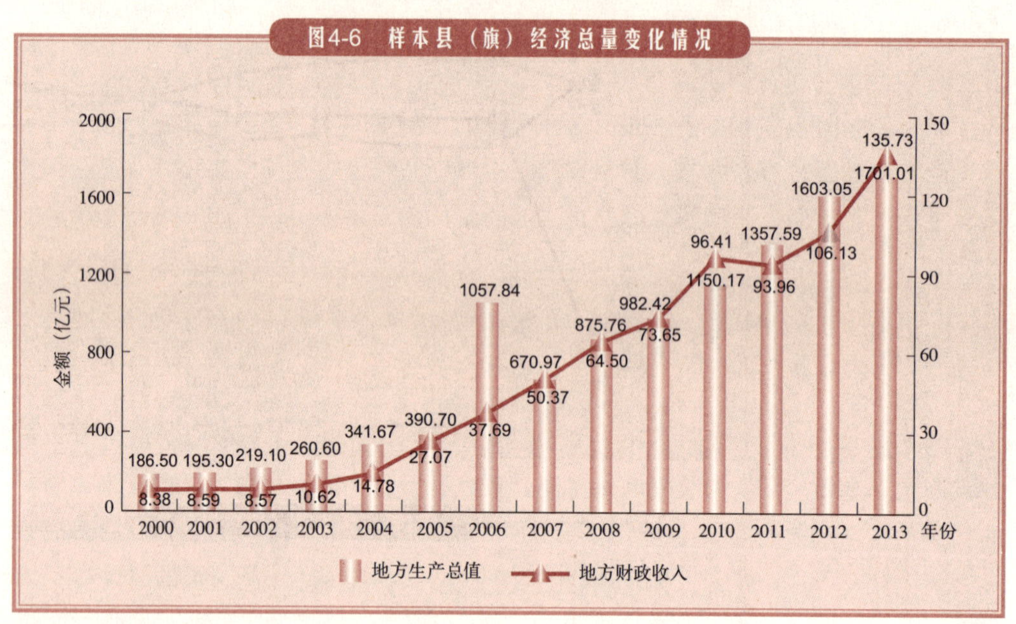

表4-1 样本县(旗) 三次产业比例变化 %

指　标	第一产业	第二产业	第三产业
2000年	60.01	39.06	0.93
2012年	18.49	53.45	28.06
2013年	19.59	51.79	28.62
2013年－2012年	1.10	－1.66	0.56
2013年－2000年	－40.42	12.73	27.69

2．农村劳动力就业

2000～2013年，样本县（旗）乡村从业人员基本保持稳定，农林牧渔业从业人员稳中有降。2013年，样本县（旗）年末乡村从业人员252.26万人；与2012年比，减少12.07万人，下降了4.57%；与2000年相比，增加11.61万人，增长4.82%。2013年，农林牧渔业从业人员154.26万人，占乡村从业人员总数的61.15%，与2012年比，上升了2.93个百分点；与2000年相比，下降了9.26个百分点（图4-7）。

图4-7 样本县（旗）从业人员情况

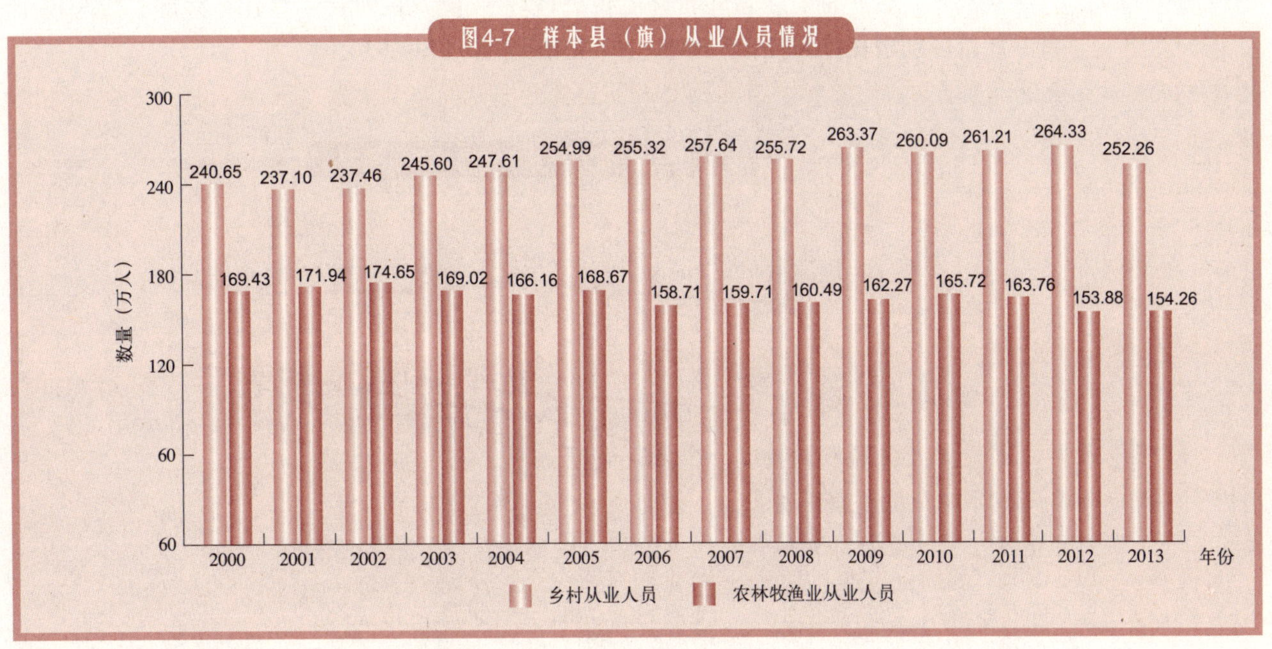

图4-8 327户样本生产资料变化情况

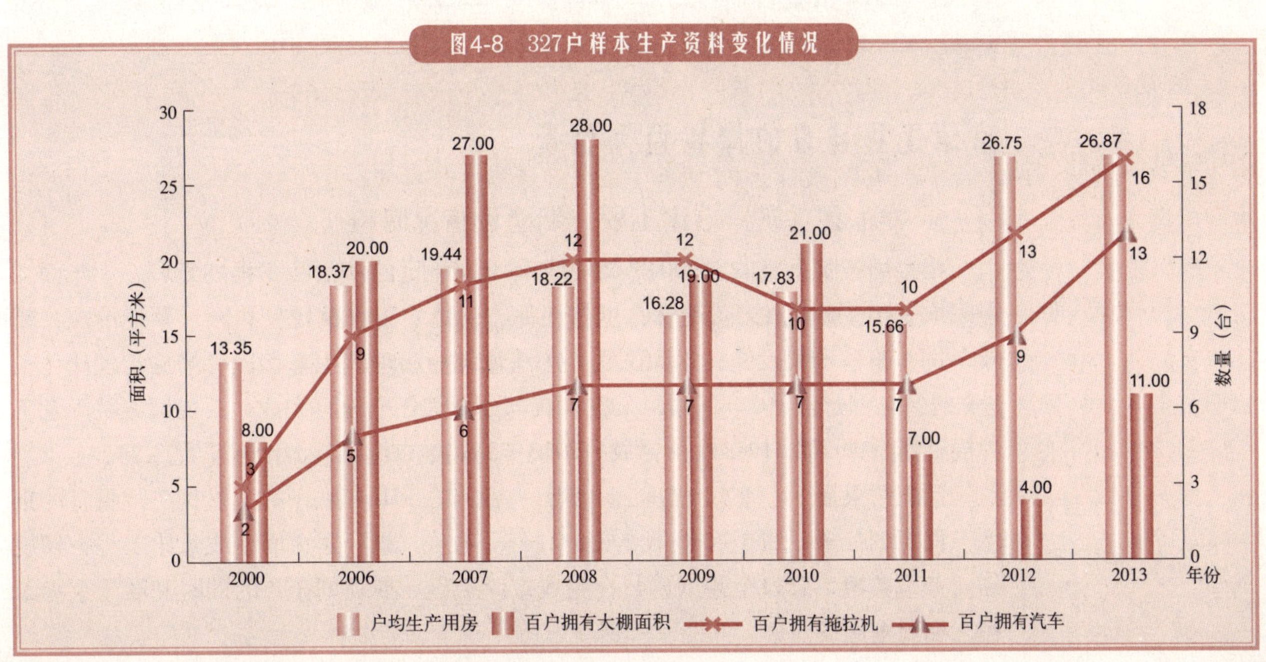

3. 农民家庭生产生活条件

2000～2013年，样本户家庭生产工具不断改进，耐用消费品数量增加、质量提升，农民家庭生产生活条件持续改善。2013年，户均生产用房26.87平方米，汽车、大棚和拖拉机生产工具的百户拥有量分别达13台、11平方米和16台，分别比2012年增长0.45%、44.44%、175.00%和23.08%。与2000年比，户均生产用房是2000年的2.01倍，百户拥有汽车增长最大，是2000年的6.5倍（图4-8）。

冰箱、电视机、洗衣机、摩托车和电话等家庭耐用消费品亦有较大幅度增长。2013年，百户拥有冰箱89台，电视机112台，洗衣机91台，摩托车86部，与2012年比，分别增长15.58%、5.66%、7.06%和7.50%（图4-9）。

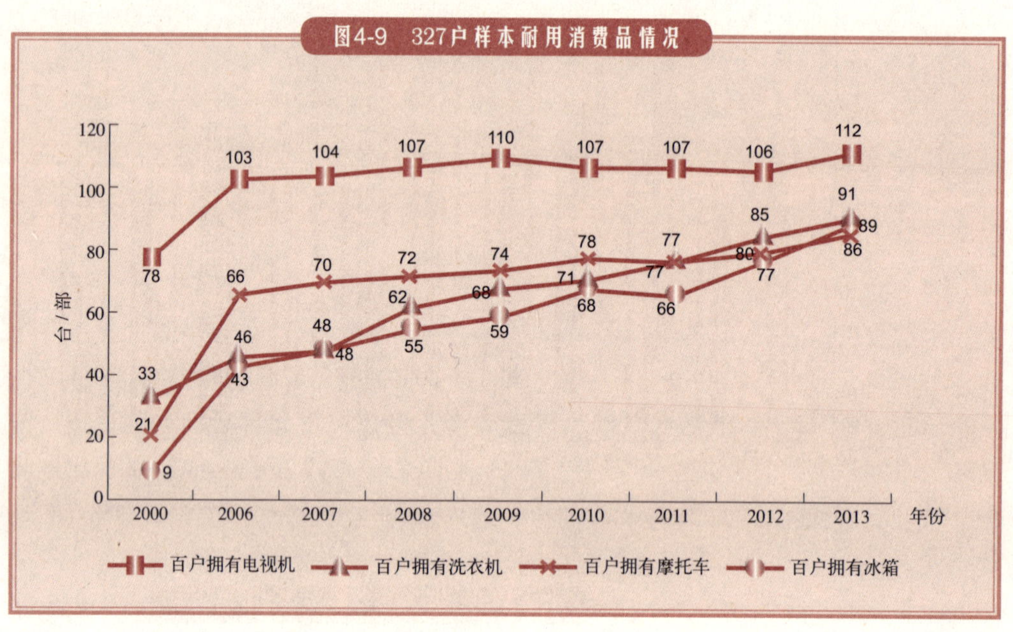

图4-9　327户样本耐用消费品情况

二　京津工程建设的跟踪监测情况

（一）样本县（旗）京津工程一期建设情况回顾

根据国务院批复的《2001～2010年环北京地区防沙治沙工程规划》，十年间工程采取荒山荒地荒(沙)营造林、退耕还林、营造农田（草场）林网、草地治理、禁牧舍饲、小型水利设施、水源工程、小流域综合治理和生态移民等措施治理沙化土地1.5亿亩。截至2010年年底，工程尚有部分规划任务没有完成，后经国务院同意工程展期2年，即到2012年底前完成，2013年将实施京津风沙源治理工程二期。

监测结果显示：21个样本县（旗）并没有在2012年底前完成按国务院批复的京津工程规划任务，截至2013年年底，21个样本县（旗）才全面完成京津工程一期规划任务，其中，有11个县（旗）在完成京津工程一期规划任务的同时开展了京津工程二期规划建设任务。

1．工程投资

2000～2013年，样本县（旗）工程投资总体上呈逐年增加趋势，13年工程实际总投资115.85亿元，样本县（旗）工程规划总投资119.58亿元，投资完成率96.88%。从投资完成率情况看，前8年工程投资完成情况不理想，2009年后每年完成情况较好（图4-10）。

从投资结构看，林业措施是工程投资的主体，13年间林业措施投资比例始终保持在六成以上，最低为62.04%，最高达78.45%，农业措施和水利措施投资比例相差不大，2005年以前农业措施投资比例高于水利措施，其后则呈相反趋势，两者投资之和占工程总投资的比例在30%左右(图4-11)。

图4-10 样本县（旗）工程投资情况

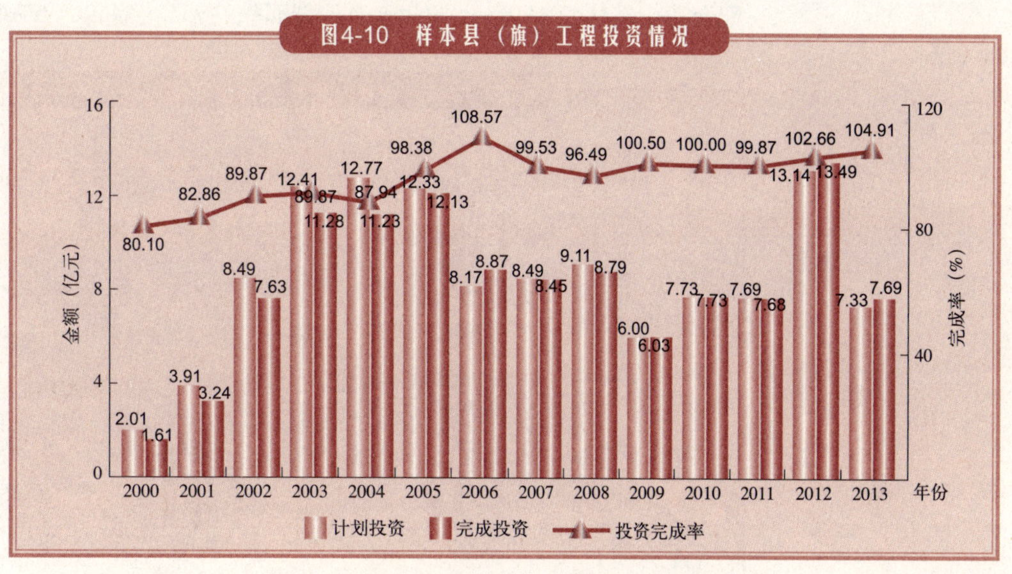

图4-11 样本县（旗）投资结构情况

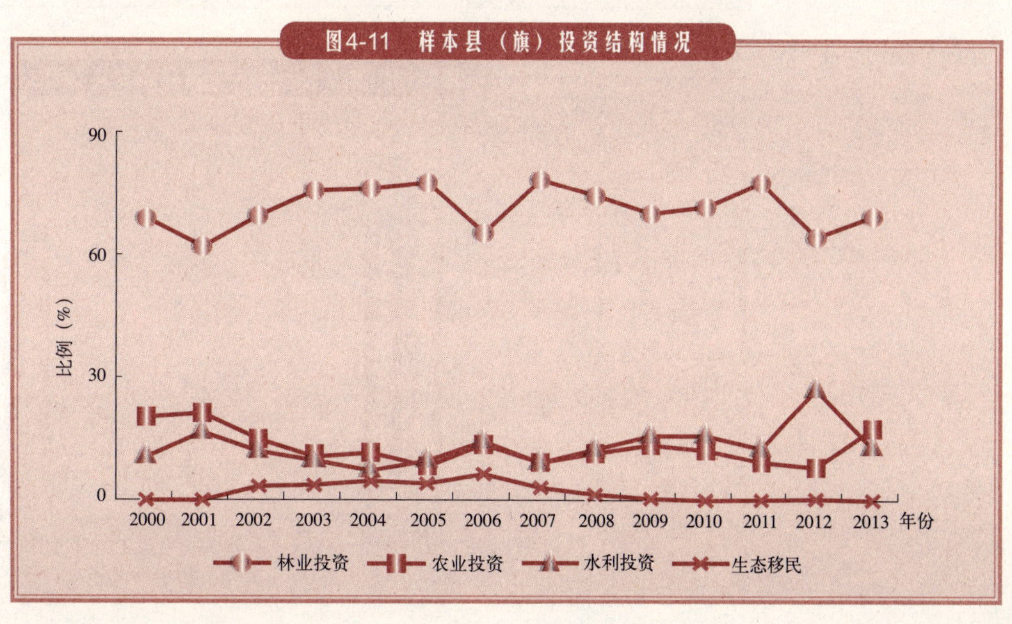

2. 工程林业建设

2000～2013年，样本县（旗）实际完成荒山荒地（沙）造林面积242.16万公顷，退耕还林91.34万公顷，种苗基地建设2.23万公顷。

（1）荒山荒（沙）地造林

截至2013年年底，样本县（旗）工程（一期）累计人工造林130.67万公顷，飞播造林26.92万公顷，封山育林84.57万公顷，分别占规划面积的100.04%、88.38%和100.88%，人工造林和封山育林超额完成任务，但飞播造林未能按计划完成任务，总体完成情况较好（图4-12）。

（2）退耕还林和种苗基地

截至2013年年底，样本县（旗）工程（一期）累计完成退耕地造林46.22万公顷，退耕配套荒山造林42.66万公顷，分别占计划面积的95.24%和98.36%（图4-13）。累计完成封

图4-12 样本县（旗）荒山荒（沙）地造林完成情况

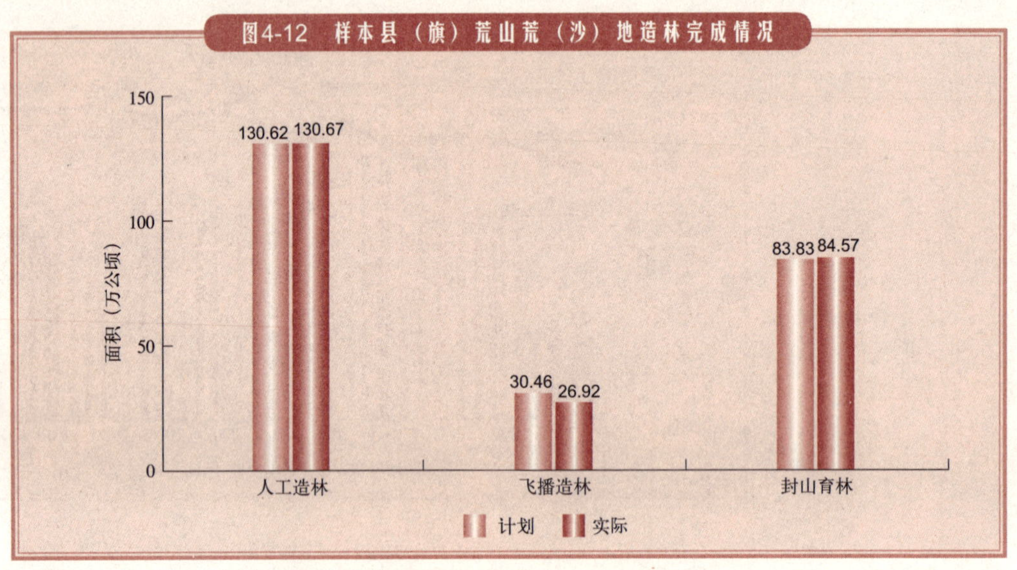

图4-13 样本县（旗）退耕还林完成情况

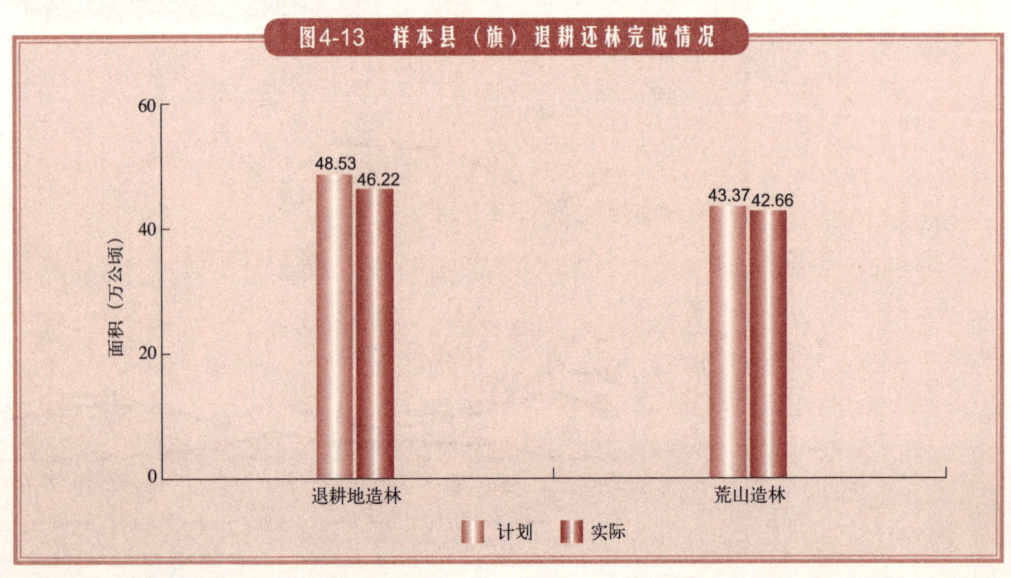

山育林和种苗基地面积2.46万公顷和2.23万公顷，两者均100%地完成规划任务。

3. 工程农业项目

工程中的农业项目主要采取人工种草、围栏封育、禁牧、基本草场建设、舍饲暖棚建设、饲料机械等措施。截至2013年年底，样本县（旗）累计完成草地治理面积1169千公顷，暖棚建设38223百平方米，饲料机械39620套，分别占计划的100.13%、100.28%和98.99%（图4-14）。

4. 工程水利措施

工程区水利治理主要采用了小流域综合治理、水源工程和节水灌溉等三项措施。截至2013年年底，样本县（旗）累计完成水源工程建设38.42千处，节水灌溉30.72千处，小流域综合治理面积47.61万公顷，分别占计划的106.31%、98.15%和108.38%（图4-15）。

图4-14 样本县（旗）工程（一期）农业项目完成情况

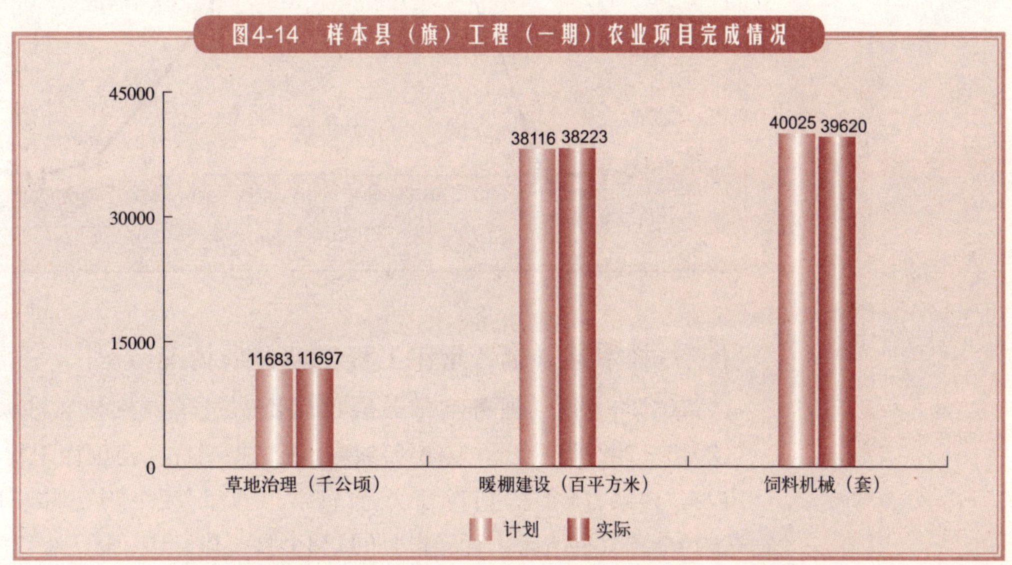

图4-15 样本县（旗）工程一期水利措施完成情况

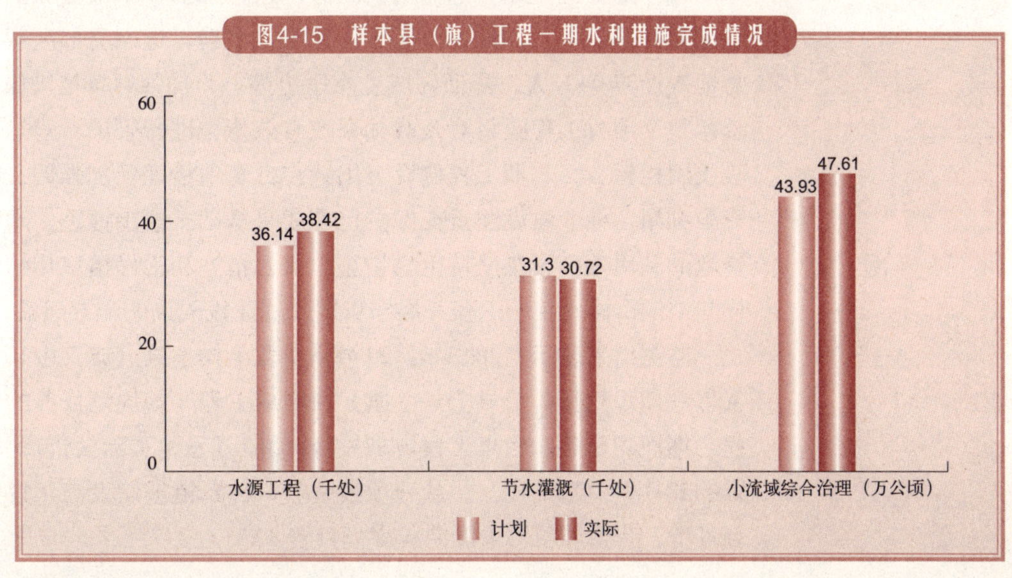

5．工程生态移民

生态移民作为京津风沙源工程建设的一项重要内容，从2002年工程正式启动，随着工程的不断深入，生态移民任务量有所减少。2000～2013年，样本县（旗）实际生态移民累计为50759人，规划完成率为95.94%（图4-16）。

图4-16 样本县（旗）生态移民情况

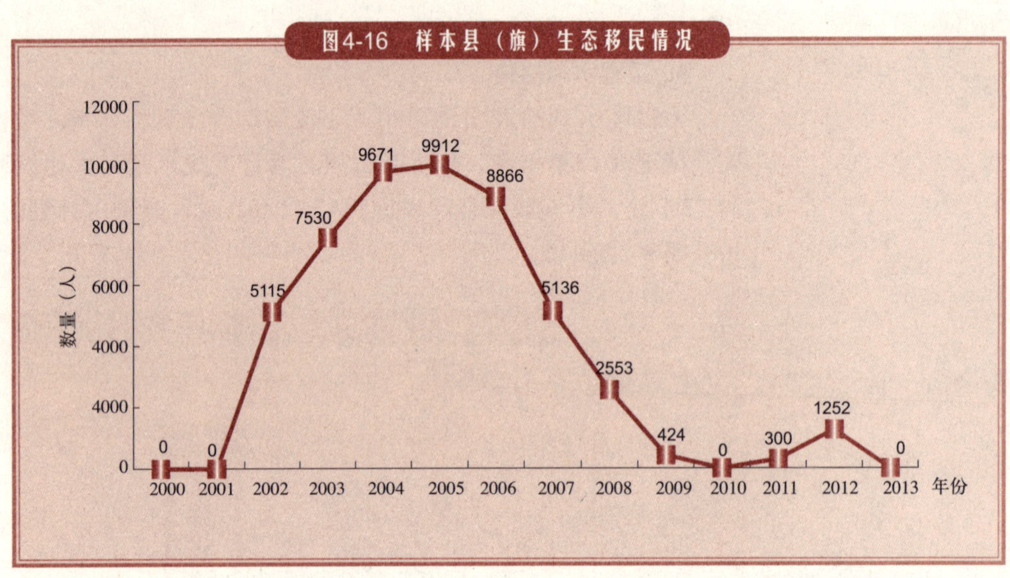

（二）样本县（旗）京津工程二期开展情况

2012年9月，国务院常务会议讨论通过了《京津风沙源治理二期工程规划（2013～2022年）》。京津风沙源治理二期工程区范围由工程一期的北京、河北、山西、内蒙古5个省（自治区、直辖市）的75个县（旗、市、区）扩大至包括陕西在内6个省（自治区、直辖市）的138个县（旗、市、区）。为期10年的“京津风沙源治理二期工程规划”包含七大任务，包括加强林草植被保护和建设，提高现有植被质量和覆盖率，加强重点区域沙化土地治理，遏制局部区域流沙侵蚀，稳步推进易地搬迁37.04万人，降低区域生态压力等。为加强林草植被保护，提高现有植被质量，整个项目工程区将对公益林采取有效措施进行管护，对退化、沙化草原实施禁牧或围栏封育。二期工程建设突出特点：草地治理更加强调自然恢复，更注重提高资源利用，林业建设注重在保护已有成果基础上稳步推进，水利项目更注重加强水资源的利用效率，在坚持生物措施、农艺措施和工程措施相结合的基础上，照应一期与二期衔接，兼顾工程开展与巩固工程建设成果的配套建设。

监测结果显示：2013年，21个京津监测样本县（旗）中10个县（旗）继续完成工程一期规划任务，11个县（旗）在完成工程一期规划任务的同时开始实施京津工程二期规划任务。当年工程规划投资86361万元，实际投资19058万元，仅占规划投资的22.07%（图4-17）。从分项投资看，林草植被建设当年投资3700万元，超过规划投资，其余各项均未能完成规划投资。

图4-17 样本县（旗）工程投资情况

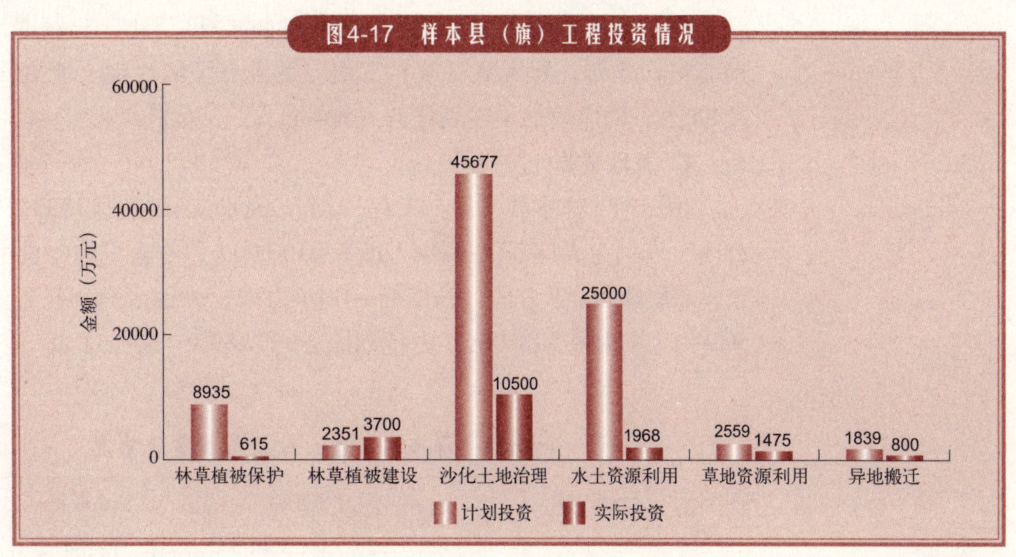

1．林草植被保护

2013年，样本县（旗）工程二期现有林管护面积511153公顷，占计划管护面积的85.09%，当年禁牧草地面积30000公顷，占计划禁牧草地面积的2.33%，当年没有新禁牧草地，当年围栏封育面积10334公顷，当年新纳入围栏封育面积9667.3公顷，两者均完成计划建设任务（表4-2）。

表4-2 样本县（旗）林草植被保护情况 公顷

项 目	计划面积	完成面积	完成率（%）
现有林管护	600747.3	511153	85.09
当年禁牧草地面积	1289741	30000	2.33
当年新禁牧草地面积	3333.3	0	0.00
当年围栏封育	10334	10334	100.00
当年新纳入围栏封育面积	9667.3	9667.3	100.00

2．林草植被建设

2013年，样本县（旗）工程二期人工造林73054公顷，占计划面积的94.46%，其中，造乔木林21054公顷，造灌木林52000公顷，分别占计划面积89.69%和96.53%，当年飞播造林1333公顷，完成飞播造林计划面积，当年未有飞播牧草规划任务，当年封山（沙）育林育草面积14000公顷，退耕还林14000公顷，分别占计划面积的78.36%和61.64%（表4-3）。

3．水资源利用与重点区域沙化土地治理

2013年，样本县（旗）工程二期小流域综合治理5260公顷，占计划治理面积的

75.57%，建设水源工程120处，建设节水灌溉173处，分别占计划建设的76.43%和75.22%。当年，样本县（旗）工程二期重点区域沙化土地治理14000公顷，异地搬迁400人，均完成当年计划任务（表4-4）。

4．草地资源开发利用

2013年，样本县（旗）工程二期人工饲草基地建设1533公顷，草种基地建设67公顷，分别完成计划任务的67.16%和100.00%，配套设施建设中暖棚建设77667平方米，青贮窖860平方米，贮草棚8000平方米，分别占计划任务的91.73%、31.82%和50.00%，饲料机械860套，占计划任务的37.89%（表4-5）。

表4-3　样本县（旗）林草植被建设情况　　公顷

项　目	计划面积	完成面积	完成率（%）
人工造林	77341.33	73054	94.46
其中：乔木林	23474.13	21054	89.69
灌木林	53867.20	52000	96.53
飞播造林	1333	1333	100.00
飞播牧草	0	0	NA
封山（沙）育林育草	17867.33	14000	78.36
退耕还林	22713.3	14000	61.64

表4-4　样本县（旗）水资源利用与重点区域沙化土地治理

项　目	计划建设或治理	完成建设或治理	完成率（%）
小流域综合治理（公顷）	6960	5260	75.57
建设水源工程（处）	157	120	76.43
建设节水灌溉（处）	230	173	75.22
重点区域沙化土地治理（公顷）	14000	14000	100.00

表4-5　样本县（旗）草地资源开发利用情况

项　目	计划面积	完成面积	完成率（%）
人工饲草基地建设（公顷）	2282.67	1533	67.16
草种基地建设（公顷）	67	67	100.00
配套设施建设（平方米）			
其中：暖棚建设	84667	77667	91.73
饲料机械（套）	2270	860	37.89
青贮窖	22000	7000	31.82
贮草棚	16000	8000	50.00

三 工程实施效果分析

京津工程的实施对当地社会经济发展、生态状况改善、人民生活水平提高、社会福利进步等方面都起到了积极的促进作用。

（一）改善生态，美化环境

一是美化了工程区环境。县级监测结果显示：2000～2013年，21个样本县（旗）森林覆盖率上升了12.13个百分点。280份户调查问卷回答能够感受到身边生态环境的改善，占问卷总量的86.42%，农户最直接的感受是“山绿了，水清了，村周边的野生动物多了”。

二是工程区扬沙次数和扬沙日数明显减少。2000～2013年，21个样本县（旗）中有2个县（旗）的扬沙日数呈增加趋势，5个扬沙日数减少但不明显，其余14个县（旗）的扬沙日数呈明显减少趋势。7个县（旗）在全年大风天气日数增加的情况下，形成沙尘天气的日数却减少。例如，2013年，山西省大同县和新荣区全年6级以上大风天气日数均为38次，形成沙尘天气1次，2008年两样本县（旗）大风天气日数均为10次，形成沙尘天气5次，内蒙古巴林左旗2008年大风天气日数为25天，形成沙尘天气20次，2013年该旗全年6级以上大风天气日数比2008年增加3天，但形成沙尘天气次数却减少了3次。

三是风沙危害减轻，2013年与2000年比，样本县（旗）受风沙危害范围减小，危害程度减轻，受风沙危害的乡镇比例由2000年的96.60%下降到2013年的85.36%，农作物受灾面积比例由2000年的41.65%下降到2013年的36.94%。

四是京津地区沙尘天气减少。据北京观象台资料，大风、扬沙、浮尘和沙尘暴等四种天气现象，1951～2000年，年均28天，其中，大风22天，扬沙20天，浮尘6天，沙尘暴2.4天。沙尘暴最多年份1966年达20天。2000年，北京的扬沙、浮尘天气一年达10次以上。2007年以后，北京地区再没有扬沙天气，浮尘天气也减少到每年3～5次。

（二）改善生产条件，促进粮食增产

对粮食生产来说，耕地是基础，水是命脉，生态是保障，价格是动力，政策是推手。2000～2013年，样本县（旗）粮食产量持续增长。2013年达477.84万吨，是2000年的3.43倍。 2013年，327户样本家庭户均粮食产量8215.26斤，粮食播种面积15.87亩，与工程实施前2000年比，粮食产量增加了1170.21斤，粮食播种面积减少3.69亩（图4-18）。

自1997年以来，除个别年份外，其余年份粮食价格持续攀升，2004年国家开始实施种粮补助等惠农政策，2006年取消农业税。价格和政策是粮食增产的外在

图4-18 样本县（旗）粮食生产情况

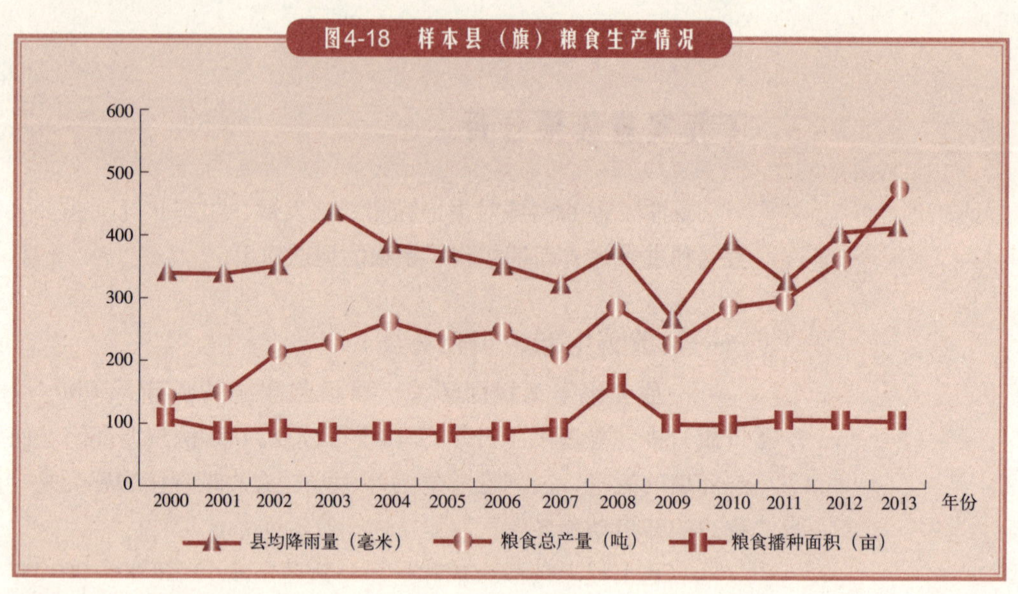

表4-6 样本县（旗）农业生产条件改善情况

年 份	2000	2013
水浇地（公顷）	236956.60	342449.53
京津工程修建水源工程（处）	0	38415
退耕巩固成果新修基本农田（公顷）	0	120239.50
退耕巩固成果中低产田改造（公顷）	0	147857.90
防护林（公顷）	49318.10	190260.83

动力，粮食播种面积、耕地质量提高、生产条件改善和农业生产投入是粮食增产的内在基础。2013年，样本县（旗）水浇地面积342449.53公顷，比2000年增加105492.93公顷，增长44.52%，2000～2013年，京津工程水利措施修建水源工程38415处，退耕巩固成果新修基本农田120239.5公顷，中低产田改造147857.9公顷，京津工程为样本县（旗）新增防护林面积140942.73公顷（表4-6）。

（三）拉动地方经济增长，促进发展方式转型

一是提升了地方经济总量。2000～2013年，样本县（旗）工程累计投资64.4亿元，根据此期间我国投资拉动GDP增长系数，计算得到京津工程投资直接拉动样本县（旗）地区GDP累计增加33.48亿元，对地区GDP增长的贡献率为2.23%（表4-7）。

二是经过十多年的建设，工程区产业结构发生了重大的变化，样本县（旗）第一产业比例下降了40.42个百分点，第二产业和第三产业比例分别上升了12.73和27.69个百分点；草场禁牧面积从2000年的11.21%上升到2013年的69.72%，森林旅游

表4-7　样本县（旗）工程投资拉动GDP增长情况　　亿元

年　份	2000～2005	2006	2007	2008	2009	2010	2011	2012	2013
我国投资对GDP增长贡献率（%）	50.5	42.99	37.12	43.5	87.6	54.8	54.2	50.4	54.4
京津工程投资	23.91	4.25	3.1	3.77	3.82	4.48	5.65	7.73	7.69
工程投资拉动地区GDP增长	12.07	1.83	1.15	1.64	3.35	2.46	3.06	3.74	4.18
地区GDP增长	204.2	67.14	213.13	204.79	106.66	167.75	207.41	235.42	97.96
工程投资对地区GDP增长的贡献率（%）	5.91%	2.72	0.54	0.80	3.14	1.47	1.48	1.59	4.27

注：1. 工程投资包括营造林、退耕还林种苗投资、草地治理和小流域综合治理四项投资，其中营造林投资不含退耕还林农户粮食和现金补助。

2. 2000～2005年我国投资对增长贡献率数据来自国家统计局“我国投资和消费拉动经济增长状况”课题研究报告；2006年和2007年数据来自国家统计局“消费对GDP贡献七年来首超投资”；2008年数据来自国家统计局马建堂“关于加快转变经济发展方式的几个问题”；2009年、2010年、2011年、2012年和2013年数据来自国家统计局。

表4-8　样本县（旗）生产方式变化情况

年　份	2000	2013
草场禁牧比例（%）	11.21	69.72
森林旅游收入（万元）	18678	145550
户均大棚面积（平方米）	8	27

收入增长了6.79倍，户均大棚面积增长了2.38倍（表4-8）。已初步实现从游牧放养到舍饲圈养、从毁林开荒到植树种草、从传统农业向设施农业为主的转变。

退耕还林、生态移民等工程实施后，一部分农牧民从第一产业进入第二、三产业，拓宽了就业门路和收入渠道。北京市的黄芩加工、河北的葡萄产业、山西的山杏林等都形成了规模化优势，走上了产业化的道路，促进并带动了当地农民的增收致富。生态改善后，围绕生态旅游的第三产业开始发展。通过十多年的工程建设，各级领导干部对生态建设的重视程度明显提高，干部群众生态意识明显增强，全社会的生态建设氛围日益高涨，增绿、爱绿、护绿成为工程区的普遍行为。

（四）改善农民生计，促进社会就业

2000～2013年，样本户家庭的农村居民人均纯收入持续增长，增速高于全国平均水平。2000年，样本户家庭农村居民人均纯收入1625.12元，相当于全国平均水平的72.1%。2013年，样本户农村居民人均纯收入达8881.39元，相当于全国平均水平99.84%，样本户农村居民人均纯收入已经赶上全国平均水平，其中，样本户家庭人均获得工程退耕还林补助359.25元。外出务工收入是拉动样本户农村居民人均纯收入快速增长的主因，这也印证了工程实施促进农村劳动力转移的判断。

从有、无项目家庭农村居民人均纯收入对比看：2000年，有、无项目家庭农

村居民人均纯收入分别为1589.91元和1643.27元，有项目家庭农村居民人均纯收入低于无项目家庭。2013年，有项目家庭和无项目家庭的农村居民人均纯收入分别为8947.6元和8406.33元，与2000年比，有项目家庭净收入增加了6446.69元，无项目户增加了6265.37元，有项目户家庭净收入增长幅度高于无项目户。说明京津工程实施增加了农村居民收入，缩小了收入差距。京津工程户级调查问卷分析结果表明，工程对农户生计状况的正向影响的预测概率大于70%，说明总体上京津工程对农户生计改善具有一定的积极促进作用（见附件）。

2000～2013年，样本县（旗）京津工程荒山荒沙人工造林面积242.16万公顷，年均186276.04公顷，根据沙区人工造林用工和国家统计局农村劳动力就业标准，样本县京津工程人工造林共增加农村劳动力就业11.18万人，仅京津工程荒山（荒地）荒沙人工造林一项增加就业人数就占同期样本县（旗）年末乡村从业人员的4%（表4-9）。

表4-9 样本县（旗）人工造林增加农村劳动力就业情况

项 目	数值
2000～2013年均荒山（荒地）荒沙人工造林面积（公顷）	186276.04
每公顷造林用工量（工日/人）	90
农村劳动力就业标准（工日）	150
工程增加农村劳动力就业人数（万人）	11.18

注：1. 2000～2013年均造林面积仅指工程荒山（荒地）荒沙造林，不含退耕还林；
2. 每公顷造林用工量来自国家林业局《防护林造林投资估算指标》中沙区人工造林用工量标准；
3. 农村劳动力就业标准来自国家统计局农时用工标准。

三 思考与启示

京津风沙源治理工程是一个相当复杂的系统工程，涉及面非常广，内容非常丰富，相互之间的联系非常复杂，京津风沙源治理工程也是全国生态建设领域的标志性工程，党中央、国务院对这个工程寄予极大的希望，工程区的百姓对这个工程寄予极大的期待，京津工程（一期）13年建设取得了很大成绩，但也留下一些问题值得我们去思考。

（一）工程一期目标实现了么

工程一期的总目标是：通过对现有植被的保护，封沙育林、飞播造林、人工造林、退耕还林、草地治理等生物措施和小流域综合治理等工程措施，使工程区可治理的沙化土地得到基本治理，生态环境明显好转，风沙天气和沙尘暴天气明显减少，从总体上遏制沙化土地的扩展趋势，使北京周围生态环境得到明显改善。

1. 工程一期规划任务如期完成了么

一是工程如期完成了么？京津工程规划项目建设期10年，即2001～2010年，分两个阶段进行，2001～2005年为第一阶段，2006～2010年为第二阶段。其后又展期2年。但监测结果显示：截至2013年年底，样本县（旗）才基本完成一期工程建设任务，只有11个县（旗）开始实施二期建设任务，且当年二期任务完成情况也不理想。应该说，京津工程基本按照工程规划如期完成任务。

二是工程投资完成了么？监测结果显示：截至2013年年底，样本县（旗）工程实际总投资115.85亿元，工程规划总投资119.58亿元，投资完成率96.88%。从投资完成情况看，前8年工程投资完成情况不理想，2009年后开始加快投资完成进度，每年均超额完成投资；从农林水三家投资完成情况看，林业和农业投资完成情况较好，水利投资完成进度慢一些。总体来说，在工程扩展两年又延期一年后，工程一期投资基本完成。

三是工程农林水建设任务完成了么？截至2013年年底，样本县（旗）工程林业建设除退耕还林和飞播造林外，其余建设内容均已超额完成，退耕还林未能完成规划任务是由于国家政策调整，农业建设项目中饲料机械完成规划任务的98.99%，水利措施中节水灌溉完成规划任务的98.15%。

2. 目标实现了么

一是沙化土地治理情况。截至2013年年底，样本县（旗）沙化土地面积减少248.61万公顷，工程累计沙化土地治理面积241.52万公顷，占样本县（旗）沙化土地面积减少的97.15%。

二是工程区生态环境状况。2000～2013年，21个样本县（旗）森林覆盖率上升了12.13个百分点。21个样本县（旗）中有2个县（旗）的扬沙日数呈增加趋势，5个扬沙日数减少但不明显，其余14个县（旗）的扬沙日数呈明显减少趋势。7个县（旗）在全年大风天气日数增加的情况下，形成沙尘天气的日数却减少。2000年，北京的扬沙、浮尘天气一年达10次以上。2007年以后，北京地区再没有扬沙天气，浮尘天气也减少到每年3～5次。样本县（旗）受风沙危害范围减小，危害程度减轻，受风沙危害的乡镇比例由2000年的96.60%下降到2013年的85.36%。

应该说，工程建设目标已经基本实现。

（二）工程一期留下了哪些思考，对工程二期有哪些启示

1. 要遵循自然规律，坚持科学治理

生态系统的恢复与重建方式要因地而异、因时而异，从来没有一个固定的模式可以套用到工程区所有的75个县（市、区），有些基本规律有共性，水的问题就是整个京津工程区的共性问题，是工程治理的核心问题，是工程区发展的关键问题，但有相当大部分是个性问题，是特殊性问题。所以，要遵循自然规律，抓住共性，结合个性，探索总结适合当地的生态建设模式。针对不同类别的地形、地貌、气候条件，采取适宜的工程治理模式。工程一期规划摸清了工程区水资源总量，但未能明确生产用水、生活用水和生态用水的配置，未能明确地表水与地下水如何使用，未能明确水利措施建设哪些针对促进改善农民生产条件，哪些是加强巩固工程建

设。还有各种保墒的技术，病虫害防治的技术，整个林相的结构问题等等，这些都还要在实践中摸索，要在工程二期建设中予以改进。

从监测结果看：自2008年以来，样本县（旗）降水量明显偏多，粮食产量大幅攀升，林草植被的长势也好于前8年。这说明，目前农业生产和生态建设还不能完全摆脱靠天吃饭、靠天帮忙的局面。在工程二期建设中：

一是摸清工程区水资源总量，明确丰年和枯年生态用水总量和方式，本着因地制宜、因害设防、宜乔则乔、宜灌则灌、宜草则草的原则，实行林业措施和农业措施与水资源的有机结合，节约高效利用水资源，同时坚决遏制以发展地方经济而占用生态用水的行为。

二是在摸清工程区水资源总量和承载量基础上，明确水资源配置，明确工程区生产用水和生态用水比例和方式。近年来，张北地区设施农业发展迅猛，地下水位下降很快，水资源短缺问题愈发凸显，几十年营造的大量杨树加速生理枯竭，部分杨树提前进入生理死亡期，生态建设成果受到很大影响。水源配套要与工程的农林措施协同建设。监测发现工程一期部分地区水源配套建设远离工程农林建设措施，未能真正为营造林生产服务，因此要明确工程水利措施哪些用来改善工程农业生产，加强协同作战，提升治理效果。

三是生物措施与工程措施相结合，综合治理。工程二期建设中有很多地方是沙化非常严重的流动和半流动沙区，生物措施治理治理难度大、见效慢、成本高，工程措施就显得非常有必要。决策部门也认识到了这一问题，在二期规划中增加了工程固沙内容，但要在工程固沙基础上，结合林草建设来恢复沙区植被，改善工程区生态。

2．要强化部门间、区域间协作，推进区域生态建设一体化

一是加强区域间合作，推进区域生态建设一体化。2月26日，习近平总书记在听取京津冀协同发展工作汇报时指出，要着力扩大环境容量生态空间，加强生态环境保护合作，在已经启动大气污染防治协作机制的基础上，完善防护林建设、水资源保护、水环境治理、清洁能源使用等领域合作机制。2008年开始，北京市园林绿化局依托中德财政合作“京北风沙危害区植物恢复与水源保护林可持续经营”项目，即尝试在北京和河北邻近区（县）开展跨地区生态保护，开创了京冀生态共建的有益实践。今后要充分发挥林业在改善生态改善民生中的重要作用，促进区域生态资源共享，为京津冀经济社会协调共同发展创造更大的环境容量和更好的生态条件。要打破行政区划限制，统筹使用5个省（自治区、直辖市）的各种资源，增强区域间生态建设的协同性，要坚持优势互补、互利共赢。北京和天津要从资金、技术等方面支持河北、山西和内蒙古开展林业生态建设，河北、山西和内蒙古要重点抓好造林绿化、防沙治沙和水源涵养等工作，努力构建京津地区生态屏障。

二是在原有农林水协作治理基础上，强化对整个工程建设的智力支撑和信息保障，提升防沙治沙科技含量，提高科技治沙水平，把依靠科技进步贯穿于工程建设的全过程，重点对良种引进和选育、容器育苗及造林技术、沙化土地综合治理组装配套技术、沙区高效治理模式等进行科技攻关，提高我国荒漠化防治的自主创新能力，提高科技成果转化率、应用率和贡献率，促进工程建设向高质量、高标准发展。

三是水利措施与林业和农业治理措施紧密结合，协同增效。在切实加强现有林草植被保护和管理的基础上，水源配套要与农林建设措施协同增效，综合治理，以实现区域生态环境的良性循环。

四是积极引入社会资金参与工程建设，鼓励各类社会主体投资治沙造林，凡达到技术标准的，均可享受相关补助。

3．要根据社会经济变化，实施工程动态治理

京津工程监测发现，工程一期尽管连续两次根据社会经济变化和工程具体执行情况调整工程完成期，但依然存在工程年度任务，工程投资标准和工程管理不灵活，无法适应社会经济发展形势的变化。工程二期要根据上述情况做出适当调整。

一是年度任务安排动态化。监测发现随着2008后样本县（旗）降雨量增加，工程区林草植被保存率和成活率明显高于2008年前，说明京津工程植被建设还很大程度上要靠天帮忙。要加强气象预测和预报，要根据气象条件调整工程建设年度任务，实现工程年度任务安排动态化。

二是投资标准动态化。要建立工程造林投资与劳动力、种苗等价格联动的工程造林动态投入机制，建立生态建设投资、林地保护与农业补助和粮食价格间联动机制，消除相互间比较收益差距。

三是工程管理动态化。一方面要通过建立严格的保护制度，强化沙区生态保护，要根据社会经济形势变化，不断调整保护方式，引入滥开垦制度和沙区开发建设项目环境影响评价等制度，全面落实草原保护、水资源管理、沙化土地单位治理责任制，严厉打击破坏沙区植被的违法犯罪行为。另一方面要大力推进沙化土地封禁保护补助试点工作，狠抓项目管理和质量管理，全面推行招标投标制、建设监理制、竣工验收制等管理制度，依法规范工程管理，实行动态工程管理，确保工程建设进度和质量。

4．要在国家社会经济发展大背景下，处理好建设、巩固与利用的关系

工程区地方政府重发展，轻保护，重当前，轻长远，地方发展方式上未能按照“适度开发”、“资源生态永续”的战略思路，坚持服务民生抓生态、改善生态惠民生的工作理念；京津工程一期建设中也存在着重建设、轻管护，重保护、轻利用的现象。因此，在工程二期建设中要紧紧抓住国家小城镇建设的有利时机，加快发展工程区小城镇建设，将工程建设中异地搬迁和国家小城镇建设结合起来，改善农民生计，减轻人口对工程治理区的资源压力。同时，处理好建设、巩固与利用的关系，坚持生态优先、保护第一，生态林业与民生林业并举，防沙治沙与沙产业协同发展，可持续地推进沙区生态林业民生林业发展，实现治沙富民；草地治理恢复与合理利用有机统一，建立科学载畜平衡制度。在不破坏草场的前提下，支持鼓励牧民科学合理放牧，合理利用草场资源，通过适度放牧等形式促进草场生态修复，协调好保护与利用，国家要生态、地方要发展和牧民要致富的关系。水利措施建设要将改善地方生产条件和保障工程建设两者有机结合，通过改善地方生产条件提高农民收入，进而减轻人口对工程生态建设成果的压力，通过保障工程建设来加快改善工程区生态，促进地方经济发展。

（主要执笔人：赵金成、于百川、白建华、张多、江天法）

附件：

京津工程农户调查问卷分析
——京津工程对农户生计影响

2013年，京津风沙源治理工程对工程区范围内的324户农户进行问卷调查。在收回的324户调查问卷中，数据无效的问卷以及数据缺失率较高的问卷共124份，有效问卷200份。问卷有效率为62%。2000年，英国国际发展署（DFID）在其生计分析结构中将生计资本具体细分为自然资本、物质资本、人力资本、金融资本和社会资本五个方面。2013年京津监测户级调查问卷中，缺少对人力资本的调查内容，项目组对生计资本的分析采用DFID的概念，分别从自然资本、物质资本、金融资本和社会资本四个方面，选择Logistic多元回归分析模型分析工程对农户生计的影响。

Logistic回归模型是最成熟也是应用最广泛的分类模型，Logistic回归主要用来预测离散因变量与一组解释变量之间的关系，常用的是二值型Logistic模型，即因变量的取值只包含两个类别，如：好、坏；发生、不发生；常用Y=1或Y=0表示。X表示解释变量。

Logistic回归是多元回归分析的拓展，其因变量不是连续的变量；在Logistic分析中，因变量是分类的变量；Logistic和Probit回归皆为定性变量回归方程的一种；他们的特点就在于回归因变量的离散型而非连续型。Logistic回归又分为Binary和Multinominal两类；采用Logistic回归，可以预测一个分类变量中每一分类所发生的概率。因变量为分类变量，预报变量可以是区间变量，也可以是分类变量，还可以是区间与分类变量的混合。通常情况下，Logistic回归对预报变量（自变量）的假定条件较少，所以Logistic回归更为常用。

Logistic回归模型描述的是概率p与协变量X_1、$X_2 \cdots X_k$之间的关系，考虑到p的取值在0到1之间，为此要首先把Logistic变换为：

$f(x)=\ln\left(\frac{p}{1-p}\right)$，使得它的取值在$+\infty$到$-\infty$之间，然后建立Logistic回归模型。

$P=p(Y=1)$

$$f(x)=\ln\left(\frac{p}{1-p}\right)=\beta_0+\beta_1X_1+\beta_2X_2+\cdots+\beta_kX_k$$

$$\Rightarrow P=\frac{e^{\beta_0+\beta_1X_1+\cdots+\beta_kX_k}}{1+e^{\beta_0+\beta_1X_1+\cdots+\beta_kX_k}}$$

Logistic回归模型的数据结构：

观察数个数	取1的观察值个数	取0的观察值个数	协变量X_1、X_2…的值
N_1	r_1	n_1-r_1	…
N_2	r_2	n_2-r_2	…
…	…	…	…
…	…	…	…
N_t	r_t	n_t-r_t	…

根据数据，得到参数 β_0、$\beta_1\cdots\beta_k$ 的似然函数

$$\pi_{i=1}^{t}\left(\frac{e^{\beta_0+\beta_1X_1+\cdots+\beta_kX_k}}{1+e^{\beta_0+\beta_1X_1+\cdots+\beta_kX_k}}\right)^{r_i}\left(\frac{1}{1+e^{\beta_0+\beta_1X_1+\cdots+\beta_kX_k}}\right)^{n_i-r_i}$$

使用迭代算法可以求得 β_0、$\beta_1\cdots\beta_k$ 的极大似然估计。之后对模型进行检验。检验通过之后，对模型结果进行概率预测。

根据调查问卷将京津工程对农户生计的影响因素分为工程对自然资本的影响、工程对物质资本的影响、工程对金融资本的影响以及工程对社会资本的影响四个方面，其中工程对自然资本的影响因素含有 X_1（工程实施以来累计造林）、X_2（退耕地中已成林面积）、X_3（工程对生态状况作用大小）、X_4（是否对退耕地上追肥、除草等）、X_5（是否有滥放牧等情况）五个指标；工程对物质资本影响因素含有 X_6（牲畜存栏头数）、X_7（牲畜散养头数）两个指标；工程对金融资本的影响因素含有 X_8（延长每年每亩生活补助费）、X_9（是否享受国家“种粮补助”等农业补助政策）两个指标；工程对社会资本的影响因素含有 X_{10}（举家外出农户户数）、X_{11}（文化程度）、X_{12}（工程实施的困难程度）三个指标。

根据问卷内容，因变量选择 Y（农户经济状况），以上这 12 个指标作为 Logistic 回归分析的自变量，其中 X_1、X_2、X_6、X_7、X_8、X_{10} 作为连续型自变量，X_3、X_4、X_5、X_9、X_{11}、X_{12} 作为协变量。协变量均按 0、1 赋值，其中 X_3（工程对生态状况作用大小）按工程对生态状况作用大小具体赋值（作用大的赋值为 1，作用小的赋值为 0；X_4（是否对退耕地上追肥、除草等）按是否对退耕地上追肥、除草进行赋值，是赋值为 1，否赋值为 0；X_5（是否有滥放牧等情况）的赋值为：是赋值为 0，否赋值为 1；X_9（是否享受国家“种粮补助”等农业补助政策）的赋值为：是赋值为 1，否赋值为 0；X_{11}（文化程度）的

赋值为：初中以下学历赋值为0，高中及高中以上学历赋值为1；X_{12}（工程实施的困难程度）的赋值为：困难赋值为0，不困难赋值为1。对工程对农户生计资本的影响（正向的或负向的）较大的情况被赋值为1，工程对农户生计资本的影响（正向的或负向的）较小的情况被赋值为0。

Logistic回归分析的结果：

表4-10 变量分析结果

步骤	变 量	得分	df	Sig.
步骤0	X_1工程实施以来累计造林	0.905	1	0.341
	X_2退耕地中已成林的面积	1.811	1	0.178
	X_3工程对生态状况作用大小	1.906	1	0.167
	X_4是否对退耕地上追肥、除草等	2.785	1	0.095
	X_5是否有滥放牧等情况	2.113	1	0.146
	X_6牲畜存栏头数	1.187	1	0.026
	X_7退耕地面积	7.767	1	0.018
	X_8延长每年每亩生活补助费	0.197	1	0.657
	X_9是否享受国家“种粮补助”等农业补助政策	0.341	1	0.559
	X_{10}举家外出农户户数	0.018	1	0.893
	X_{11}文化程度	10.665	1	0.001
	X_{12}工程实施的困难程度	4.482	1	0.034
	总统计量	28.417	12	0.005

表4-11 模型系数的综合检验

步骤	卡方	df	Sig.
步骤1	35.039	12	0.000
	35.039	12	0.000
	35.039	12	0.000

表4-12 Hosmer和Lemeshow检验

步骤	卡方	df	Sig.
步骤2	14.294	8	0.074

Logistic回归分析显示，将这12个影响因素全部放入模型中，得出检验结果为在0.005的显著性水平下，模型的全局性检验是有统计学意义。因此，12个因素对农户生计状况是有一定影响的。单变量分析显示：是否对退耕地

上追肥、除草等，牲畜存栏头数，退耕地面积，被调查者的文化程度和工程实施的困难程度与因变量（农户经济状况）之间有统计学意义，即在0.10的显著性水平下，上面五个因素对农户生计状况有直接的影响关系。因此，如果从单一因素方面考虑提高农户生计状况，在工程实施过程中应加大对农户教育，提高其文化程度和水平，提高专业知识，加大退耕地森林抚育改善当地生态状况，提高退耕地产出，同时延长并提高退耕生活费补助，改善农户生计，影响其行为的选择。

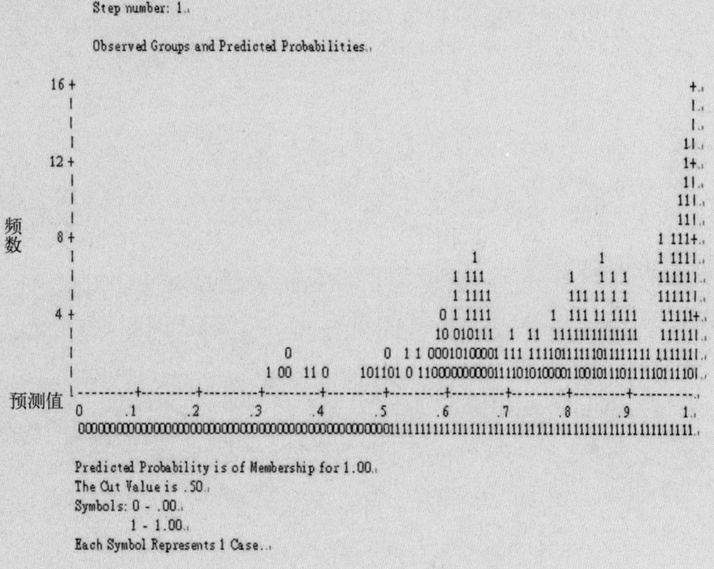

图4−19 分组域预测概率分类

农户生计影响分组域预测概率显示:在200个观察农户中,有156个“1”个体和44个“0”个体,大多数“0”个体在0.7左侧,大部分“1”在0.7右侧,(对工程对农户生计资本的影响较大的情况被赋值为1，工程对农户生计资本的影响较小的情况被赋值为0)。可以得出结论，京津工程对农户生计状况的正向影响的预测概率是大于70%的，这说明总体上京津工程对工程区农户生计资本状况的改善具有一定的积极促进作用，也说明了从农户的角度看京津工程的实施具有一定的积极效果。

野生动植物保护及自然保护区建设工程

野生动植物保护及自然保护区建设工程社会经济效益监测报告

2013年是国家对野生动植物保护及自然保护区建设工程（以下简称“保护区工程”）实施单位社会经济效益进行连续跟踪监测的第8年。2013年继续对原有40个样本保护区实施监测。在样本村方面，样本村数量减少3个，原因是山东黄河三角洲保护区所在地政府实施建设用地征地搬迁，将该保护区涉及的样本黄河农场三分厂整体搬离；宁夏六盘山保护区所在地政府实施生态移民，将该保护区涉及的两个样本村北营村和沙塘村的全体居民相继迁移。2013年度纳入分析范围样本村数量为66个。

本次监测继续采取定点跟踪监测的方法，利用保护区调查表和村调查表收集监测数据。为进一步完善监测内容，2013年对保护区监测指标体系进行了调整，将保护区调查表的监测指标调整为288个，与2012年相比，监测指标增加了2个，其中，删除指标1个，新增指标3个。删除的1个指标为：人年均日常巡护工作量；新增的3个指标分别为：属集体林的生态公益林的补偿标准、极小种群野生植物的种类和极小种群野生植物的数量。

另外，对无法通过指标量化的内容，继续通过保护区调查问卷和农户调查问卷方式加以补充分析说明。向每个样本保护区管理局领导发放保护区调查问卷1份，共发放问卷40份，收回问卷40份；向每个样本村发放农户调查问卷10份，共660份，收回问卷660份。

一 样本保护区与样本村基本情况

（一）样本保护区基本情况

1. 土地总面积减少

2013年，40个样本保护区土地总面积435.07万公顷。与2012年相比减少了0.39万公顷。原因是2013年宁夏灵武白芨滩保护区进行了面积调整①，总面积由7.48万公顷调整为7.09万公顷，减少0.39万公顷，其中，核心区和缓冲区面积不变，仅实验区面积由2.49万公顷缩小为2.10万公顷，该保护区有使用权的土地面积同时减少0.39万公顷。40个样本保护区土地区划结构见图5-1。

图5-1 40个样本保护区区划结构

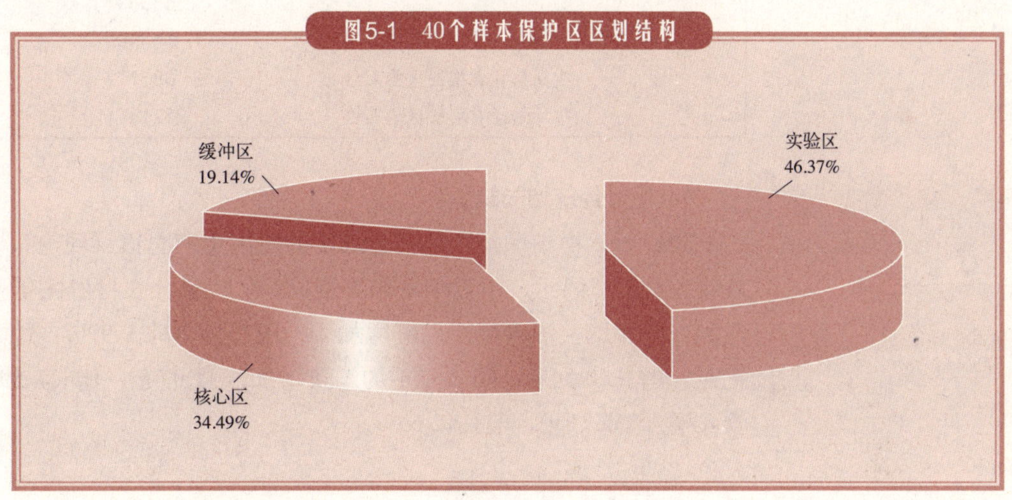

2. 职工和离退休人员待遇不断提高

2013年，样本保护区共有在岗职工6176人（包含企业职工），年人均工资收入34502.21元；离退休人员3008人，年人均生活费24776.15元。与2012年相比，在岗职工年人均工资增长9.34%，退休人员年人均生活费增长9.82%。在岗职工与退休人员的工资待遇得到改善。原因有两个：一是有8个样本保护区实施事业单位绩效工资改革，包括河北小五台山保护区、福建武夷山保护区、海南霸王岭保护区、四川卧龙保护区、四川攀枝花保护区、贵州麻阳河保护区、云南西双版纳保护区、宁夏六盘山保护区。二是有9个保护区反映，当地政府提高了保护区职工的津补贴额度。包括吉林长白山保护区、黑龙江丰林保护区、山东长岛保护区、广东南岭保护区、四川攀枝花保护区、云南西双版纳保护区、云南南滚河保护区、甘肃尕海则岔保护区、青海青海湖保护区。

① 为开发建设宁东能源化工基地，宁夏回族自治区区委、区政府向国务院提交了关于调整自然保护区面积区划的申请，并获得了批准。2013年，依据国务院办公厅《关于调整辽宁丹东鸭绿江口湿地等4处国家级自然保护区的通知》（国办函[2012]153号）和环境保护部《关于发布河北大海陀等28处国家级自然保护区面积、范围及功能区划的通知》（环函[2013]161号），对该保护区进行了面积、区划调整。

3. 保护区内村镇逐步外迁

2013年，样本保护区内共有157个乡镇518个行政村85679户355053人。与2012年相比，乡镇数量没有变化，行政村减少3个，涉及的人口减少777户4344人。其中，贵州梵净山保护区所在地政府实施村庄撤并工作，该保护区内的2个行政村被撤并；宁夏六盘山保护区所在地政府实施生态移民，该保护区内1个行政村被整体迁移出保护区。

从人口分布情况看，2013年，居住生活在样本保护区核心区的人口与2012年相比，核心区内人口增加22人，增长0.03%；缓冲区和实验区内人口分别减少214人和4152人，分别下降0.55%和1.62%（表5-1）。

表5-1 40个样本保护区区内人口分布情况

项目	人口数量（人）	占总人口比例（%）
保护区内人口	355053	100.00
其中：生活居住在核心区的人口	64399	18.14
生活居住在缓冲区的人口	38517	10.85
生活居住在实验区的人口	252137	71.01

4. 区域经济增长较快

2013年，样本保护区所在行政区的国内生产总值（现价）6614.36亿元，地方财政收入827.55亿元，职工年平均工资33369.37元，农村居民年人均收入7599.40元。与2012年相比，国内生产总值增加600.6亿元，增长9.99%；地方财政收入增加78.88亿元，增长10.54%；职工年平均工资增加2641.07元，增长8.59%；农村居民年人均收入增加856.11元，增长12.69%。

（二）样本村基本情况

2013年，由于生态移民、征地搬迁等原因，样本村减少至66个。其中，区内村29个，区外村37个。660户接受问卷调查的农户中，230户居住在保护区内，占34.85%。

1. 土地总面积和结构没有变化

2013年，66个样本村土地总面积30.33万公顷，其中，划入保护区14.80万公顷，占样本村土地总面积的48.80%。与2012年相比，样本村土地的面积、结构没有发生变化（表5-2）。

表5-2 66个样本村土地类型情况 公顷

土地类型	总面积	占比例（%）	划入自然保护区	
			面积	占总面积的比例（%）
村土地总面积	303329.15	100.00	148017.69	48.80
其中：耕地	15993.26	5.27	4034.24	25.22
林地	161216.24	53.15	97072.50	60.21
草场	114135.60	37.63	42577.20	37.30
水面	4981.53	1.64	3428.33	68.82
其他土地	7002.52	2.31	905.42	12.93

2．人口略有增加

2013年，66个样本村内共有农户21115户81880人，比2012年增加62户634人，分别增长0.29%和0.78%。其中，29个区内村共有农户6589户24914人，同比增加50户307人，分别增长0.76%和1.25%；37个区外村共有14526户、56966人，同比增加12户、327人，分别增长0.08%和0.58%。

3．劳动力数量有所下降

2013年，66个样本村内共有劳动力42769人，占样本村总人口的52.23%。其中，29个区内村有劳动力12813人，占村人口的51.43%；37个区外村有劳动力29956人，占村人口的52.59%。与2012年相比，样本村劳动力总量减少43人。其中，区内村减少116人，下降0.90%；区外村增加73人，增长0.24%。与区外村相比，区内村劳动力占总人口的比例低1.16个百分点。

4．生活居住在保护区内的人口略有增加

2013年，样本村中生活居住在保护区内的人口有4453户17114人，分别占样本村农户总数和人口的21.09%、20.90%。与2012年相比，居住在保护区内的农户增加32户、人口增加142人，分别增长0.72%和0.84%。

二 工程进展情况

2013年，国家继续加强野生动植物保护和自然保护区建设，保持资金投入力度，推进工程建设的持续发展。

（一）工程投资与使用情况

2013年，样本保护区计划投资总额11472.10万元，实际到位资金11484.38万元，实际完成投资10011.20万元，资金到位率和投资完成率分别达到100.11%与87.17%（表5-3）。与2012年相比，工程计划投资总额减少了11.24%，资金到位率下降了4.45个百分点，投资完成率提高了16.53个百分点。

表5-3　2013年40个样本保护区工程建设资金计划与到位完成情况　　万元

项　目	计划投资	实际到位	实际完成	资金到位率(%)	投资完成率(%)
总投资	11472.10	11484.38	10011.20	100.11	87.17
其中：中央投入	8754.75	8828.64	7467.65	100.84	84.58
地方配套	2717.35	2655.74	2543.55	97.73	95.78

1．地方配套资金所占比例增加

2013年，从计划投资情况看，工程总投资11472.10万元，其中，中央投入占76.31%，地方配套资金占23.69%。与2012年相比，地方配套资金占计划投资的比例上升了12.23个百分点。

2．地方配套资金到位率有所提高

2013年，从实际到位资金看，地方配套资金到位率达97.73%，与2012年相比，资金到位率提高了11.96个百分点。

3．投资完成情况比上年好转

2013年，中央投入投资完成率为84.58%，地方配套投资完成率为95.78%，与2012年相比，中央投入和地方配套投资完成率均有所提高，分别提高了16.03个百分点和4.97个百分点。

4．保护与恢复项目与基础设施建设项目仍是工程投资的重点

2013年，工程计划投资总额中，保护与恢复项目计划投资3535.82万元，基础设施建设项目计划投资5835.26万元，分别占计划投资总额的30.82%和50.86%。科研与宣教项目以及其他项目的计划投资则占投资总额的7.90%和10.42%。实际支出比例结构见图5-2。

图5-2 样本保护区工程建设项目资金实际支出比例

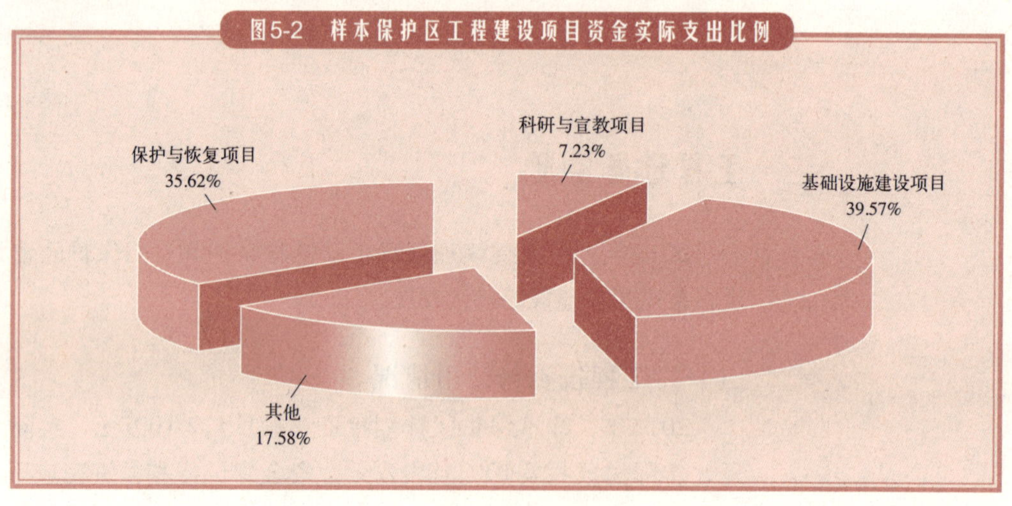

（二）工程建设情况

2013年，40个样本保护区工程建设内容主要有：

1．保护与恢复设施建设

新建保护站10处，土建面积1553.60平方米，扩建保护站2处，土建面积557平方米；新建植物病虫害防治检疫站1处，土建面积40平方米；新增栖息地改良300公顷，动物笼舍1300平方米，生物防火林带12.5千米，防火隔离带18千米，围栏55.3千米，珍稀植物苗圃11.6公顷，界碑40个，界桩1217个，标牌604个。

2．科研监测与宣教设施建设

新建固定样地61个，固定样线218千米；新建生态定位监测站1处，土建面积441.46平方米；气象观测站14处，土建面积240平方米；水文、水质监测站1处，土建面积10平方米；关键物种监测点10处，土建面积2182.54平方米；野生动物疫源疫病监测站2处，土建面积330平方米。

3．基础设施建设

新建巡护步道248.56千米，宣教用房500平方米，管理局（分局、所）用房3653.10平方米。

三 工程建设产生的生态、社会、经济效益

截至2013年，保护区工程实施已十年有余，工程建设对保护我国生态环境及生物多样性的作用十分显著。同时，保护区的建设发展在提高公众生态保护意识、带动社会就业、促进社区居民增收、推动优势经济产业发展等方面也产生了诸多积极的社会影响。

（一）生态效益

1．野生动植物物种种类持续增加

保护区的建设有效保护了野生动植物的栖息环境、减少了人为影响因素。近年

表5-4　2013年样本保护区内新发现野生动物物种

保护区名称	物种名称	数量（头/只）	发现方式
吉林向海保护区	雪鸭	2	群众报告
山东黄河三角洲保护区	玉带海雕	1	野外监测
	白肩雕	1	野外监测
	鱼鸮	1	野外监测
安徽升金湖保护区	彩鹮	7	资源巡护
	雪雁	1	资源巡护
广东南岭保护区	椰子狸	10	专项调查
	棕噪鹛	20	专项调查
	海南蓝仙翁	10	专项调查
广东湛江红树林保护区	野嘴鹬	135	专项调查
	钳嘴鹳	1	专项调查
	绿嘴地鹃	3	专项调查
贵州梵净山保护区	蛇雕	10	专项调查
	钳嘴鹳	1	专项调查
青海孟达保护区	梅花鹿	25	专项调查
	赤狐	1	专项调查
青海青海湖保护区	大斑啄木鸟	1	专项调查
甘肃尕海则岔保护区	黑颈[illegible]鹈	5	专项调查
	蓝鹀	3	专项调查
甘肃敦煌西湖保护区	波斑鸨	1	专项调查
	草原雕	1	专项调查
	渡鸦	1	专项调查

来，保护区内的野生动植物物种种类不断增加。保护区调查问卷显示，2013年，通过资源巡护、专项调查、群众报告等途径，14个样本保护区在区内发现了新的野生动植物物种种类（表5-4、表5-5）。其中，10个样本保护区在区内新发现了雪鸭、雪雁、棕噪鹛等21种野生动物种类；5个样本保护区在区内新发现了南岭叠鞘兰、毛阴地厥、羽叶山蚂蟥等9种野生植物种类。

表5-5　2013年样本保护区内新发现野生植物物种

保护区名称	野生植物名称	数量（株）	发现方式
广东南岭保护区	南岭叠鞘兰	5	专项调查
	南岭姜	10	专项调查
	南岭堇菜	10	专项调查
云南南滚河保护区	绒毛阴地厥	20	资源巡护
	伯乐树	8	资源巡护
四川攀枝花保护区	多花地宝兰	不确定	专项调查
内蒙古西鄂尔多斯保护区	阿尔巴斯针茅	不确定	资源巡护
甘肃白水江保护区	羽叶山蚂蟥	不确定	与高校联合调研
	峨边虾脊兰	不确定	与高校联合调研

表5-6　2013年已完成保护区资源调查样本保护区及调查结果

保护区名称	专项资源调查名称	调查结果
山东黄河三角洲保护区	鸟类资源清查	东方白鹳繁殖42对，成功36对，孵化雏鸟114只；越冬丹顶鹤82只；生态补水新形成黑嘴鸥繁殖地，种群规模约2000只
浙江九龙山保护区	黑麂资源调查	保护区内黑麂种群数量420～520只
湖北后河保护区	野生猴类资源调查	在2012年调查基础上对同一猴群进行跟踪监测，分析活动规律，确定了保护区内的猴群具体活动范围，分布范围相对集中，种群数量20～30只
河南宝天曼保护区	极小种群野生植物调查	确定了保护区内极小种群野生植物种群分布区域
广东湛江红树林保护区	亚洲湿地水鸟同步(专项)调查	水鸟资源有逐年增加趋势
云南南滚河保护区	印支虎调查监测	保护区内存有印支虎分布活动的痕迹
青海孟达保护区	森林资源一类清查	2013年保护区森林覆盖率68.8%，森林蓄积量18.8万立方米，与2008年调查结果相比，覆盖率增加2.4个百分点，蓄积量增加3.5万立方米
青海青海湖保护区	2013年度集群繁殖夏侯鸟巢区调查	斑头雁1658巢，普通鸬鹚3733巢，棕头鸥2852巢，渔鸥3576巢
宁夏白芨滩保护区	林地保护利用规划	森林覆盖率41.42%
甘肃白水江保护区	春季大熊猫调查	大熊猫活动正常，主食竹生长良好
黑龙江丰林保护区	鸟类资源清查	没有发现新物种
辽宁医巫闾保护区	动植物资源清查	筹备出版保护区科考集
山西历山保护区	昆虫资源专项调查	调查报告尚未正式出版
	舜王坪植物资源专项调查	保护区内有植物154种，图鉴尚未出版

从保护区专项调查情况看，保护区调查问卷显示，2013年，共有25个样本保护区开展了32项调查。其中，野生动物资源专项调查17项，野生植物资源专项调查6项，森林、林地资源调查3项，综合科学考察或本底资源调查5项，环境质量调查1项。已完成调查并获得结论的保护区的调查结果表明，样本保护区内生态状况良好，森林、野生动植物等资源得到了有效保护，生长状况良好。2013年样本保护区已完成资源调查及调查结果见表5-6。

2．极度濒危野生动物得到拯救和保护

保护区工程建设有效促进了对极度濒危野生动物的拯救保护工作。保护区调查问卷显示，2013年，40个样本保护区中有20个保护区共计存有印支虎、原麝、黑冠长臂猿等52种极度濒危野生动物。11个保护区对极度濒危野生动物实施了专项拯救；6个保护区在其分布的自然保护区以外的分布区建立了保护监测站，消除保护盲区；11个保护区实施了栖息地改造；7个保护区建设了避难所；7个保护区建设了应急投喂设施。10个保护区建有极度濒危野生动物拯救繁育基地，其中，4个保护区新建了繁育基地，4个保护区扩建了繁育基地；5个保护区开展了极度濒危野生动物人工繁育技术的研究与应用；7个保护区通过维持现有人工繁育种群，避免了物种灭绝。6个保护区对濒危且人工繁育成功的野生动物实施了自然放归，4个保护区建设了野化放归训练基地，4个保护区在放归自然区域配套建设了保护基础设施。3个保护区建立了珍稀濒危物种种质基因库，防止其基因资源的流失和丧失；7个保护区有珍稀濒危野生动物保护及重要栖息地恢复的专项投入。

3．极小种群野生植物保护取得一定成效

2013年，样本保护区极小种群野生植物的拯救与恢复工作已取得了一定成效，野生植物种群稳定，数量有所增加，生境得到有效保护（表5-7）。

表5-7　2013年样本保护区部分极小种群野生植物的拯救保护成效

保护区名称	极小种群野生植物名称	保护成效
河北小五台山保护区	小五台柴胡	建立近地保护样地1公顷，以保护小五台柴胡生长生境
内蒙古西鄂尔多斯保护区	半日花、四合木、绵刺、沙冬青、蒙古扁桃	有害生物侵害面积缩小，植物种群繁育生长稳定
陕西太白山保护区	庙台槭、太白山紫斑牡丹	实现就地保护
广西大瑶山保护区	瑶山苣苔	迁地保护种群开始自然更新
重庆大巴山保护区	崖柏	崖柏种群正在恢复性增长，与2012年相比，增加40棵
安徽天马保护区	大别山五针松	种群得到有效保护，人工繁育获得成功
浙江九龙山保护区	伯乐树、九龙山榧	原生种群和生境得到有效保护、开展人工繁育试验，扩大其种群数量。伯乐树的数量比2012年增加了10棵
江西井冈山保护区	伯乐树	①加强保护，设置防护设施，禁止野外极小种群的采集、挖掘；②开展野外调查、摸清家底，现场定位确界；③建立监测体系和保护管理信息系统

（续）

保护区名称	极小种群野生植物名称	保护成效
湖南芥山保护区	莼菜	基本摸清了莼菜的种群现状，消除了导致濒危的可能因素，实现了莼菜种群生境改善，种群数量稳定增长
河南宝天曼保护区	大果青杆、秦岭冷杉、红豆杉、南方红豆杉、水青树、紫斑牡丹、河南黄芩	保护区内大果青杆等7种极小种群野生种群数量保持稳定，野生种群规模逐步扩大
广东南岭保护区	观光木、伯乐树	①加强巡护管理；②采集种子并培育一部分小苗
广东湛江红树林保护区	红树林木榄、秋茄、红海榄	种群质量、面积不断提高，生境得到改善
海南霸王岭保护区	观光木、蕉木、海南风吹楠、坡垒、葫芦苏铁、镰叶盆距兰、芳香白点兰、牛角兰、象牙白、美花兰、昌江石斛、海南石斛、华石斛、梳唇石斛、海南毛兰、五脊毛兰、五唇兰	栖息地得到有效保护
四川卧龙保护区	圆叶木兰、金钱槭、天麻、卧龙杜鹃、卧龙玉凤花、卧龙斑叶兰、香果树	均处于原始、原生状态
四川攀枝花保护区	云南梧桐	对云南梧桐进行人工繁育研究，掌握了繁育技术
贵州梵净山保护区	梵净山冷杉、珙桐、钟萼木	未受到破坏，种群没有减少，梵净山冷杉数量比2012年增加50棵
宁夏六盘山保护区	水曲柳	在2012年108株的基础上，通过保护自然萌生增加3株

保护区调查问卷显示，2013年，10个样本保护区极小种群野生植物保护拯救与恢复共投入资金422.72万元。其中，中央投入158.12万元，占投入资金总量的37.41%。

在拯救恢复方面，13个保护区对29种极小种群野生植物进行编目、挂牌，并建立监测体系和保护管理信息系统。通过上述工作，有10个保护区反映，极小种群野生植物的原生地全部得到有效的就地保护和种质资源有效保存。13个保护区对23种极小种群野生植物开展近地保护试验示范。对不适宜就地和近地保护的种群，6个保护区采取了迁地保护措施扩大种群规模。通过各种有效保护，13个保护区中的29种极小种群野生植物保护均显现出种群数量保持稳定、种群规模不断扩大的效果。

在就地保护方面，有9个保护区规范了种质资源的采集，5个保护区对具备保护和科研条件的一些特殊物种，建立了保护中心或保护基地。

在近地保护方面，截至2013年，有8个保护区建设了近地保护基地10处。其中，2013年新建2处；有7个保护区建设了近地保护点13个。其中，2013年新建3个；有5个保护区建设了近地保护种群13个。

在迁地保护方面，截至2013年，有8个保护区建设了人工种群扩繁基地，累计面积19614亩。其中，2013年，新建16.5亩；有4个保护区累计建设迁地保护种群9个，其中，2013年，新建1个。

在野外回归方面，截至2013年，有5个保护区利用人工培育植株在原生地及其附近建设回归种群12个，其中，2013年新建1个。

在珍稀植物种源繁育基地建设方面，截至2013年，6个保护区建立7处珍稀植物种源繁育基地，其中，2013年新建2处；4个保护区累计推广有重要经济价值的栽培植物12种，其中，2013年推广7种。

4．野生动物疫源疫病监测防控能力进一步提升

保护区调查问卷显示，2013年，17个样本保护区野生动物疫源疫病防控投入资金134.67万元。其中，中央投入96.00万元，占投资额的71.29%。自工程实施以来，22个样本保护区累计投入野生动物疫源疫病防控资金2783.17万元，其中，中央投入2245.50万元，占80.68%；累计建设野生动物疫源疫病监测站38处，其中，国家级监测站18处。样本保护区国家级监测站建设项目及内容情况见表5-8。在国家级监测站中，6个保护区建有6处预警站，承担重要疫源野生动物种源动态、活动规律的调查监测，相关样品的采集、保存和运输等方面工作。

2013年，21个样本保护区监测防控重要区域的监测覆盖率在50%以上，其中，12个保护区的监测覆盖率达到100%；3个保护区的监测覆盖率为90%～99%；3个保

表5-8　样本保护区18个国家级监测站建设项目及内容情况　　台，个，套

建设项目类别	设备装备名称	总数	每站平均
野外监测主要设备	单双筒望远镜	74	4.1
	GPS定位仪	146	8.1
	测距仪	18	1.0
	夜视仪	24	1.3
	对讲机	84	4.7
样本采集、保存设备	样品采集工具箱	43	2.4
消毒灭菌及无害化处理设施设备	高压灭菌锅	15	0.8
	消毒药剂药械	45	2.5
防护装备	防护服	471	26.2
	野外工作服	323	17.9
	护目镜	324	18.0
	口罩、手套、水靴	1083	60.2
信息采集、传输设备	台式电脑	114	6.3
	便携式电脑	47	2.6
	打印机	37	2.1
	复印机	23	1.3
	传真机	22	1.2
	数码相机	37	2.1
	摄像机	10	0.6
	无线通信设备	21	1.2
	其他	13	0.7
监测防控专用车(船)	具有越野功能，配备动物运输笼箱，样品储存柜等	10	0.6
数据分析软件		4	0.2
办公用房（平方米）		6255	347.5

护区的监测覆盖率为80%～89%；3个保护区的监测覆盖率为50%～70%。2013年，40个样本保护区均未发生野生动物疫情。

2013年，样本保护区内有从事野生动物疫源疫病监测防控工作人员706人，其中，专职77人，兼职629人。2013年，19个样本保护区累计121人次参加过野生动物疫源疫病监测防控培训。

5．野生动物驯养繁殖与野外放归和救护成效明显

野生动物的人工驯养繁殖、野外放归和救护救助工作是保护和恢复野生动物野外种群的重要手段。在野生动物人工驯养繁殖放归及救护方面，保护区调查问卷显示，自工程实施以来，11个样本保护区已成功救护繁育珍稀濒危野生动物累计15种553头（只），5个样本保护区成功实施野外放归累计7种145头（只）。其中，2013年，样本保护区成功救护繁育珍稀濒危野生动物96头（只），成功实施野外放归5头（只）。在野生动物救护方面，自工程实施以来，18个样本保护区已累计救护大熊猫、普氏原羚、灰鹤等野生动物56种2470头（只）。其中，救护成活2046头（只），占收治总数的82.83%；治愈后放归野外1074头（只），占救护成活数量的52.49%。2013年，样本保护区共救治野生动物167头（只），其中，救护成活157头（只），治愈后放归野外97头（只）。样本保护区驯养繁殖珍稀濒危野生动物及放归情况见表5-9。

表5-9 样本保护区人工驯养繁殖珍稀濒危野生动物及野外放归情况 只，头

动物种类	人工驯养繁殖数量		野外放归数量	
	累计	2013年	累计	2013年
黔金丝猴	25	9	0	0
普氏原羚	20	8	0	0
普氏野马	3	2	3	0
丹顶鹤	25	6	5	2
鳄蜥	33	13	3	0
麋鹿	30	30	0	0
黄腹角雉	20	0	0	0
莽山烙铁头	120	0	120	0
大熊猫	185	16	2	1
红腹锦鸡	6	0	0	0
野骆驼	2	2	6	0
蓝马鸡	8	0	0	0
藏酋猴	27	3	0	0
东方白鹳	22	4	6	2
猕猴	27	3	0	0
合计	553	96	145	5

6．森林蓄积增加，森林覆盖率提高，湿地资源进一步恢复

保护区建设有效保护了区内森林、湿地生态系统，促进了资源的保护与恢复。2013年，样本保护区内森林、林木、林地得到有效保护，森林质量与覆盖率持续提高。2013，样本保护区共有林业用地面积271.41万公顷，其中，有林地面积119.82万公顷，占林业用地面积的44.15%。扣除2013年进行了土地面积调整的宁夏白芨滩保护区，其余39个样本保护区有林业用地面积264.42万公顷，其中，有林地117.13万公顷，森林蓄积量14090.73万立方米。与2012年相比，区内林业用地面积稳定，有林地增加15公顷，森林蓄积增加86.41万立方米，增长0.62%。

2013年，11个保护区的森林覆盖率在90%以上，7个保护区的森林覆盖率为70%～89%；9个保护区的森林覆盖率为50%～69%；3个保护区的森林覆盖率为40%～49%；3个保护区的森林覆盖率为10%～19%；1个保护区的森林覆盖率为10%以下。与2001年相比，26个保护区反映森林覆盖率提高，其中，2个保护区提高了25个百分点，3个保护区提高了10～19个百分点，6个保护区提高了5～9个百分点的，15个保护区提高了0～4个百分点。从湿地恢复情况看，2013年，样本保护区湿地资源得到进一步恢复，新增湿地恢复面积1005.00公顷。自工程实施以来，样本保护区湿地恢复面积累计24570公顷。

7．生态环境进一步改善

2013年，保护区所在地生态环境进一步改善。30个发生了大风天气并有统计数据的样本保护区中，平均每个保护区全年发生大风天气21～22天，比2012年减少1天；11个发生了沙尘暴天气并具有统计数据的样本保护区中，平均每个保护区全年发生沙尘暴天气11～12天，同比减少2天；36个具有年降水量统计数据的样本保护区中，平均每个保护区所在地的年降水量1138.31毫米，与2012年基本持平，小幅增加0.58毫米。2013年，样本保护区监测到的候鸟数量达647.17万只，比2012年增加4.36万只，增长0.68%。

从空气质量方面看，保护区调查问卷显示，7个样本保护区进行了空气负氧离子含量测定，空气中负氧离子含量平均最高值达4.79万个/立方厘米，平均最低值为0.32万个/立方厘米。

从样本村农户所在地的空气、水质与其他地方相比问题回答情况看，农户调查问卷显示，有73.72%的农户认为本村所在地的空气、水质比其他地区更好（图5-3）；从样本村农户所在地自然灾害发生的种类、次数和程度与其他地方相比，有71.05%的农户表示本村所在地发生自然灾害的种类、次数和程度比其他地区更少、更轻（图5-4）。

从雾霾天气情况看，2013年，有85.15%的农户表示未出现过雾霾天气，有14.85%的农户认为本村出现过雾霾天气。对于发生雾霾天气的频率，没有居民认为经常出现雾霾天气，认为偶尔出现雾霾天气的占18.94%。

另外，保护区对生态环境破坏和影响较大的外来入侵物种也进行了有效控制。2013年，保护区加大对外来入侵物种的治理力度，10个样本保护区外来入侵物种共

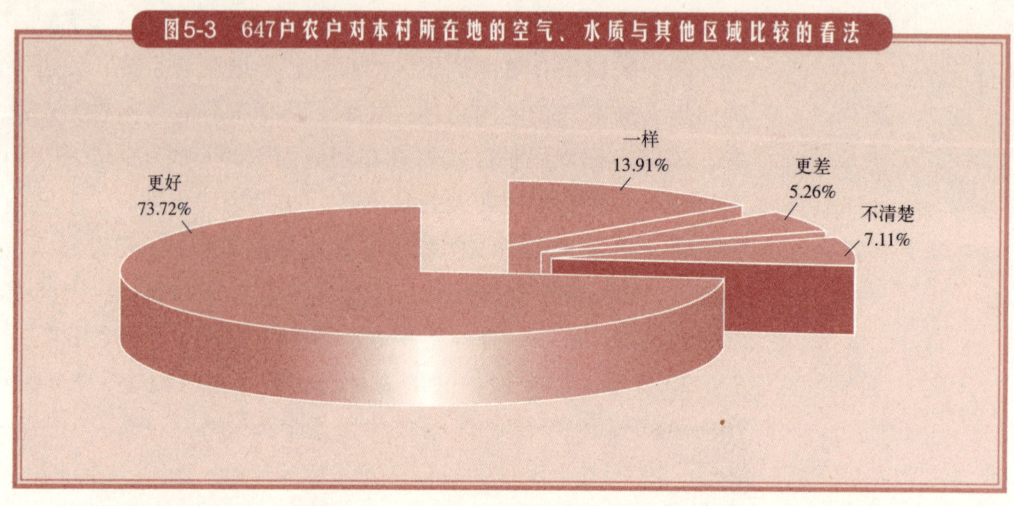

图5-3 647户农户对本村所在地的空气、水质与其他区域比较的看法

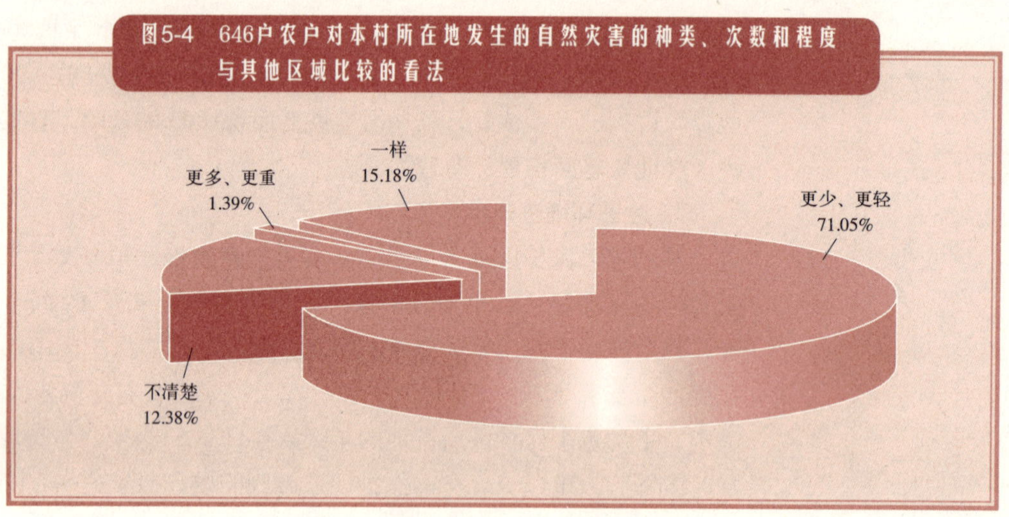

图5-4 646户农户对本村所在地发生的自然灾害的种类、次数和程度与其他区域比较的看法

41种，入侵面积1606.20公顷。与2012年相比，物种数量减少了36种，入侵面积下降60.78%。尤为突出的是在辽宁医巫闾山保护区，保护区管理机构协同所在地林业主管部门等多个机构，针对保护区内及周边区域存在的美国白蛾等20余种外来入侵有害生物实施了大面积集中化学防治与人工防治综合治理，效果显著，该保护区内多种外来入侵有害生物已基本消灭殆尽，保护区生态环境得到很大改善。

（二）社会效益

1. 保护区公共教育成效显著

近年来，社会公众对生态文化、生态产品的需求与日俱增，前往保护区进行教学、参观、旅游等活动的人员数量持续增多，以保护区为载体开展的科普宣传和生态文明教育工作的社会影响不断扩大。2013年，样本保护区共接待教学、参观、旅游等人员1192.01万人次，比2012年增加224.80万人次，增长23.24%。同时，保护区管理机构结合自身特点，不断丰富宣教手段，大力开展宣传教育活动，取得了很大成效，保护区在社会公众树立生态保护意识上的影响力进一步增强。保护区调查问卷显示，2013年，40个样本保护区均开展了形式多样、内容丰富的宣教活动：一是组织开展了“爱鸟周”、“野生动物保护宣传月”、“保护法规宣传”、“生态科普知识宣传”、“湿地日”等主题宣传活动，通过宣传车、宣传横幅、宣传标语、宣传单、入户座谈、进校讲座等形式向社会公众传播生态保护知识；二是加大对青少年的宣传教育力度，开展了亲子成长营、学生绿色营、与当地科协组织的生物考察等青少年科普宣教活动；三是建立生态教育基地和生态保护志愿者巡逻队，加大宣传力度；四是鼓励保护区职工积极参加社会活动，提升保护区知名度；五是利用新闻媒体加大宣传力度，通过电视、广播、网络、报纸杂志等媒体宣传、发布保护工作动态、发布公益性广告等，扩大宣教范围；六是通过升级保护区宣传网站，加快保护区工作动态图文信息更新速度，增加宣教信息量。从效果看，随着保护区的建设与发展，保护区对外的形象、知名度以及社会影响力不断提高，宣教工作有效引导了公众热爱自然，参与生态环境保护，关心自然保护区建设，保护区在生态文明建设中的优势得以充分展现。

2．带动社会就业的数量不断增加

2013年，样本保护区共为社会提供就业机会51976个，比2012年增加548个。其中，保护区工程实施提供就业8329个，同比减少729个；保护区创收项目提供就业13545个，同比增加223个；依托保护区在社会上开展经济活动提供就业30102个，同比增加1054个。保护区带动社会就业人员的经济活动领域结构见图5-5。从样本村依托保护区就业的情况看，2013年，样本村中有3217人依托保护区实现就业。其中，29个区内村有就业人员1438人，平均每村约50人，37个区外村有就业人员1779人，平均每村约48人。与2012年相比，样本村依托保护区就业人员增加113人，增长3.64%。样本村依托保护区就业人员数量及从事领域变化情况见图5-6。另外，农户调查问卷显示，118户农户表示家庭中有人员依托保护区就业，共有就业人员171人，平均每户1～2人，占农户家庭人口的32.08%，其中，参与保护区巡护与保护区

图5-5 样本保护区带动社会就业人员的经济活动领域结构

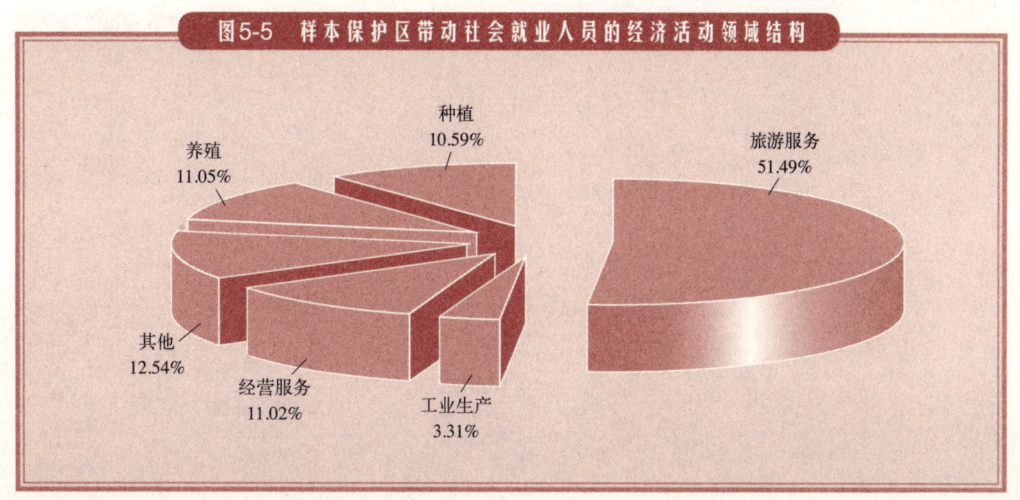

图5-6 66个样本村依托保护区就业人员数量及从事领域变化情况

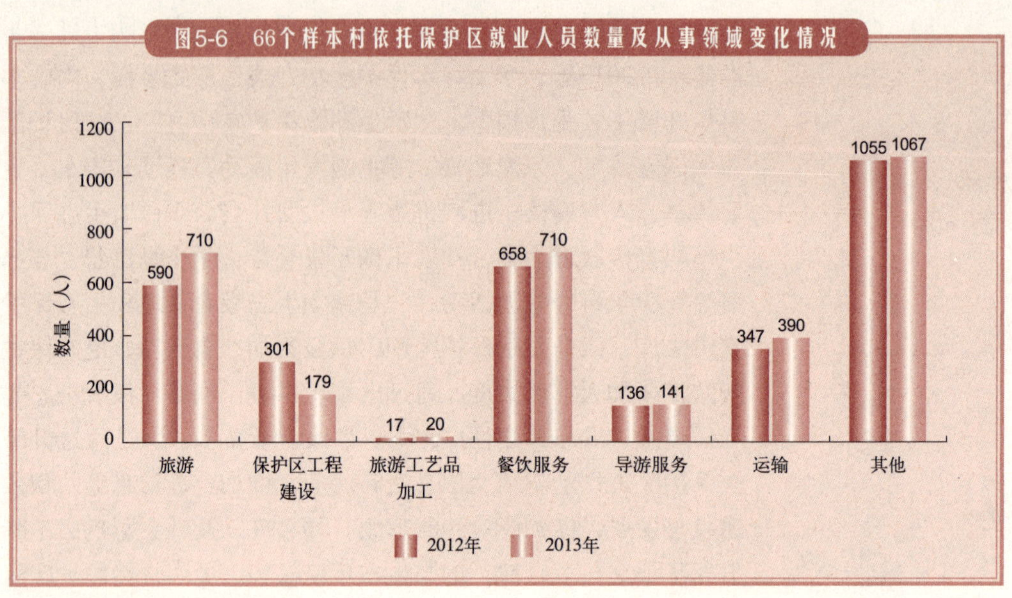

内工程建设工作的较多，分别有30人和35人，其他人员则主要为依托保护区在餐饮服务、旅游服务、家庭旅馆、导游服务、运输及其他领域实现就业，依次有29人、15人、15人、7人、7人和33人。

3. 促进就业人员收入持续增长

2013年，样本保护区带动社会就业人员共获得收入6.35亿元，比2012年增长1.44%；就业人员人均收入12215.46元，比2012年增长0.28%。2013年样本保护区带动社会就业人员中，依托保护区工程建设就业人员共获得收入0.84亿元，人均收入10031.10元，与2012年相比，人均收入增加423.74元，增长4.41%；依托保护区创收项目就业人员共获得收入1.90亿元，人均收入14057.55元，同比增加540.21元，增长4.00%；依托保护区在社会上开展经济活动就业人员共获得收入3.61亿元，人均11990.98元，同比减少380.89元，下降3.08%。图5-7是66个样本村就业人员收入来

图5-7 66个样本村就业人员收入来源结构

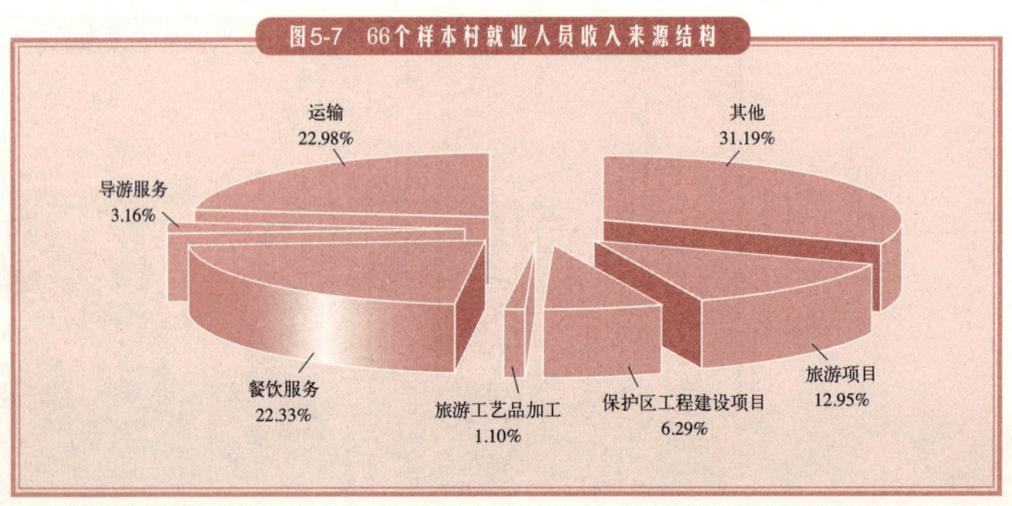

源结构。从样本村依托保护区就业获得的收入情况看，2013年，样本村依托保护区就业人员共获得收入5081.67万元，比2012年增加327.27万元，增长6.88%；就业人员人均收入15796.30元，同比增加479.29元，增长3.13%。样本村依托保护区就业人员获得收入占样本村总收入的5.58%，与2012年相比，下降了0.90个百分点。从区内村和区外村情况看，区内村就业人员的人均收入20204.94元，同比增长1.40%；区外村就业人员人均收入12232.72元，同比增长8.68%。区内村依托保护区就业人员的人均收入是区外村的1.65倍。另外，农户调查问卷显示，2013年，依托保护区就业人员171人共获得收入266.87万元，人均收入22616.10元，占其家庭总收入的35.41%。

4．社区居民生活水平进一步提高

2013年，66个样本村全年经济总收入9.10亿元，与2012年相比，增加0.75亿元，增长8.98%。其中，29个区内村经济收入4.52亿元，同比增长8.13%；37个区外村经济收入4.58亿元，同比增长9.83%。样本村农民人均纯收入6372.86元，比2012年增长12.58%，其中，区内村农民人均纯收入6464.51元，同比增长12.27%，区外村农民人均纯收入6301.03元，同比增长12.83%。2013年，样本村内有贫困户3133户，比2012年减少120户。66个样本村经济收入结构见图5-8，66个样本村经济收入对比情况见图5-9。

农户调查问卷显示，2013年，660户接受问卷调查的农户家庭平均每户获得各项收入62157.46元，平均支出40573.75元。其中，67.42%的农户表示当年家庭收支有节余，17.88%的农户表示收支基本平衡，14.70%的农户表示家庭支出大，感觉入不敷出。在622户反映了2013年家庭收入与上年相比增减情况的农户中，74.60%的农户表示：因为参与保护区建设项目获得的收入增加、依托保护区旅游开展的经营活动获得的收入增加、外出打工获得收入增加等原因，家庭收入比2012年有所增长；21.86%的农户表示：因为子女上学、患病、自然灾害影响等原因造成家庭收入比2012年有所下降；另有3.54%的农户表示家庭收入与2012年基本持平。

图5-8　66个样本村经济收入结构

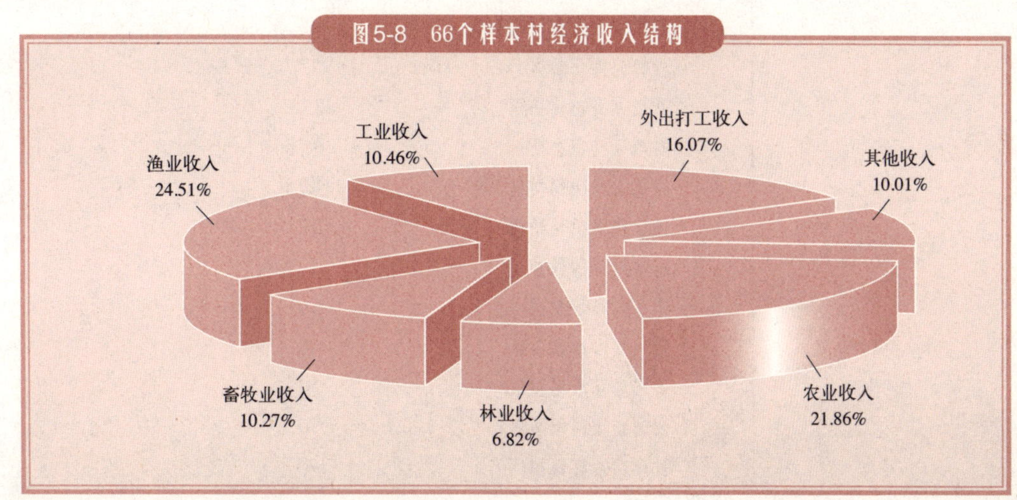

图5-9 66个样本村经济收入对比情况

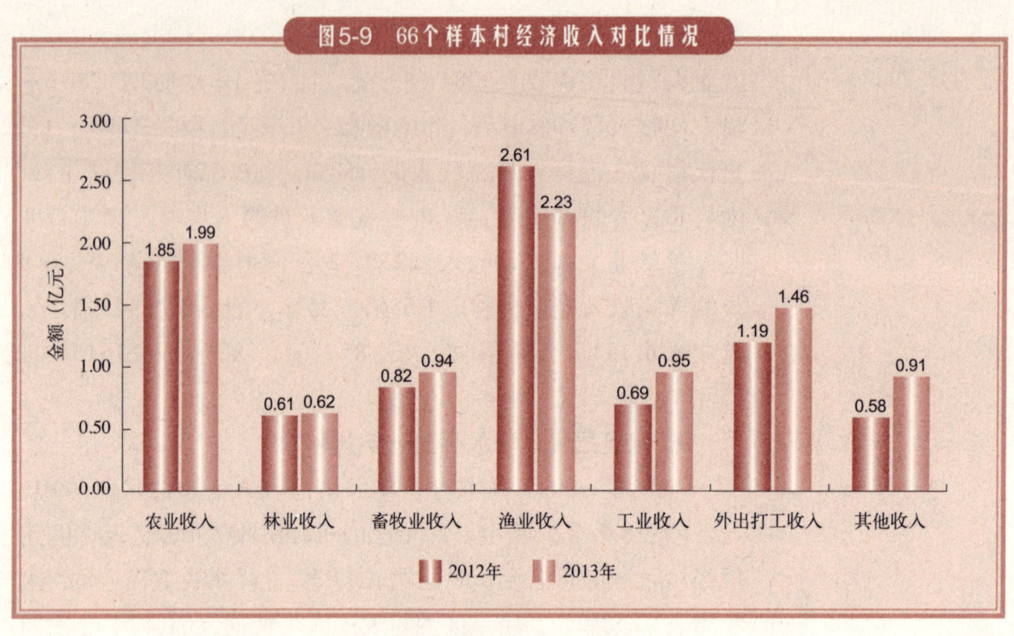

5．社区群众从保护区资源、环境中受益

一方面，社区群众切实从保护区生态公益林建设中受益。近年来，中央和地方政府逐步提高集体生态公益林补偿标准，增加补偿资金，集体林地被划入保护区的社区居民利益得到进一步弥补。2013年，13个样本保护区反映区内有集体生态公益林并获得补偿资金。从补偿标准看，仅有3个保护区执行补偿标准高于15元/亩的国家标准，占有集体林保护区总数的23.08%，其中，浙江九龙山保护区生态公益林补偿标准29.2元/亩，是国家重点生态公益林补偿标准的1.95倍。与2012年相比，有8个保护区集体生态公益林补偿标准提高（表5-10）。

表5-10 样本保护区内集体林生态公益林补偿标准情况 元/亩

保护区名称	2012年	2013年	2013年比2012年增长额
山西历山保护区	14.75	14.75	0
四川攀枝花苏铁保护区	15	15	0
吉林向海保护区	17	17	0
浙江九龙山保护区	29.2	29.2	0
安徽天马保护区	8.75	13.25	4.5
重庆大巴山保护区	11.75	11.75	0
福建武夷山保护区	12	17	5
辽宁医巫闾保护区	10	15	5
山东长岛保护区	10	15	5
贵州梵净山保护区	10	15	5
贵州麻阳河保护区	10	15	5
云南南滚河保护区	10	15	5
甘肃白水江保护区	10	15	5

从保护区社区情况看，2013年，样本村共获得公益林管护收入1153.69万元，比2012年增加65.49万元，增长6.02%。从保护区情况看，2013年，样本保护区获得生态公益林补偿资金1.13亿元，管护人员2677名，年人均管护工资19447.88元。与2012年相比，生态公益林补偿资金增加0.19亿元，管护人员减少53人，年人均管护工资增加2742.76元，增长16.42%。

另一方面，保护区优质的自然资源与生态环境也对社区群众生产及销售产品产生了积极影响。农户调查问卷显示，2013年，150户农户利用保护区内资源获得了收入，每户平均收入16897.13元，占这些农户全年家庭总收入的27.63%。另外，在调查“保护区内与在保护区外生产销售相同产品，在哪生产价格会高”这一问题时，有36.72%农户认为保护区内的价格会更高；在调查“自家销售产品与保护区环境是否有关”这一问题时，117户农户表示自家销售产品的价格与保护区环境有关，其中，有90.60%的农户表示因为保护区内环境好，没有污染、生产产品质量好等原因，保护区内生产的产品销售价格比保护区外生产的要高一些。

（三）经济效益

1．创收项目投资持续增长，旅游服务项目为投资重点

2013年，样本保护区创收项目投资总额为116916.60万元，比2012年增长27.40%。从资金来源看，财政拨款占投资总额的38.78%，借贷资金占投资总额37.40%，自筹资金占投资总额19.45%，其他方面的资金占4.37%。从投资方向看，2013年，96.04%的资金用于旅游服务项目，比2012年增加31745.10万元，增长39.41%（表5-11）。

表5-11　样本保护区创收项目投资情况　　万元

指标名称	2012年	2013年	2013年比2012年增长额	2013年比2012年增长率（%）
养殖项目	654.00	894.30	240.30	36.74
种植项目	1072.10	838.00	−234.10	−21.84
旅游服务项目	80543.20	112288.30	31745.10	39.41
工业生产项目	150.00	185.00	35.00	23.33
经营服务项目	1623.00	1671.00	48.00	2.96
其他创收项目	7731.00	1040.00	−6691.00	−86.55
总投资	91773.30	116916.60	25143.30	27.40

2．创收项目产值不断增加，旅游服务业占主导

不断增长的投资促进了样本保护区创收项目的快速发展，项目产值逐年提高。2013年，样本保护区创收项目实现产值11.27亿元，比2012年增长2.73%。其中，旅游服务产值8.80亿元，占总产值的78.08%，旅游服务依然是保护区创收项目产

图5-10 2013年样本保护区创收项目产值来源结构

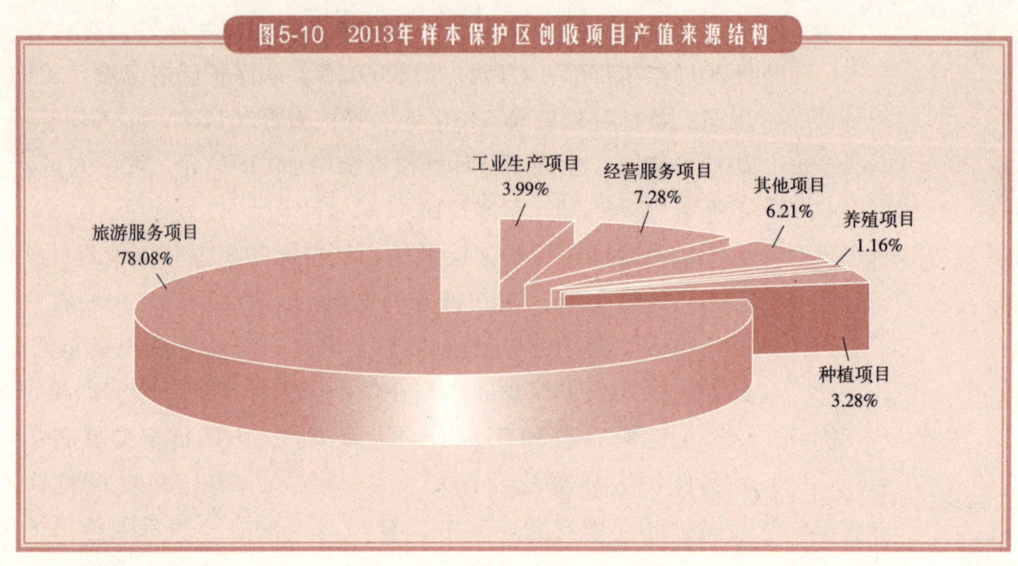

值的最主要来源（图5-10）。其中，旅游门票收入4.34亿元，占旅游服务收入的49.32%，与2012年相比，门票收入增长21.57%。同时，保护区旅游服务项目的繁荣发展也为社区群众带来了可观的经济收益。2013年，样本村居民依托保护区经营家庭旅馆接待游客14.05万人次，比2012年增加4.79万人，增长51.73%；获得收入648.20万元，比2012年增长27.40%。另外，与2012年相比，工业生产、经营服务项目产值有较为明显的增长，分别增长60.71%和17.14%。

从各产业上看，第一产业产值0.57亿元，其中，茶及其他饮料作物的种植和食用菌、竹笋和山野菜的种植，分别占第一产业产值的21.05%和29.82%，样本保护区第一产业各项目产值情况见表5-12；第二产业产值0.46亿元，其中，保护区内水电站创收和茶叶、菌类加工等0.45亿元，占第二产业产值的97.83%。第三产业产值10.24亿元，其中，旅游饭店收入4.10亿元，占第三产业产值的40.04%。

表5-12 样本保护区第一产业创收项目产值变化情况 万元

项目名称	2012年	2013年	2013年比2012年增长额	2013年比2012年增长率（%）
茶及其他饮料作物种植	966.30	1227.00	260.70	26.98
中药材种植	1072.00	820.00	−252.00	−23.51
林产品采集	170.00	265.00	95.00	55.88
花卉种植	85.00	40.00	−45.00	−52.94
陆生野生动物驯养与繁殖	9.00	0.00	−9.00	−100.00
食用菌、竹笋和山野菜种植	2167.50	1732.00	−435.50	−20.09
其他	1114.95	1583.00	468.05	41.98
合计	5584.75	5667.00	82.25	1.47

四 保护区建设发展成效

工程持续的实施，有效促进了保护区的建设发展。样本保护区科研监测、资源管护、防灾减灾等管理能力进一步加强和提高。

（一）保护区科研监测能力进一步提升

2013年，样本保护区科研经费2736.00万元，其中，实际到位科研经费2275.00万元，资金到位率83.15%。2013年完成和在研科研项目142项，新完成的科研成果77项，与2012年相比，科研经费到位率增加1.20个百分点，在研与完成的项目增加23项，新完成的科研成果增加26项。

（二）保护区资源管护能力不断提高

2013年，样本保护区中共有8860名巡护人员，完成的年巡护工作量达663.60万千米，其中，年日常巡护工作量575.91万千米，年稽查巡护工作量87.69万千米。人均年日常巡护工作量650.02千米，与2012年相比，人均年日常巡护工作量增加6.14千米，增长0.95%；巡护人员增加176人，巡护工作量增长3.23%。其中，日常巡护和稽查巡护的工作量分别增长3.00%和4.79%。从管护成效上看，2013年，样本保护区共制止非法进入保护区人员14189人次，比2012年增长27.10%；清除非法进入保护区人员4142人次，同比增长21.82%；清除非法狩猎工具1504套（铗），同比增长13.34%。2013年，样本保护区内共发生盗砍滥伐林木、偷猎野生动物、盗挖野生植物、非法开荒放牧等各类案件566起，发案数量比2012年减少48起，下降7.82%。另外，对区内发生的破坏森林、野生动植物等自然资源违法犯罪活动，样本保护区管理机构进一步加大执法打击力度，有效保护了区内的资源环境。2013年，对区内发生各类案件的查处率达97.35%，比2012年提高0.12个百分点；共处罚各类违法人员386人，收缴林木98.49立方米、野生动物及其产品5133只(头)张、植物5119株，查处非法开荒面积117.83公顷。

（三）保护区防灾减灾工作进一步加强

2013年，样本保护区内森林病虫害、鼠害等灾害得到了有效的预防和治理。全年，区内发生森林病虫害、鼠害及其他灾害面积33805.40公顷，占保护区总面积的0.78%；实施防治面积135044.60公顷，占保护区总面积的3.10%。防治面积是发生面积的3.99倍。与2012年相比，灾害防治面积增加了692.50公顷，增长0.52%。同时，对森林火灾这一可能导致重大生态环境灾难的自然灾害，保护区进一步加大预防管理力度，通过加强巡护巡查，发现清除了大量火灾隐患，有效保护了区内资源。2013年，样本保护区通过巡查共清除森林火灾隐患840次，比2012年增加226次，增长36.81%。全年，区内共发生森林火灾15次，与2012年持平，受害森林面积23.96公顷，同比大幅下降92.86%。2013年，保护区社区自然灾害发生情况见表5-13。

表5-13 66个样本村2013年自然灾害发生情况 次，公顷

项目名称	2012年	2013年	2013年比2012年增减额
旱灾发生次数	26	33	7
洪涝发生次数	16	27	11
病虫害发生次数	14	13	−1
其他灾害发生次数	6	8	2
旱灾受害面积	16322.33	16565.53	243.20
洪涝受害面积	850.20	2414.90	1564.70
病虫害受害面积	1353.33	1180.80	−172.53
其他受害面积	185.00	13.50	−171.50
水土流失面积	1450.00	1548.80	98.80
土地沙化面积	2728.00	2640.00	−88.00
年扬沙天数（天）	318	306	−12

五 保护区建设发展中存在的问题

（一）极度濒危野生动物拯救工作仍需加强

目前，我国极度濒危野生动物的濒危状况还没有从根本上得到缓解，仍有相当多的物种处于极度濒危的状态，灭绝的风险依然存在。从监测结果看，样本保护区在拯救极度濒危野生动物方面的工作亟待加强。保护区调查问卷显示，在20个区内有极度濒危野生动物的样本保护区中，尚有9个保护区没有开展针对极度濒危野生动物的专项拯救活动。另外，针对极度濒危野生动物人工驯养繁殖后的野外放归工作也需强化。在20个区内有极度濒危野生动物的样本保护区中，有14个保护区还没有成功实施过野外放归工作，16个保护区区内没有建设野化放归训练基地，16个保护区没有在放归区域配套建设保护基础设施，13个保护区在珍稀濒危野生动物保护及重要栖息地恢复方面没有专项投入。

（二）野生动物疫源疫病的监测防控还不到位

保护区调查问卷显示，样本保护区在开展野生动物疫源疫病监测防控工作上仍存在一些问题。一是尚有43.24%样本保护区还没有建设野生动物疫源疫病监测站；二是资金投入不足。22个样本保护区累计投入野生动物疫源疫病防控资金2783.17万元，平均每个保护区仅投入126.51万元；三是监测防控装备设备配备还不能满足实际需要。截至2013年，样本保护区内18个国家级野生动物疫源疫病监测站平均每站

拥有的高压灭菌锅、摄像机、监测专用防控车（船）、数据分析软件等设备数量不到1台（套）；四是野生动物疫源疫病监测还没有全部覆盖监测防控重要区域。截至2013年，在开展监测工作的保护区中，仍有6个保护区的监测覆盖率在90%以下，其中，监测覆盖率最低的保护区仅为50%。

（三）极小种群野生植物的保护力度有待加强

极小种群野生植物具有重要的生态、科学、文化和经济价值，对我国的生物多样性具有极为重要的意义。这些处于濒危状态的野生植物物种，一旦灭绝将无法重生。从监测结果看，2013年，仅有45%的样本保护区有极小种群野生植物保护拯救与恢复的资金投入，平均每个保护区仅投入42.27万元；样本保护区极小种群野生植物尚有65.06%没有列入工程规划的保护范围。在拯救恢复方面，列入《全国野生动植物及自然保护区建设"十二五"发展规划》的120种极小种群野生植物，样本保护区中有82.76%极小种群野生植物尚未进行编目、挂牌，建立监测体系和保护管理信息系统。在就地保护方面，有近60%的样本保护区尚未规范种质资源的采集，有76.19%保护区尚未建立保护中心或保护基地。

（四）保护区内集体生态公益林补偿标准偏低

监测结果显示，2013年，在13个样本保护区反映区内有集体权属生态公益林并获得了补偿资金，其中仅有3个保护区执行的补偿标准高于国家补偿标准，占有集体林保护区总数的23.08%。然而，自然保护区保护的是我国最为重要的生态区域、生态系统和珍稀濒危的野生动植物物种等自然资源。同时，保护区更为严格的保护管理措施，也使区内社区群众在生产、生活方面相比保护区外受到了更多的限制。在生态区位更为重要、保护与发展矛盾更为突出的保护区中，执行的生态公益林补偿标准与区外生态公益林补偿标准持平甚至更低的现状，不仅无法弥补保护区社区群众的利益损失，也与保护区在国家生态建设中的地位不相匹配，不利于从根本上缓解保护与发展之间的矛盾，不利于保护区可持续的建设发展。

六 建 议

（一）进一步加大极度濒危野生动物拯救和保护建设力度

针对极度濒危野生动物进行有效的拯救、保护，逐步恢复其种群规模，解除濒危状态是保护区工程建设的主要内容和目标之一。建议：一是将尚未纳入工程野生动物栖息地纳入到工程范围，改良被破坏、被劣化的栖息地，进一步加强自然保护区以外重要栖息地生境保护，加强基层管理体系和极度濒危野生动物拯救恢复基础设施建设；二是对列为极度濒危野生动物但尚未开展专项拯救的，应尽快开展此项工作，以满足保护区拯救极度濒危野生动物工作的硬件需求；三是要加大极度濒危野生动物野外放归力度，扩大极度濒危野生动物的野外种群数量。要提升科研水平，发挥保护区优势，在人工驯养繁殖极度濒危野生动物方面付诸更多的实践，取得更好的效果，并在此基础上，对极度濒危且人工繁育成功的野生动物实施放归自然，逐步增加放归的动物种类和数量，从而扩大极度濒危野生动物的野外种群数量，逐步缓解和消除物种的濒危状态。

（二）加强野生动物疫源疫病监测站建设和设备的配备，扩大监控防控区域

自然保护区内分布有我国最为珍稀濒危的野生动物物种资源，针对疫源疫病情况进行有效的监测和防控对维护野生动物种群安全至关重要。建议：一是增加野生动物疫源疫病防控投入资金，确保保护区内野生动物疫源疫病监测站的建设，扩大监测防控区域，完善监测网络布局；二是加强野生动物疫源疫病监测防控设备和人员的配备，确保异常情况监测、取样调查和应急处置等工作有效开展。

（三）加强极小种群野生植物拯救保护能力建设，有效促进种群恢复

极小种群野生植物拯救保护是维持人类生存、维护国家生态安全的物质基础，是实现我国可持续发展战略的重要内容，这项工作迫在眉睫。建议：一是对有极小种群野生植物的自然保护区优先安排资金，用于极小种群野生植物的拯救与恢复；二是根据保护区内极小种群野生植物的资源分布、濒危程度和栖息环境等因素，有针对性采取相应措施，特别是要尽快实施极小种群野生植物的原生地就地保护和种质资源有效保存；三是加强极小种群野生植物野外回归工作，加强应用研究，促进极小种群野生植物逐步恢复。

（四）提高保护区内集体生态公益林的补偿标准，进一步缓解社区矛盾

生态公益林补偿是解决保护区发展中面临的保护与发展矛盾的有效措施之一，应进一步加大补偿力度，提高集体生态公益林补偿标准。建议：一是不断完善补偿经费的筹措机制，扩大资金规模，加大补偿经费投入力度；二是逐步提高保护区内集体属性的生态公益林的补偿标准，其补偿标准应高于区外；三是强化补偿资金的管理，确保资金足额、及时到位，并对资金的使用实行严格的监督检查措施，充分保证公益林权利人的切身利益。

（主要执笔人：余涛、唐肖彬、夏郁芳）

6

2014

调查员报告

天然林资源保护工程调查报告——甘肃省康南林业总场

康南林业总场位于秦岭山脉西端南麓，属长江中上游地区，是甘肃省十大重点林区之一。林场划入天保工程实施范围的天然林分布区，既是长江上游水系的重要水源涵养区，也是下游水利工程的绿色生态屏障区，经过天保工程一期的保护与恢复，天然林资源进入了恢复发展阶段，亟待巩固提高，目前保护森林已成为林场职工的共识。实施天保工程二期，不仅可以大幅度提升森林质量和生态功能，对构建长江流域生态屏障，确保国家重点水利工程生态安全，具有不可替代的作用，同时对于改善生态、促进经济社会可持续发展具有十分重大意义。

（一）基本情况

康南林业总场成立于1964年，是陇南市市属国有林业总场，地处陕西、甘肃、四川三省交界地带的康县境内，下辖阳坝、清河、豆坝、长坝4个林场，行政范围涉及康县21个[①] 乡镇范围内的国有林区，总面积83.28万亩[②]；划入天保工程区总面积80.94万亩，占总场经营总面积的97.19%。通过实施天保工程，康南林区职工、群众的生态保护意识大大增强，爱林、护林、造林的风气越来越浓。林业职工由砍树人变为护林人和植树人，林区职工就业结构发生了历史性转变。一部分职工由原来的木材生产岗位走向了森林管护、造林、育苗等新岗位，一部分职工转向森林旅游、茶叶加工等新型产业，使林区资源优势得到了充分合理利用。天保工程一期的实施，促进了康南林区资源的开发，特别是森林旅游、野生食用菌、森林药材、森

① 近年来乡镇撤并为21个。

② 康南总场国有林与康县集体林边界重叠，2012年集体林改确权发证后，林场与集体所有重叠部分被划出。这里采用二类调查核实数据。

林蔬菜等特色林业产业，为林农提供了稳定的收入来源，实现了生态建设和林农增收互利共赢的良好局面，推进了新型产业的成长，改变了工程区“独木支撑”的林区经济格局，有力地推进了林区产业结构调整和经济发展的转型升级。

（二）天保工程实施区的社会经济情况

康南林业总场是全国天保工程重点实施区，生态地位十分重要。林场现有总人口1400人，2013年末在册职工250人，离退休人员98人，落实政策及抚恤人员35人。下设阳坝、清河、豆坝、长坝4个林场、公安分局和总场机关。通过天保工程一期的实施，实现了资源“双增”目标，取得了显著的生态、经济和社会效益，主要体现在以下几个方面。

1．森林资源实现了稳步增长

康南林业总场经2010～2011年森林资源二类调查最新成果统计，林场活立木总蓄积由477.67万立方米增加到498.00万立方米，森林覆盖率由47.95%提升到了67.62%，实现了森林面积和蓄积的双增长。

2．天保工程区以天然林为主

工程区总面积为80.94万亩，其中林地面积57.71万亩，非林地面积23.23万亩。其中：有林地54.73万亩(天然林49.18万亩、人工林5.55万亩)，占林地面积的94.84%；灌木林地0.60万亩，占1.04%；疏林地2.15万亩，占3.73%；未成林造林地0.01万亩；无林地0.22万亩，占0.38%。活立木蓄积量434.08万立方米。

3．国家级公益林占比较高

林场划入天保工程二期的公益林面积57.71万亩，其中国家公益林面积55.34万亩（一级为15.68万亩，二级33.89万亩，三级5.77万亩），地方公益林面积2.37万亩。尚未进入天保工程二期区的有林地面积为2.34万亩，蓄积达64.12万立方米。

4．天保工程二期区以幼中龄林为主

工程区内有林地全部为国有林，面积为54.73万亩，总蓄积量434.08万立方米。其中，幼龄林面积14.64万亩，蓄积33.74万立方米；中龄林面积22.78万亩，蓄积212.76万立方米；近熟林面积9.29万亩，蓄积95.52万立方米；成熟林面积7.31万亩，蓄积84.43万立方米；过熟林面积0.71万亩，蓄积7.63万立方米。幼中龄林面积、蓄积分别占有林地和林木蓄积总量的68.37%和56.79%。

（三）2013年完成林业生产情况

1．营林生产完成情况

2013年，林场完成新育苗8亩，留床苗13亩，容器育苗17.5万株。上级下达天保封山育林3000亩，完成天保封山育林3000亩；下达天保造林2000亩，完成天保造林2000亩；下达中幼林抚育补贴试点20000亩，完成中幼林抚育补贴试点20000亩。全面完成了上级下达的营林生产任务。

2. 产业发展情况

2013年，完成林业涉林总产值440.9万元（未包括工资），其中第一产值（营林产值）432.9万元，第二产值（茶叶加工收入等）3.0万元，第三产值（旅游收入等）5.0万元。茶厂和旅游服务主要承包给个体经营。

（四）从业人员与工资情况

康南林业总场2013年末在册职工250人，实际在岗职工149人（不包括39名林业公安干警），离退休98人。其中5名离休干部工资由市财政供给，另外93名退休职工工资由当地社保部门发放，执行的是企业工资。在岗职工工资人均3.5万元/年，离退休人员养老金人均达3.8万元/年，39名政社性林业公安干警的供养已从本单位剥离，过渡到公务员行列。

由于林场是事业编制，退休职工工资按事业单位执行，除了社保局按照企业发放部分以外，差额由原单位发放，2013年退休费全年总额是376.82万元，社保局正常发放256.82万元，差额120.00万元仍由林场发放，这也为林场增加了极大的经济负担。

（五）存在的问题和困难

1. 康南林业总场和其他林区一样，历史遗留问题多，经济社会发展长期滞后，保障和改善民生的任务仍然十分艰巨

虽然林场职工工资收入逐年略有提高，但远低于社会平均水平，而且差距越来越大。灾后重建和危旧房改造工作开展不平衡，4个林场没有列入灾后重建，危旧房改造建设资金严重不足，尤其是危旧房改造项目建设中的拆迁费、拆迁过渡性安置费及配套设施投资等资金很大。一期拖欠养老金、失业金缺口累计达480万元（含利息）以上，希望上级部门考虑解决。

2. 林业基础设施建设滞后

办公设施和软硬件建设亟待加强，部分护林站和苗圃基础差，设备、装备不足，林区通讯设备老化，防火道路、桥梁得不到必要的改造和维护，防火基础设施还比较薄弱，综合防控能力不强。

3. 森林管护难度大

一是林地偏远、交通不便；二是从天保工程一期开始至今未进新职工，造成管理人员、专业技术人员、森林管护人员严重不足，职工老龄化，职工的平均年龄已达48岁以上；三是在岗人员逐年减少，管护面积大，导致管护人员超负荷管护。由于上述原因造成了林场营林生产质量不高，护林防火、病虫害防治难度大，森林质量难以提高，不能充分发挥森林生态屏障作用。

（六）加强天保工程建设的思路

2014年，林场将继续加强森林资源保护，提升内部管理和项目建设质量，促进林区经济工作又好又快发展。重点抓好以下几个方面的工作：

1．继续扎实推进天保工程二期建设

一是做好天保工程二期方案的跟踪衔接；二是加强生态公益林建设，抓好造林工作；三是继续抓好林业有害生物的监测防控工作；四是强化森林资源保护管理，加强林业法律法规的宣传教育，全面落实管护责任制，坚持依法治林，切实加强林地管理，严格征占用林地审核，严厉打击一切破坏森林资源犯罪活动，全力维护林区社会治安稳定；五是完善社会保障，贯彻落实最低生活保障和基本养老、医疗、失业、工伤、生育等社会保险方面的政策规定，加大工作落实力度，保障职工基本医疗需求；六是按照“慎用钱”的要求，强化资金的管理、使用，专款专用，切实把天保资金管理好、使用好；七是抓好安全生产工作。

2．集思广益，有序开展产业开发工作

充分利用林区资源和区位优势积极开展招商引资，大力发展林业多种经营，主要发展林产加工业、森林旅游及服务业等，逐步推进林业产业化发展。

3．关心职工切身利益，解决好民生问题

要认真贯彻以人为本的理念，继续把关注民生、着力改善民生作为一切工作的出发点和落脚点。时刻把职工群众的冷暖放在心上，切实解决事关林区职工切身利益的工资、医疗、住房、教育、交通、用电、饮水等问题。想方设法增加职工收入，改善职工群众的工作和生活条件，多为职工想事、谋事、干事，做好再就业和职工稳定工作，为职工排忧解难，努力把职工的切身利益维护好。加强协作，搞好与地方政府之间的关系，为林区发展和天保工程建设营造和谐的社会环境。

（主要执笔人：甘肃省康南林业总场　何武梅）

退耕还林工程调查报告——湖北省竹溪县

湖北省竹溪县位于鄂、渝、陕三省交界的秦巴山区，西接陕西省，南交重庆市巫溪县，是汉江最大支流堵河的源头、国家南水北调中线工程水源区之一。县域总面积3310平方千米，辖15个乡镇307个村15个农林特场，总人口37.43万人。自2000年作为退耕还林工程建设试点示范县以来，按照国家“巩固成果，确保质量，完善政策，稳步推进”的总体要求，强化工程管理和工作指导，狠抓成果巩固和后续发展工作，保障了广大退耕农户的利益，维护了社会经济健康发展，促进了退耕还林工程稳步推进。

通过监测表明：工程的实施为我们山区农村带来了一场深刻的变革，对全县国民经济的发展产生了深远的影响。不仅有力促进了国土绿化进程，减轻了水土流失等生态灾害，还为增加农民收入，促进扶贫济困，加快产业结构调整和转移农村剩余劳动力，保障和提高农业综合生产能力，促进农村生产生活条件改善和思想观念的转变和农村经济发展创造了更加广阔的空间。同时，也显现出退耕任务调减与农民进一步需求、成果巩固仍面临压力大、管护任务繁重等突出问题，都需要及时采取对策加以解决。

（一）监测县工程建设情况

入户调查及监测资料统计表明，监测区退耕还林得到了当地政府和上级林业主管部门的高度重视，严格退耕还林工程建设要求，精心组织施工，各项政策落实到位，退耕还林建设成效突出。

1．工程建设任务圆满完成

2000～2014年，省累计下达竹溪县退耕还林工程计划为31.65万亩，其中退耕还林15.5万亩，荒山造林16.15万亩。全县累计完成退耕还林工程造林30.89万亩，其中退耕还林15.5万亩，荒山造林16.65万亩，分别占省下达计划的100%和101.6%。共涉及全县15个乡镇10个国有农林场的216个村（分场）4.02万农户，近15万人从中直接受益。

2. 稳权发证工作跟进有效

2013年前所有退耕还林林权证已发放到位，2005年起县委、县政府巧借国家全面实施集体林权制度改革的东风，将退耕还林发证工作和集体林权制度改革一并进行，在经过试点成功，全面铺开后完善发证。目前全县退耕还林稳权发证面积达到24.63万亩，除国有农林场7.02万亩国有林地面积没有发证外，其他应发证面积全部发证到位，已发证42000份，38780户，占应发证面积的100%。林权证发放迅速，有力维护了退耕农户的合法权益，有效地巩固了退耕还林成果。

3. 后续产业发展支撑有力

竹溪县自实施退耕还林工程建设以来，充分发挥本地传统茶叶产业发展优势，大力实施退耕还茶，从而拉动全县茶叶产业的迅速发展，一举将该县发展成为全县茶叶面积大县，茶叶从4万亩发展到目前的23万亩，退耕还林茶叶基地面积达到4万亩。同时，依托本地木瓜、香椽、中药材产品加工龙头企业，鼓励支持广大退耕农户大力发展相关基础产业。到2013年年底共形成后续收入的农户近2.2万户，占退耕的农户总数40200户的54.7%。随着全县累计享受原补助的15.5亩退耕还林面积全部到期，其中已形成后续收入的茶叶和经济林面积仅有3.2亩，占原补助到期面积的21%。

4. 巩固退耕还成果专项规划顺利实施

2000～2013年，针对本县退耕还林工程建设实际，迅速落实“五个结合”工程，使基本农田建设、生态移民、农村能源、封山圈养等建设得到有力推进。截至2013年全县共完成基本农田建设项目19个，增加耕地4880亩，完成生态移民780户，建沼气池1000座，改造兴建节柴灶、坑5500座，配备太阳能1200座，封山禁牧15个乡镇26万亩，舍圈建设564.8平方米，牲畜存栏7.86万羊单位。自2008年实施巩固退耕还林成果专项规划以来，截至2013年年底，累计下达竹溪县基本口粮田建设1.54万亩；完成农村能源沼气池建设3039口、太阳能4510台、生物质炉3429台；生态移民3134人；建设后续产业基地12.3447万亩，其中：核桃5.2万亩；实施农民技术培训3.188万人；补植补造1.5362万亩。

（二）社会、经济和生态效益

经过13年的退耕林工程建设，全县已全面实现以粮食换生态的政策目标，退耕还林工程建设在保证粮食增产、农民增收的前提下实现生态经济的双赢发展，退耕农户和生活质量明显提高，取得了显著的社会经济效益和生态效益。随着退耕还林巩固成果政策的进一步完善，工程实施对加快生态建设，推动山区经济发展起到了积极推动示范作用。

1．社会经济效益

（1）生态意识显著增强

一是全民生态意识普遍提高。通过实施退耕还林工程，使竹溪县干部群众的生态环境意识、生态保护意识普遍增强，全社会关心支持和投入生态环境建设的积极性空前高涨，尤其在实施退耕还林时加强茶叶产业建设的行为得到了群众的大力拥护和支持；二是“三大主体”造林蔚然成风。退耕还林激活了全县“三大”主体的造林活力，累计撬动民间资金近5000万元投入退耕还林后续产业基地和荒山造林，“三大造林主体”，已成为全县造林绿化主导力量；三绿色创建空前高涨。通过退耕还林大在加快了城镇化建设步伐，农村的居住条件明显改善，群众参与绿色创建工作，创建10个县级示范片区，15多个乡镇绿化片区，实施了4个整村推进的美丽乡镇建设和3个生态集镇建设。荣获了“十堰绿色崛起示范县”的建设大旗。

（2）生态产业蓬勃发展

一是茶叶主导产业发展迅速。抢抓退耕还林工程建设的机遇，大力调整产业结构，优化产业布局，以茶叶为主的支柱产业得到蓬勃发展。截至目前，全县茶叶基地面积达到23万亩，比实施前不足4万亩增加了19万亩；二是保障水电产业发展。由于生态环境的改善，初步实现了“人栽树、树蓄水、水发电”的良性循环。由于水资源得到保障，吸引了众多客商到竹溪发展水电产业；截至目前，全县水电总装机达60万千瓦（含潘口电站20万千瓦），年增加税收7000万元以上，使竹溪县进入了全省水电大县行列；三是森林旅效益叠加。由于退耕还林工程建设的实施，促进全县生态水平的整体提高，生物多样保证得到了巩固，打造“四大绿色名片”，开发了一批具有特色生态旅游景点，2014年全县生态旅游收入将突破3亿元。

（3）农民收入明显增加

监测数据显示，退耕还林工程的实施，促进了退耕农户的收入水平和生活质量大幅提高，退耕农户的收入增长幅度加快，贫困人口及贫困人口发生率逐步下降。2014年底贫困人口为4万人，比1999减少8万人。4年以来，全县退耕还林工程累计争取国家投资3.2亿元，使全县40200余农户平均每户领取粮食补助金7960元。二是促进了打工经济的发展。全县有5万人从传统种植业中解脱出来，走上了外出务工的道路，2013年，全县实现打工经济收入达7亿元。三是加快了林下经济的发展。全县林下经济种养面积达到20万亩，以林+药、林+菌、林+蜂、林+鸡为主的林下经济实现年收入近1亿元。2013年，全县农民人均纯收入达5091元，比2000年的2331元增加了2760元。汇湾镇双竹园村退耕还林建设茶园780亩，实行木瓜+茶叶复合套种模式，2014年茶叶及木瓜综合收入突破100万元，人均纯收入达到5800元，比1999年增加3.5倍，全村人平特色经济基地达到1.5亩，人均退耕还林收入达到2500元。

2．生态效益

退耕还林工程的实施使工程区有林地面积增加，森林环境服务功能增强，森林生态系统得到有效恢复，局部生态环境得到明显改善。

（1）水土流失得到有效遏制

监测结果表明，通过14年的退耕还林工程建设，工程区有15.5万亩的25度以上的陡坡地到了有效治理。目前，已退耕的陡坡地上植被得到迅速恢复，在与其他治理手段综合作用下，截至2013年年底，共治理水土流失面积30万亩，水土流失面积由1999年的257万亩降到2013年的225万亩，下降12.45%。土壤侵蚀模数由1999年的每平方千米2940吨下降到目前的每平方千米2680 吨，每平方千米减少260吨，下降38.84%。

（2）生物多样性得到有效保护

自实施退耕还工程建设以来，结合天保工程和保护区工程建设，监测区的生态环境得到明显改善，使退耕区的山更绿了、水更清了、环境更美了，生物多样性得到有效保护。境内动植物资源十分丰富，生态系统多样性得天独厚，是保存完好的北亚热带原始森林群落之一，被誉为兼容东西部成分的“动植物基因库”，包含南北植物和生态的“综合百科全书”。其中野生植物197科1046属3293种，野生动物24目73科276种，分布有珙桐、红豆杉、银杏、连香、红豆、水青、桫椤、楠木、银杏等27种国家二级以上保护植物，有大灵猫、大鲵、棕熊、豹、林麝、香獐等48种国家重点保护动物。有目前国内存量最大保护最为完好的原生珙桐群落（5000多亩）、红豆杉群落（4500多亩），有全球独有的小勾儿茶、羽叶报春等珍稀濒危物种。

（3）自然灾害明显减轻

退耕还林等生态工程的建设，使林草植被较快恢复，森林覆盖率进一步提高，森林涵养水源、水土保持能力得到加强，旱灾损失得到大幅度减小。竹溪县仅1999年旱灾损失就超过8000万元，平均每年损失近6000万元，按系数0.03计算，工程每年减灾效益就可达20万元，2014年全年降水量达到824毫米、平均气温15℃、无霜期230天，比1999年的降水量增加了34毫米、平均气温下降了2.5℃，无霜期减少了8天，2014年扬沙次数和扬沙天数皆为零，比1999年分别减少4天、8次。由于退耕还林实现了近5年无特大洪涝灾害的发生，自然灾害明显减轻。

（三）存在的困难与问题

虽然退耕还林工程已发挥了较好的生态、经济和社会效益，实现了资源增量、农民增收、生态增效、经济增长，但从整体上来看，退耕还林的健康发展和成果巩固面临着诸多困难和问题，特别是随着国家计划的大幅度减少和原补助的陆续到期，矛盾和问题更加突出，主要表现在以下几个方面：

1．补助到期，农户收入不稳定，成果巩固难

一是随着第二轮补助的到期，大面积还生态林的工程建设面积，在近5～10年内仍不会有经济效益，就导致农户的收入减少，给成果巩固造成一定的影响；二是国家能过阶段性验收后，不再对退耕还林工程建设面积进行核查，特别是在补助到期后，没有建立一个长久的保障机制，老百姓为增加收入，因此出现部分建设面积反弹；三是延长期补助标准太低，加之国家惠家政策的增强及粮食价格的攀升，为了弥补经济收入的不足，农户大多数实施林下套种经济作物，甚至是粮食作物，很容易出现停补后复耕；四是最为严重的是目前由于城镇化建设的大力推进，部分地方由于建设土地补偿标准高，由于缺乏长久机制的保障，工程征占用面积逐年增加，虽然也实施了异地造林，但由于没有政策保障成效低下。

2．资金短缺，政策扶持不力，后续产业不发达

通过退耕还林工程建设，以茶叶为主和核桃的绿色产业基地已初具规模，为绿色产业建设打下了良好的基础。当前“三缺”问题，即缺资金、缺技术、缺设备是绿色产业建设和发展的突出问题。已发展的板栗基地，农民没有资金嫁接、改造；新建的绿色产业基地正处于培育关键时期，特别是茶园，需要大量肥料投入。很多地方采取政府扶持一点，群众自筹一点的办法对重点基地进行了施肥和培育，但施肥次数和施肥量远远还不满足需要，要确保基地建设成效，必须加大投入。另外核桃绿色产业链条尚未形成，面临着核桃产业基地的后续管理与培育的管理机制和加工企业的创新与发展问题，如果不及时解决这些问题将会直接影响到后续产业的健康发展，从而威胁到成果巩固。

3．多头发展，缺乏统一监管，专项规划实施效果差

自实施巩固退耕还林成果专项规划以来，由于整个项目涉及的部门多，资金投入低，又没有建立和完善一个良好的项目运行管理机制，导致各地对项目的实施，出现各部门各自为政，没有突出重点退耕区、退耕农户的生计和增收问题，致使整个项目没有充分发挥巩固成果的作用。特别在大部分退耕还林面积即将面临到期，大部分退耕地没有产出，专项规划的项目实施又没有真正地发挥支撑作用，导致成果巩固面临新的挑战，绝大多数林地没有收入的老百姓存在于观望和不稳定的巩固意识。通过对10个监测户的调查，仅实施了后续产业基地建设，发展了核桃产业基地，其他项目并没有全部惠及到退耕农户，退耕农户受到专项规划的支撑不大，少数退耕农户的增收和生计仍然存在问题。

国务院办公厅在2005年4月，专门下发了做好“五个结合”的通知，但通知只强调了地方政府责任，没有提出具体可操作的扶持政策，难以落实。在实施巩固退耕还林成果专项规划建设项目后各部门之间缺乏有效的协调机制，项目分散难以形成合力，难以从根本上解决好农户吃饭、烧柴、增收等生计问题。特别在大部分退耕还林面积即将面临到期，大部分退耕地没有产出，专项规划的项目实施又没有真正地发挥支撑作用，导致成果巩固面临新的挑战，绝大多数林地没有收入的老百姓存在于观望和不稳定的巩固意识，如果政策不力和措施不当可能会引起毁林的现象。

4．项目停止，农民需求急切，生态治理任务重

第一轮退耕还林实施后给部分农民的增收和全县生态环境建设带来显著的成效，让山区农民看到增收和生产、生活条件改善的希望，特别是随着城镇化建设的深化和农业产业结构的大力调整，部分农民对土地的依赖性减弱。另一方面部分居住山区的农民，由于目前惠农政策的增强，使部分已抛荒的土地目前已开始耕种。

因此，就出现了广大农民对新一轮退耕还林启动的迫切要求。通过调查全县截至目前全县实有25度以上的陡坡地还有近34.4万亩，占在册耕地总面积的62.8%。其中在南水北调重要水源区的治理面积11.5万亩，因城镇化建设，致使出现野兽严重危害不能耕作的陡坡地有22.9万亩，分别占治理面积的33.3%和66.7%。

（四）建议及对策

随着国家退耕还林巩固成果政策的出台，退耕还林工程建设处于在一个关键时期，进一步完善退耕还林相关政策，切实解决退耕还林后续发展，巩固退耕还林成果，对保障退耕农户切身利益、推动退耕还林工程深入发展，充分发挥退耕还林工程建设的社会经济效益至关重要。为此，结合工程建设实际提出以下建议：

1．启动新一轮退耕还林

国家应顺应基层干部和群众的要求，尽快制定启动新一轮退耕还林，确保工程工程项目平稳有序的推进。在任务安排上要突出重点，统筹安排，平衡推进。各地要尽快组织土地、农业、林业、水利等部门共同参与地方退耕还林规划编制，对规划进行严格评审，将规划任务落实到水土流失严重，农民基本口粮田有保障，工程建设质量较高的区域中。同时，在启动新一轮退耕还林建设时，要提高政策补助标准，建立新的补助机制，将巩固成果和生态发展得到有效的结合，使退耕还林真正实现“退得下、能致富、不反弹、保生态”的目的。

2．加强专项规划项目管理

针对巩固退耕还林成果专项规划实施中存在的问题，退耕还林成果巩固是今后一段时间退耕还林工程建设最重的建设内容，各地将有一大笔资金投入到工程区，如果能用好每一分钱，将会从根本上解决退耕还林“退得下、稳得住、不反弹、能致富”的问题，如果没有一个很好的资金管理机制，很有可能使这一笔老百姓的生活保障金和退耕还林工程建设的保险金，发挥不了巩固成果的作用，留给我们的仍然是“毁林求生，伐木求财”。要尽快出台退耕还林成果巩固项目实施和管理机制，是退耕还林成果巩固的迫切需要，从而解决后续产业发展中面临的“三缺”问题。

3．实施退耕还林相关生态项目建设

一是为保证生态林充分发挥生态保护效益，强化那些为得到政策补助消极被动地进行管护和造林的退耕农户的管护意识。尤其对那些近期不可能有经济收益的生态林，要实行生态公益林补偿制度，保障建设成效；二是将退耕还林要地纳入森林补贴和中幼林抚育等项目建设，加强对退耕还林林分的培育和管理，从而提高林地产出率，增加退耕农户收入，达到巩固成果的目的；三是要将部分退耕还林纳入国家储备林建设项目，从而增加投入，保障工程建设效果；四是实施退耕还林林地森林保险制度，增强退耕还林对自然灾害的保险意识，从而最大限度地保障退耕农户的利益。

4．强化退耕还林管理职能

一是进一步加强退耕还林工程建设的领导，加大宣传，引起重视。随着部分面积的到期，坡耕地还林计划的取消，很多地方的退耕还林管理机构和机制形同虚设，对工程建设的管理出现松懈，导致工作氛围淡化，管理滞后，影响成果巩固；二是建立退耕还林工程建设的长效机制，强化措施，加强管理。持续深化做好退耕还林工程建设体制建设，将各地退耕还林办公室作为长设机制，予以明确落实，将工作重点转移到成果巩固上来，确保工程建设成效，提高生态建设水平。

5. 加强退耕还林林地管理

在新一轮退耕还林启动时，要实现双管齐下，进一步加强对已实施退耕还林林地的保护和利用，目前，各地在退耕还林林地管理上还存在很多误区，特别是部分退耕还林农户，认为自己退耕地在国家补助到期后，林地不能发挥效益，随意改变林地用途，有的甚至进行随意征占，使巨额投资培植的生态植被毁于一旦。因此，退耕还林工程建设的下一步重点应该是林地管理，只有管好现在退耕还上林的林地才能从根本上巩固成果保证成效，同时要专门制定退耕还林林地管理的相关规定，要从根本上保证退得下、种上树、保住林。在保护的同时可正确引导退耕农户加强对林地的立体开发利用，指导性地发展林下经济以增加退耕农户的收入。

（主要执笔人：湖北省竹溪县林业局　谢青）

退耕还林工程调查报告——贵州省绥阳县

林业重点工程社会经济效益指标调查从2003年至今已经连续调查了11年，期间多次培训，更换调查工作电脑，为调查工作的开展打下了坚实的基础。从2003年以来一直固定调查村和调查农户，采取多种调查方法，保证数据的可靠性，通过调查对绥阳县林业重点工程的实施效果、对社会经济的影响以及对工程实施区域产业结构调整都起到了良好的作用，2013年3月绥阳县开展了第二期退耕还林摸底调查工作，对全县15个乡镇19.728万亩25度以上坡耕地进行了摸底调查，以国土局提供的25度以上的坡耕地，分乡镇由技术人员负责指导，调查坡耕地的现状，农户退耕意愿，农户希望种植的树种，同时对没有在区划区域的25度以上的坡耕地也同时进行了调查，总的来说广大农民退耕意愿强烈。

（一）退耕还林工程执行情况

1．2013年绥阳县退耕还林工程执行情况

2013年绥阳县完成巩固退耕还林成果中央投资832万元，执行延长期政策兑现1042.84万元；享受延长期补助的退耕还林面积5188.06公顷。

2．2013年大桥村退耕还林政策执行情况

大桥村退耕还林面积79.83公顷，全部是生态林，该村退耕地造林实施时间为2003年，2013年享受延长期补助，2013年应兑现现金补助16.17万元，生活补助23.95万元。

（二）监测数据来源

1．县级调查表

县级调查表中综合指标数据来源于县统计局，有林地面积、森林蓄积量、森林

覆盖率指标数据来源于2011年森林资源补充调查，国土面积、耕地面积指标来源于国土局；水流治理、水土流失面积指标来源于县水电局；外出务工人数、贫困人口数指标来源于县统计；退耕还林补助、钱粮兑现数据来源于县财政局及退耕办；气候变化数据来源于县气象局；实际造林面积根据上级下达给绥阳县的计划的实际完成数据；此次还在农业局、农机局、旅游局等单位收集了数据。

2．村级调查表

调查村一直不变，沿用以前调查的大桥村。村级综合指标数据来源于村级统计上报数和计划完成数据。

3．农户调查表

在调查时保证了调查农户一直不变，调查的农户一直沿用最初选定的10户农户作为调查样本数。农户调查表中数据来源于农户问卷调查的数据。今年调查的10户农户家庭人口与2012年相比没有发生变化，劳动力个别发生了变化。

（三）村、户选择情况

沿用第一次在全县15个乡镇中随机抽取实施退耕还林工程计划任务较多的乡(镇)，在该乡(镇)中抽取基础条件较差，离公路相对较远，交通不太方便的村1个，调查农户10户保持不变，尽可能让调查数据真实可靠，按照10个农户实际调查情况，比较几年来的变化。

（四）监测结果分析

2013年，从县级调查表到村级调查表和农户调查表由一个人自始至终进行调查，2013年调查数据较为实际，更能全面反映调查单位工程实施效果，为决策提供准确的第一手资料。从2013年的调查情况看，实施退耕还林的村对退耕还林工程反映良好，实施退耕还林的地方，水土流失情况明显改善，生态环境向好的方向发展，生物多样性增加。由于国家政策兑现到位，农户对退耕还林积极性高，今年调查中农户提高了对调查的配合和理解，调查数据更科学，同时通过近年调查反映农户从土地中转移到第二、三产业及外出打工的人数增加，农民收入增加，监测村农民收入增加，农民人均纯收入普遍提高。通过实施退耕还林，监测村农民从长期经营土地中实现转移，对富民兴村及提高农民生活水平有较大现实意义。

1．实施退耕还林工程对蒲场镇大桥村农户产业结构起到积极的作用

通过实施退耕还林，蒲场镇大桥村种植业结构发生了变化，部分农户新修了住房，实施退耕还林后实现了劳动力的转移，经济收入增加，生活水平提高。

从11年的调查情况看，实施退耕还林的村对退耕还林工程反映良好，实施退耕还林的地方，水土流失情况明显改善，生态环境向好的方向发展，生物多样性增加。由于国家政策兑现到位，农户对退耕还林积极性高，2013年调查中农户提高了对调查的配合和理解，调查数据更科学，同时通过近年调查反映农户从土地中转移到第二、三产业及外出打工的人数增加，农民收入增加，监测村农民收入增加，农民人均纯收入普遍提高。通过实施退耕还林，监测村农民从长期经营土地中实现转移，对富民兴村及提高农民生活水平有较大现实意义。由但由于绥阳县地形地势复杂，切割强烈，坡耕地面积仍然较大，仍然需要国家继续安排退耕还林计划。

2．实施林业重点工程对当地经济社会的影响分析

（1）促进森林资源保护，生态环境改善明显

实施退耕还林工程的地方基本上都在25度以上的坡耕地，由于耕作粗放，粮食单产水平低，土地退化严重，水土流失加剧，实施退耕还林工程后，农民从对土地依靠中解脱出来从事第二、三产业，带动地方经济发展，减少了生态压力，人们对保护环境的自觉性提高，水土流失状况改善明显，特别是农村一些干涸较久的地下水源重新出现，生态环境得到改善。

（2）工程区产业结构逐渐趋于合理，产业结构得到调整

实施退耕还林工程后，从土地中解脱出来的剩余劳动力从事第二、三产业，发展畜牧养殖和立体高效农业的农户增加，第一产业收入比例明显减少。

（3）有效促进地方经济发展，农民收入提高，生活水平改善

工程区农民在实施退耕还林工程后，粮食产量变化不大，增加了退耕还林国家补助，另外从土地中解脱出来的农民转向第二、三产业，增加了收入，自实施退耕还林后，农民生活水平普遍提高。

（五）问题与建议

① 工作经费补助严重不足，退耕还林工作涉及面广，工作量大，各种工作经费支出较多，特别是每年钱粮兑现、检查验收、技术培训和基本办公费用支出，由于费用不足影响工作的开展。

② 监测补助经费太少，不利于数据的收集，建议适当增加补助费金额。

（主要执笔人：贵州省绥阳县林业局　吴晓敏）

退耕还林工程调查报告——贵州省思南县

林业是国民经济的重要组成部分，是生态环境建设的主体。在实现人类社会可持续发展中，具有不可替代的独特作用。党的“十八”大报告指出“建设生态文明，是关系人民福祉、关乎民族未来的长远大计。面对资源约束趋紧、环境污染严重、生态系统退化的严峻形势，必须树立尊重自然、顺应自然、保护自然的生态文明理念，把生态文明建设放在突出地位，融入经济建设、政治建设、文化建设、社会建设各方面和全过程，努力建设美丽中国，实现中华民族永续发展。”退耕还林工程是六大林业重点工程中涉及面广，政策性强的一项生态工程，主要解决重点地区水土流失的问题，是国家以粮食换生态的国家战略，是保障国土生态安全的迫切需要，是改变广种薄收的耕作方式，是调整农村产业结构，提高土地生产率，促进地方经济发展和农民脱贫致富的有效途径，是保持国民经济快速增长的重大举措，是优化国土利用结构，提高森林覆盖率，实现我国经济社会可持续发展的必然要求。

（一）思南县退耕还林工程建设情况

1. 工程建设情况

全县退耕还林工程始于2002年，截至2011年累计完成营造林面积23.55万亩。其中：退耕地造林8.35万亩，占造林总面积的35.32%；荒山造林（含封山育林）15.9万亩，占造林总面积的64.68%。

2. 退耕还林取得的成就

（1）水土流失得到有效遏制，区域生态环境明显改善

退耕还林工程的实施，减少了陡坡耕地面积，在与其他生态工程建设的共同作用下，陡坡耕地的植被得到了迅速恢复，森林覆盖率进一步提高。根据《贵州省

思南县林地保护利用规划（2010～2020）》数据显示，思南县森林覆盖率已上升为37.12%，与1995年森林覆盖率22.30%相比上升了14.82个百分点，年均增长0.93个百分点。这些都得益于思南县退耕还林、天保工程实施，仅退耕还林工程一项，全县增加森林覆盖率6.6个百分点。与此同时，全县水土流失面积比退耕还林前减少16.8%，区域生态环境得到了明显改善。

（2）工程建设促进农村结构调整，林业产值呈良好增长势头

工程建设在改善农业生产条件，增强农业综合生产能力的同时，有力的促进农村产业结构的调整，带动了相关产业经济的快速发展，农林牧渔业总产值稳步增长，并还在为将来思南县林业经济的发展壮大奠定资源基础。主要表现在一是在实施退耕还林建设中，利用坡耕地资源大力发展以杨树为主的短周期工业原料林基地5.5万亩，调整了林业产业结构，同时带动了当地畜牧业、种植业、加工业和旅游业等产业的发展。目前已引资建成3个环剥加工厂和1个小型木材加工企业。每年可创利税80万～100万元。二是全县农林牧渔业总产值稳步增加。从县统计局的资料表明，林业产值已占农林牧渔业总产值的19%，而且呈良好的增长势头。

（3）推动了农民传统经营模式的转变，农民种粮的积极性进一步提高

据县统计局的资料显示，全县粮食产量已连续五年超过退耕还林工程实施以前的2001年20.9万吨水平，分别为2003年的21.8万吨、2004年的24.3万吨、2005年的22.4万吨和2006年的21.1万吨和2007年的25.55万吨。粮食产量的稳步增长，一是国家“三减免两贴补”的惠农政策的刺激；二是退耕还林的实施，极大地改善了农业生产、生态环境，同时，退耕地减少改变了农民传统的耕作习惯，由广种薄收的经营模式向集约化种植转移；三是得益于基本农田建设和新技术推广，以及粮食市场价格回升等多种因素共同作用的结果。

（4）退耕还林的实施，推动了农村剩余劳动力的转移，农民增收路子进一步拓宽

退耕还林的实施，有力推动了农村劳动力的转移。据不完全统计，2013年全县外出务工人数越11.3万人，每年外出务工人员汇入思南县的资金都在3亿元以上。仅大坝场镇外出务工人员也占全镇总人口的1/4，2011年外出务工人数已突破7000人，为退耕还林前的1倍多，其收入已占农民年收入的30%左右。在农民收入增加的同时，也促进地方经济的发展，为构建和谐社会发挥着重要的作用。

（二）调查方法及内容

1．调查的目的

初步评价退耕还林工程的进展、政策执行情况和实施退耕还林工程所取得的社会经济效益，提出退耕还林工程后续发展的政策建议，摸索、总结退耕还林工程建设的成功经验。

2．调查方法

思南县为国家林业局退耕还林工程社会经济效益样本县；大河坝乡鹅溪村为样本村；文培富等10户为全县样本户。为使国家林业局监测的连续性、可分析性，根据思

南县2003年退耕还林工程社会经济效益监测布置的监测对象进行调查、访问。

本次主要采用访问的方式进行调查，根据国家林业局经济发展研究中心的表格，对农户调查（以户为单位）表格逐一填记。村级（以村为单位）表到乡各职能部门查阅，县级（以县为单位）表到县各职能部门查阅。

（三）监测数据动态分析

1. 样本农户社会经济效益动态分析

思南样本户2013年10户共有人口31人，其中劳动力人口16人，与2012年相比：总人口数量无变化，劳动力数减速少5人，住房面积增加15平方米，冰箱增加3台，租种面积增加1亩，富余土地出租增加1.4亩，弃耕面积增加3.5亩，耕作面积减少8.28亩，生产经营性收入锐减，其他经营性收入增加，家庭支出减少，生活消费支出略有增加。

2. 样本村社会经济效益动态分析

思南县退耕还林工程效益监测村是大河坝乡鹅溪村，根据村级调查表显示，2013年与2012年比较，农村劳动力人口受教育程度略有提高，从事第二、三产业人员增加，贫困户继续减少，参加农村医疗合作及养老保险人数增加，人均收入增加。

（四）退耕还林工程对生态、经济和社会的影响

全县坡耕地造林8.35万亩，涉及39050户，退耕还林工程的实施对退耕户的生产、生活及农村产业结构调整都产生了深远的影响，工程区生态状况得到了改善。

① 退耕还林补助对农民收入的贡献相对稳定；

② 退耕还林的实施促进农村剩余劳动力转移；

③ 增加农村林业产值增长幅度；

④ 农业结构调整明显；

⑤ 部分退耕地产出效益明显，增加农民收入；

⑥ 退耕还林增加全县林地面积，森林覆盖率增加；

⑦ 工程区水土流失面积减少，石漠化得到有效控制。

（五）原因分析及建议

① 全县还有大量的陡坡耕地，水土流失比较严重，等待退耕还林政策进行退耕还林。

② 退耕还林后续政策，思南县目前后续管护跟不上，相当一部分退耕农户仍将退耕还林是国家而不是自己的事业，所以应制定相应的政策使退耕还林农户像珍爱自己的农作物一样珍爱自己退耕地上的林木。同时，提高退耕还林后续管护资金的投入已势在必行。

③ 加快农村能源建设，建设好薪炭林，实施好节柴改灶，就是解决农村的吃饭烧柴问题。

实施科技兴林的配套基础建设，搞好退耕还林投产前的林地、林产品开发，是退耕还林以短养长工，提高退耕农户的经济收益。

（主要执笔人：贵州省思南县林业局　吴畏）

退耕还林工程调查报告——云南省会泽县

会泽县位于长江上游，金沙江中段，地处云南省东北部乌蒙山主峰地带。东连宣威市和贵州威宁县，南接沾益县及昆明市的寻甸县，西与昆明市东川区接壤，北与昭通市鲁甸县、巧家县毗邻。全县辖21个乡（镇）376个村委会（居委会），总人口102.07万人，其中农业人口89.86万人，农村低收入人口为10.4万人，是典型的贫困山区农业大县。全县国土总面积5884平方千米，山区占95.7%。境内最高海拔4017.3米，最低海拔695米。国土面积中，林业用地521.5万亩，占总面积的59.1%。

雨碌乡位于县城东南部70千米，东经103°28′02″~103°42′02″、北纬26°15′48″~26°28′06″，总面积241.66平方千米，海拔1580~3062米，辖13个村181个村民小组254个自然村。居住着10823户，总人口41263人，有汉、回、彝、壮、白、苗、傣7个民族。耕地面积5396公顷，其中大于25度的坡耕地3197公顷。

（一）工程进展情况

会泽从2000年启动退耕还林以来，共完成坡耕地还林共8.5万亩，荒山还林（草）23.8万亩，涉及23个乡（镇、街道办）32003户。

2008～2012年共完成巩固退耕还林成果项目基本口粮田建设13046亩；建沼气池606口、节能灶643眼；太阳能100个，生态移民3283人；后续产业种植核桃13800亩，种植花椒3000亩；建设饲料地36966亩、棚厩90122平方米、青储窖30809立方米，开展技术技能培训2940人；补植补造49124亩。

（二）存在的问题

1．资金不足

一是管护资金不足。退耕还林虽然实施了，但要巩固好成果还是一项大工程。退耕还林涉及户数多和地块分散的特点，各家不可能专人管护（主要是没有产出），严重影响工程成果的巩固。二是工作经费不足。退耕还林工程除了上级下拨的种苗费外，就再也没有其他费用，退耕还林工程从规划设计、丈量土地、指导种植、验收、政策兑现等工作量很大，都要抽好多人参加，都需要相应的开支；而会泽县是国家级贫困县，配套资金很难到位。

2．退耕地没产出

会泽县完成的坡耕地还林8.5万亩，全部为生态林，立地条件好的地块，胸径只有8厘米大，抚育间伐出来的林木只能作烧柴，不能出售变现。全县的退耕还林只能发挥生态效益。

3．样本户外出的越来越多，给调查带来困难

2003年开始调查时10户没有一户全家外出的，2013年20户调查户中有4户全家外出。有的家只留下老人和小孩在家，在调查时很难找到人或了解到具体情况。

（三）建议

1．安排点儿工作经费

缺少工作经费是退耕还林运行的一大问题，虽然要求地方配套，但是国家级贫困县是无力的。建议上级每年配给一定的工作经费，如规定由省财政配套配给2元/亩等。

2．调查监测村同等条件的农户与退耕户

退耕还林的生态效益明显得到改变，是直观的，看得见的；但经济效益是宏观的，看不见的。建议在监测村调查同等条件的农户与退耕户进行对比，这样可以更直观地反应退耕还林政策对退耕户的影响。

3．巩固退耕还林工程尽量安排在有退耕还林项目的村、组，特别应放上第二期补助要满的地区

2013年项目涉及7464户，其中涉及1973户退耕户。人工造林2500亩涉及553户，其中涉及退耕户120户617亩。2000亩基本口粮田建设涉及950户，其中涉及退耕户195户600亩。538人生态移民涉及农户138户，其中涉及退耕农户71户286人。

4．增加退耕还林补助

随着物价不断上涨，原定的补助标准根本买不到同量的粮食，补助缩水50%；退耕地又没有产出，这不利于巩固退耕还林成果。建议国家根据物价上涨的幅度和地区差异每2年调整一次补助标准。

（主要执笔人：贵州省会泽县林业局　朱继红）

退耕还林工程调查报告——陕西省彬县

彬县地处华北陆台的鄂尔多斯地台南缘，地貌以梁、峁、沟、川为主，属陇东黄土高原塬梁丘陵沟壑区，在东经107° 49′～108° 22′，北纬34° 51′～35° 17′之间，位于陕西省西北部，与甘肃省正宁县接壤，全县有林地面积为41433公顷，森林覆盖率达到38.49%，是全国造林绿化百佳县、全国营造林工作先进单位、全国退耕还林先进县、全国绿化模范县，是古“丝绸之路”上的重要“驿站”，也是陕西省生态环境建设的重要区域。

全县辖13个镇247个村委会，总面积1185平方千米，总人口36.5万人。2013年全县实现生产总值（GDP）165.43亿元，其中：第一产业16.04亿元，第二产业129.26亿元，第三产业20.13亿元；人均生产总值为50726元，人均纯收入达到9058元。

自1999年以来，全县共完成退耕还林（草）298810亩，涉及全县13个镇211个行政村36291个农户。按地类分：退耕地造林种草108687亩（其中：造林102678亩，种草6009亩）；荒山造林种草171123亩（其中：造林168200亩，种草2923亩）；封山育林19000亩。按林种分：经济林30972.7亩；生态林242905.3亩（含种草8932亩）；截至目前，所有林木长势良好，生态效益明显增加，经济效益逐步得到显露，广大老百姓十分满意。

随着该工程全面实施，带给彬县农村翻天覆地变化，一是从土地中解放大量劳动力，投入到劳务输出当中，人为损害林地林木的案件明显减少，县域森林资源得到了有效保护。二是专业从事林业产业的农户逐渐增多，组织形成了林业专业合作社。三是私营木材加工业发展迅速，彬县多为粗加工、作坊式的经营模式。四是林下经济产业发展成为农民增收的新的途径。五是林农的林业法律知识水平明显增强。但林业工作中也出现了新的问题，有待于进一步探索、解决。

一是劳动力不足，农户对林业的投入明显减少。目前，农村大量的劳务外出务工，对林业的直接劳务投入明显不足，部分45～60岁的农民依旧从事林业生产工作；一些企业、合作组织以林地进行抵押，进一步获取国家融资；林业生产大户为了获取木材，得到更多的经济利益，抓住农民文化、政策水平低，且急切“好利”的心里，以低廉的价格，进行林地流转工作，开展林业生产，但对林地无长远的利用、投资和建设计划。

二是部分农民“等、靠、要”思想和小农经济思想依旧十分严重。随着国家多项惠民政策出台，多数农民积极利用政策，发家致富。但是仍有部分因循守旧且年龄偏大的农户，利用国家政策解决基本生活后，安于现状，不思进取，逐渐形成了等国家照顾、靠国家扶持、要国家补偿的思想，认为这样做也是合法合理。对林业生产而言，投资期长、生产环境差、首次投资量大，但投资回收慢，为此，他更不愿意积极投身到生产活动当中。

三是退耕还林政策补贴标准低，调动群众积极参与林业生产工作力度不够。我县退耕还林涉及3.86万户，户均退耕地3亩，按现在的补贴标准算，户均得到补贴480元（完善政策标准下为270元），按每户3.5口人算，人均137.1元左右，占人均年收入的1.5%。

为此，建议在今后的退耕还林工程建设中应着重抓好以下几个方面的工作。

一是出台新的补偿标准和新政策，积极调动群众参与林业生产工作的积极性。建议新的一轮退耕还林政策补贴标准西北地区拟确定为350元/亩，相当于每亩285斤原粮（小麦），50元管护费用，其中管护费30元由农户个人使用，20元由基层林业部门统一用于林木管护工作。补贴年限应设为8年，不再划分经济林和生态林的补偿标准和年限，每亩保存率达到85%以上为合格。同时，可按照中央财政造林补贴试点项目的操作流程进行新一轮退耕还林工作。

二是推进林业体制改革步伐，真正做到“谁栽植、谁受益、谁管护”。各级林业部门要进一步深化林权制度改革，明晰产权，夯实管护责任，积极引导群众参与林业生产工作，进一步落实“谁栽植、谁受益、谁管护”的要求，真正改变“责任由林业人承担，实惠由群众得”的现象。

三是进一步加强林业知识培训，提高林业职工服务林农水平。国家要列出专项资金，各省或市县要制定年度培训计划，分批分次组织专业技术培训和林政执法培训，培训对象以林业在职职工为主体，改变目前在开展某项工作之前，突击培训的做法。进一步增强林业职工专业能力，提高服务群众本领。

四是加强退耕还林后续产业建设力度，巩固建设成果。退耕还林后续产业建设项目涉及林业、水利、农业、发改、财政等部门，其内容涵盖了农村新能源利用、基本口粮田建设、杂果林建设、农民技术培训等方面。建议在抓好建园的同时，适当开展森林抚育补贴试点建设，特别是经济林也可应列入抚育范围，抚育间隔期可暂定为3年一次；生态林5年一次，有利于退耕还林成果的巩固和保护。

自1999年以来，彬县抢抓退耕还林工程实施的机遇，精心规划，周密部署，取得了显著的生态效益、经济效益和社会效益。从根本上改善了县域生态环境，培育后续产业，全县林种、树种结构得到合理调整，森林资源面积不断扩大，有林地面积达到68.43万亩，活立木蓄积量1055660.0立方米，森林覆盖率为38.49%；全县沟坡地30.75万亩，35%的地块列入退耕还林工程之中，累计建设干杂果面积20.3万亩，为全县群众开辟了新的经济增长渠道。彬县先后荣获了“全国退耕还林先进县、全国造林绿化百佳县、全国绿化模范县、国家三北局三北防护林工程优秀单位”等称号。

近期，为了掌握群众对彬县退耕还林补贴政策执行情况的意见，了解群众对未来该项政策是否继续延续等问题的建议，我们先后赴义门镇、北极镇、底店镇，深入农户开展访谈，并和镇、村干部、林业局管理人员进行了座谈，结果如下：

（一）关于退耕还林补贴政策执行情况

群众一致认为，彬县能够按照国家有关政策，及时将补贴兑付到农户手中，标准统一，执行到位。

（二）关于是否继续延续补贴政策

1．退耕经济林农户

不延续。原因是：国家原本政策规定，经济林10年，生态林16年。加之彬县栽植好的苗木多为经济树种，且长势良好，只要群众自己加强管理，就有挂果和收益。目前存在的问题是，我们生产的果品市场价格低，几年后会出现果品滞销现象。

2．退耕生态林农户

可以延续。原因是：国家给补贴，就可以增加收入，也可以增加农户对林业的投入。

3．村干部和林业管理人员

不延续。原因是：由于退耕还林工程实施，大量农村劳动力得到解放，20～40岁的劳力外出务工，农村剩余劳力严重不足，林地管理已成为难题；且林业产出周期长，经济效益不突出，群众对林业投入资金不足，管理积极性不高，甚至任由林木自然生长。而长期依靠国家扶持，并不是解决问题的主要途径；加之，目前国家对林业投入只要倾斜在造林工作方面，可能还要持续很长时间，对管护工作投入不足，基层开展成果巩固，强化资源管理工作落实不到位或无法落实。同时，继续延续补贴政策，会滋长群众的惰性心里，“不劳而获”会成为理所应当（主要是年龄在45岁以上的劳动力，也正是目前留在农村从事生产的人）。

（三）建议

① 退耕还林补贴政策不再延续。

② 适当提高林业职能部门的管护经费投入，进一步巩固已建成的资源成果。加强后续产业建设力度，引导群众自力更生，积极参与后续产业建设工作。

③ 加强退耕还林工程抚育管理，将其列入各县每年的森林抚育补贴试点项目中，特别是经济林也可应列入抚育范围，抚育间隔期可暂定为3年一次；生态林5年一次。

（主要执笔人：陕西省彬县林业局　魏长安）

退耕还林工程调查报告——甘肃省泾川县

泾川县是国家林业局经济发展研究中心确定的国家林业重点工程社会经济效益监测——100个退耕还林工程监测县之一，从2002年开始，泾川县已连续进行了12年的退耕还林工程县、村和农户社会经济效益相关项目的监测及数据调查，为国家退耕还林政策的研究和退耕还林补助资金的政策延续提供了可靠翔实的数据，为政策制定提供依据。现就泾川县退耕还林工程社会经济效益监测调查分析如下。

（一）样本县退耕还林工程实施情况

泾川县是全国退耕还林工程试点县，从1999年开始实施，全县共完成退耕还林工程60.74万亩，其中退耕地造林28.69万亩，配套三荒地造林30.75万亩，退耕封山育林1.3万亩。至目前，全县累计得到国家退耕还林各项政策补助45051.95万元，其中粮款补助42014.95万元，种苗补助3037万元，第一轮退耕补助已全部兑现结束，第二轮延长期兑现已全面开始，延长期补助期满面积35461.8亩，主要为草和经济林工程。工程涉及全县14个乡（镇）1个开发区212个行政村60100个农户，全县农民户均退耕面积3.7亩，累计户均享受国家钱粮及种苗补助5872元。

（二）退耕还林工程社会经济效益监测调查内容

泾川县退耕还林工程社会经济效益监测对象为三个层次：一是全县社会经济效益状况和退耕还林工程实施后每年全县社会经济发展的变化情况；二是定点调查村——飞云乡坡头村退耕还林后每年的社会经济发展变化情况；三是定点调查户——飞云乡坡头村袁德贵等10个退耕户年度生产、生活及经济收入支出变化情况以及退耕群众对退耕还林政策执行情况的意见建议。总体涉及资源、人口、经济、生态、营林、退耕成果巩固、政策兑现等149项指标489个调查内容，并且新增了村级调查问卷和退耕户地块调查表。为确保调查数据的准确可靠性，调查村选在退耕实施年度最早、退耕面积较大的飞云乡坡头村，为了确保调查户具有代表性，退耕户选取了经济状况较好的3户、经济状况一般的4户、经济状况较差的3户。经过12年的调查，基本上能够准确代表和反映全县退耕村与农户的社会经济及生产生活状况，达到国家监测的预期目的。

（三）调查数据的来源

1．农户调查数据采取重点调查的方法现场直接获取原始数据

对定点户逐项目、逐指标进行统计调查，为确保所取得调查数据的真实性、准确性、可靠性，我们与调查户常以谈心、拉家常、交朋友等方式深入农户，给调查户进行果树实用技术科技培训、赠送科技书籍、修剪工具、生产物资等，使调查者融入被调查者的心目中，让调查者准确真实的、无所忌讳提供所需要的各类数据。

2．县、村调查数据采取统计报表搜集数据的方法获取次级数据

对县级数据通过公开出版的统计数据资料，统计部门和政府单位、各级组织、管理机构、科研机构搜集整理。从村级调查数据通过尚未公开发表的统计数据，年度报表数据、专业调查咨询机构调查的结果数据中搜集整理。为确保调查数据的完整性、全面性、科学性，我们经常与县统计、财政、发改、国土、人社、农牧、水利、水保、气象等部门衔接，特别是与统计工作人员进行合作，实行数据资源共享，得到他们的理解、支持和配合，恰当地运用一些宏观调查的间接数据。

3．对获取的调查数据进行整理

调查数据的整理在调查工作中起承上启下的作用，既是调查工作的继续，又是调查分析的基础和前提，它是实现从个别单位标志向说明总体数量特征指标过渡，是人们对社会经济现象从感性认识上升为理性认识的过渡阶段，是进一步进行统计分析的必要前提。为了对所取得的各类数据进行甄别、验证，科学分析，我们再次进行抽样调查，判断分析、归纳推理，并与数据提供单位和相关人员进行探讨、确认、筛送，了解并正确理解数据中变量的含义、计算口径、计算方法，以防止误用、错用他人的数据。确保数据的科学合理性。同时也克服了受“有意识地选出10个代表性”的限制，克服了易受人们主观认识上的影响，避免出现片面性。

（四）调查分析

经监测调查分析，退耕还林工程的实施，生态、经济、社会效益日见显现，对全县各项事业的发展起到了巨大的推动和促进作用。

1．退耕政策深入民心，林业基础地位更加牢固

加快生态林业建设是泾川长期坚持的发展道路，退耕还林工程的实施，为泾川的生态林业建设增添了更大的机遇和活力，这项富民工程深入民心，群众对退耕工

程的实施拍手叫好，实施的积极性非常高涨。县上确立了“生态立县、果畜富县”的基本县策，把林果产业确定为全县重点支柱产业。林业成为泾川响亮全国的一张名片，果品成为泾川走向全国的通行证，泾川以林果业而闻名全国，林果业建设也成为全县人民今天和今后持之以恒的发展之路。

2．以粮换生态的目标实现，林业发展空间更加拓宽

一是退耕还林工程的实施，全县林业用地面积从原来的92万亩增加到122万亩，30万亩的耕地变成了林地，并颁发了林权证，林业用地得到了进一步的巩固，林业的发展空间进一步扩大。二是林下种植、林下养殖、林种改优将逐步实施，全县已建立30个示范点，林业的发展之路逐渐拓宽。三是林权证抵押担保贷款，激活了生态林业不动资产，全县利用林权证抵押担保贷款600多万元，群众投资林业的信心更加充足。

3．退耕成果十分显著，森林储备量直线上升

退耕还林工程的实施，全县净增有林地面积60多万亩，森林覆盖率提高2.2%，活立木蓄积量增加19.6万立方米，林业变成全县的一项重大财富和产业。

4．政策兑现补助到位，经济贡献殷实可观

全县累计得到退耕还林政策补助资金45051.95万元，全县户均累计收入5872元，人均累计收入1274元。补助期限之长、补助金额之大是泾川县历史上没有过的项目，通过对全县100多户农民调查，对退耕还林项目的满意率达到100%，群众真真实实得到了实惠，农民从心底叫好退耕还林项目。

5．产业结构得到优化，生产力进一步解放

退耕还林项目的实施，让更多的劳动力得到解放，并且免除了深山耕作不便的劳役之苦，从第一产业转入第二、第三产业。全县有7.8万人外出务工，从调查情况看，退耕农户50%的家庭中就有一个外出务工人员，80%的家庭转向了经济收入高的果品产业，产业结构得到了进一步调整。

6．森林作用充分体现，生态环境趋近良好

全县2467个沟壑梁卯披上绿装，小气候更加明显，平均最高气温相对缩小2℃，平均高低气温相对缩小0.6℃，年平均相对湿润度增加0.8%，扬沙天气全年减少3次，水土流失治理率提高2.4%。从未有的白鹤、灰鹤、野鸭等野生动物大量出现，刺槐花源利用起步良好，每年有100多家养蜂者来泾川县林区放蜂，年产蜂蜜200多吨。国家AAAA级田家沟小流域治理景区和官山林场生态建设青少年教育基地景区旅游渐渐兴起，年旅游人数达到8600多人次。

（五）存在的问题

1．退耕地还生态林的工程经济效益未能充分发挥

泾川县退耕地还生态林的工程90%以上为刺槐林，10年生以上的树已全面郁闭，每亩平均300株，20%的树木胸径达到了10厘米以上，已到间伐抚育期，但目前没有相应的分类利用管理政策和办法，产出仅仅只是薪材，致使退耕地还生态林的工程产出效益低，经济效益不能及时充分合理利用。

2．退耕还林政策补助兑现头绪多任务重

目前涉及的退耕还林工程兑现年度多、农户多，一是各年度兑现前的工程核查验收任务大，涉及面广；二是兑现程序各类表、册的填报审核工作头绪多、数量大；三是配套资金不到位，工作经费不足。

3．退耕地还经济林的工程管理措施相对薄弱

退耕还经济林的工程多数地处边远山地，自然条件和地理位置都不及塬地好，管理不便。多数群众为了眼前利益，外出务工，投入管理不足，把经济林当成生态林管理，有的农户把精力和投入全部用在了产出比较高的塬地果园管理上，致使退耕地还经济林的工程管理不精细，投入不充足，多数工程不如生态林工程。

4．森林防火、有害生物防治工作任务大，难度大，资金不足

退耕还林工程多为一家一户管护和联户管护相结合，护林防火工作是集体管理和农户管护相结合，目前精壮的农村劳动力非常少，虽然村组统一配齐了护林防火管理人员，可一旦发生火灾，快速反应的专业人员和相应有效的护林专业组织不足，而且没有相应的经费投入支撑，对退耕还林工程护林防火工作造成了很大的难度和隐患。

泾川县退耕还林绝大部分为刺槐纯林，林分抗性差，容易发生病虫害，尤其是近年来刺槐叶瘿蚊等病虫害危害严重。

5．还需进行退耕的陡坡耕地空间充足

通过踏查，全县还有10多万亩25℃以上的陡坡地，这部分耕地粮食产量低，群众种粮的积极性不高，务作程度低，属一年种一次收一回的粮田，退耕后不影响群众的粮食安全，群众要求退耕的愿望迫切。

（六）几点建议

① 及早出台退耕还林工程分类区划经营的管理办法，为后续的管理工作打好基础。属生态脆弱区划入生态公益林，加大生态效益补偿；属水土流失安全区应逐步开始进行间伐抚育，充分发挥经济效益。

② 加大退耕还经济林工程的提质增效项目管理支撑。在退耕还林成果巩固中，专项投资退耕还经济林工程的管理改造、提质增效经费，让这部分经济林真正成为退耕还林后续产业的基础。

③ 按退耕面积相应的配套一定量工作经费。工作经费短缺是退耕管理部门的一大难题，核查验收、政策兑现、护林防火、病虫防治等工作地方无力进行资金配套，应按退耕面积的大小相应的配套一定量工作经费，确保工作的顺利开展。

④ 退耕后续产业建设应以林业建设和林产品开发为中心，加大在林业建设方面的投资比例，特别是加大现有荒山荒沟的综合利用和开发，加大对林业企业的投资力度。

⑤ 每年有计划的下达一定量的退耕地还林任务。退耕还林工程实施，群众不仅得到了实惠，而且积累了丰富的造林经验，群众退耕的积极性空前高涨，下达一定量的任务量，群众将会比以前做得更好，并且能够建成一大批综合治理的退耕还林工程，更有利于退耕还林成果的巩固。

（主要执笔人：泾川县林业局　郭保才）

退耕还林工程调查报告——甘肃省定西市安定区

（一）基本情况

1．自然环境

安定区位于甘肃省中部，定西市北部，地处祖厉河支流的关川河上游，东北与会宁县接壤，南与陇西、通渭、渭源三县相连，西南与临洮县毗邻，西北和榆中县连接。位于北纬35°17′54″～36°02′40″、东经104°12′48″～105°01′06″之间。是定西市委市政府所在地，全市政治、经济、文化中心，古“丝绸之路”要塞。陇海铁路、巉柳、平定、天定高速、312、310国道穿境而过，距省会兰州仅100千米，因而被称为“兰州门户、甘肃咽喉”。粮食作物有玉米、马铃薯、小麦、豌豆、扁豆、糜谷等，经济作物有胡麻、蔬菜等，药材有柴胡、党参等。畜牧业主要以猪、羊及大家畜为主，鸡次之。马铃薯、豆类、亚麻在国内外享有盛誉。

安定区属黄土梁峁沟壑区，山大沟深，干旱多灾，海拔在1750～2580米之间，城区海拔1898米。山脉多为南北走向，地势由东南向西北倾斜。年平均降水量在400毫米，而蒸发量高达1536毫米，降雨量一般集中在七、八、九月，占年降水量的50%以上。年平均气温为6.3℃。冬春季多西北风，夏秋季多东南风，风力一般为2～5级，最大为8级，是典型的大陆性气候。

2．社经状况

全区辖12镇7乡2个街道办事处，总人口45.4万人12.2万户。总流域面积3638.71平方千米，其中农业人口36.22万，现有耕地面积171.76万亩。全区于1998年年底整体基本解决温饱。2003年撤县设区。2013年，全区生产总值完成54.6亿元，全社会固定资产投资完成111.8亿元，大口径财政收入完成6.31亿元，增长22.3%。社会消费品零售总额完成27.7亿元，城镇居民人均可支配收入达15976.4元，农民人均纯收入达4107.4元。

（二）工程进展和政策执行情况

1．退耕还林工程实施情况

安定区退耕还林工作从2000年开始，截至2013年年底，完成总面积101.18万亩，其中退耕地造林48.73万亩，配套荒山造林49.85万亩，封山育林2.60万亩。历年来退耕还林涉及全区19个乡镇289个村2049个社56536户24.82万人，占全区农业人口的66.5%，人均退耕1.3亩。按年度分：

2000年完成退耕还林工程4.5万亩，其中退耕地造林4万亩，荒山造林0.5万亩，自查核实面积4.5万亩，面积核实率100%，株数保存率86.1%。

2001年完成退耕还林工程2.7万亩，其中退耕地造林1.8万亩，荒山造林0.9万亩，自查核实面积2.7万亩，面积核实率100%，株数保存率86.4%。

2002年完成退耕还林工程18万亩，其中退耕地造林8.5万亩，荒山造林9.5万亩，自查核实面积18万亩，面积核实率100%，株数保存率86.9%。

2003年完成退耕还林工程36万亩，其中退耕地造林20万亩，荒山造林16万亩，自查核实面积36万亩，面积核实率100%，株数保存率88.7%。

2004年完成退耕还林工程16.5万亩，其中退耕地造林2万亩，荒山造林14.5万亩，自查核实面积16.5万亩，面积核实率100%，株数保存率87.4%。

2005年完成退耕还林工程14.83万亩，其中退耕地造林11.83万亩，荒山造林3万亩，自查核实面积14.83万亩，面积核实率100%，株数保存率87.8%。

2006年完成退耕还林工程2.1万亩，其中退耕地造林0.6万亩，荒山造林1.5万亩，自查核实面积2.1万亩，面积核实率100%，株数保存率88.5%。

2007年完成退耕还林工程2万亩，全部为荒山造林。自查核实面积2万亩，面积核实率100%，株数保存率85.1%。

2008年完成退耕还林工程1.2万亩，其中冰冻雨雪及地震灾害损失面积造林0.7万亩，封山育林0.5万亩。自查核实面积1.2万亩，面积核实率100%，株数保存率85.6%，封山育林灌草覆盖率52%。

2009年完成退耕还林工程0.7万亩，其中荒山造林0.4万亩，封山育林0.3万亩。自查核实面积0.7万亩，面积核实率100%，株数保存率85.2%，封山育林灌草覆盖率44%。

2010年完成退耕还林工程0.7万亩，其中荒山造林0.2万亩，封山育林0.5万亩，自查核实面积0.7万亩，面积核实率100%，株树保存率85.1%，封山育林灌草覆盖率42%。

2011年完成退耕还林工程配套荒山造林建设任务0.3万亩，布局在西巩、青岚2个乡镇。经自查验收，核实面积0.3万亩，面积核实率100%，造林成活率85.0%，全部为生态林。

2012年完成退耕还林工程配套荒山造林建设任务0.15万亩，布局在凤翔、西巩、鲁家沟3个乡镇。经自查验收，核实面积0.15万亩，面积核实率100%，造林成活率85.7%，全部为生态林。

2013年退耕还林工程配套荒山造林建设任务0.5万亩，其中荒山造林0.2万亩，封山育林0.3万亩，布局在凤翔、内官2个镇。

安定区退耕还林工程全部为生态林，主要树种有侧柏、山杏、山毛桃、刺槐、臭椿、云杉、沙棘、红柳、柠条等，草种有陇中紫花苜蓿和阿尔金冈。目前工程区内树木生长和保存情况较好，初步体现了植被恢复、保持水土的良好效能。安定区根据国家林业局发出的有关开展退耕还林工程效益监测的通知，围绕水源涵养、固土防蚀、生产力与生物量、林地有机质贮量与土壤肥力等多项指标，在多年监测的基础上，2013年继续对安定区巉口镇赵家铺村、杏园乡郑川村20位退耕农户的社会、经济效益做了全面、细致的调查。通过社会、经济效益的监测、调查，不但对安定区退耕还林工程建设情况做了全面的了解和评估，也为今后退耕还林工程实施后所恢复的植被生态服务价值及其贡献作出了初步评估，而更重要的是能为全省乃至全国调控退耕还林政策提供科学有效的理论依据，对全面科学的评价退耕还林工程建设成效、生态状况变化及经济社会发展具有十分重要的意义。

2. 退耕还林政策兑现情况

2013年已兑现粮款补助资金达到4427.7万元，其中享受原有补助资金96万元；享受延长期补助资金4331.7万元。

（三）监测结果

① 2013年，全区实现地区生产总值54.6亿元，按不变价格计算，同比增长12.7%，三次产业结构比为22.6：27.7：49.7，经济结构进一步优化。农林牧渔业实现增加值9.86亿元，按可比价格计算，比2012年增长6.5%；完成固定资产投资111.8亿元，增长30.3%；全年社会消费品零售总额达到27.7亿元，同比增长14.4%。实现增加值2.24亿元，增长16.2%；城镇居民人均可支配收入14286.31元，比2012年增加1984.31元，同比增长16.13%；农民人均纯收入3632元，比2012年增加531.29元，同比增长17.1%；农村低保由去年的1096元/年提高到1488元/年，为19259户62800人农村低保对象发放低保金6361.52万元。

② 巩固退耕还林成果得到全面地完成，从2008年开始，五年完成巩固退耕还林成果口粮田建设14.685万亩（新建），建成沼气池7258口、太阳灶11950个、电磁炉0.4万个，就业技能培训13335人次，退耕地补植补造8.1955万亩，种植马铃薯5.0242万亩，建成日光温室、储藏窖、贮藏库等0.54万个。养殖家禽0.5万只、家畜55.42万头，棚圈建设面积6.85万平方米，养殖小区170处，青贮窖（池）14.86万立方米，铡草机135台，养殖专业村80个，完成林产品基地4.6万亩。

（四）调查农户影响分析

1. 监测农户基本情况

（1）人均纯收入

2013年，杏园乡郑川村农民人均纯收入4141元，比2012年增长了46%，超过全区农民人均纯收入；巉口镇赵家铺村农民人均纯收入3600元，比2012年增长了9%。

（2）生活消费

2013年，杏园乡郑川村调查农户人均生活消费支出20547元，比2012年翻一番；巉口镇赵家铺村调查农户人均生活消费22942元，比2012年基本翻一番。

（3）生产投入

2013年，杏园乡郑川村调查农户多年来以种植马铃薯为主，并根据剩余土地需求适当配置油料、玉米、小麦等，生产性支出主要用于购买种子、化肥、农药等，投入相对稳定；巉口镇赵家铺村调查农户由于国家征占用土地，使调查农户耕地面积减少，生产性支出人均相对减少。

（4）退耕补助政策仍保持比较优势

2013年在两村20户退耕农户的调查中，粮食补助享受原有补助的面积62.5亩，享受延长期补助的面积269.1亩，享受原有补助的资金是1万元，享受延长期补助的资金是2.42万元，杏园乡郑川村的调查农户全部进入了后8年的粮款兑现中，仍在享受延长期90元/亩补助。

（5）补植补造任务仍很艰巨

由于受特定干旱的气候条件及有害生物的影响，安定区退耕还林补植补造的工作量比较大，并且大量农户已进入8年后的粮款兑现中，但退耕地仍没有产出或产出极少，这种情况表明，安定区植被恢复难，收入少，需要国家加大投入力度。

2. 调查农户生计影响

（1）粮食播种面积，产量、收入相对稳定

杏园乡郑川村调查农户以种植马铃薯为主，根据剩余土地需求适当种植油料、玉米、小麦等，播种面积、产量稳定，价格变动不大，收入相对稳定性。

（2）外出务工人数有所变动，收入普遍增加

2013年，杏园乡郑川村调查农户出省务工人数和出县务工人数474人，比2012年增加了一倍以上；巉口镇赵家铺村调查农户出省务工人数和出县务工人数165人，比去年减少了二成，原因主要是就近打工或自办企业、工厂的人员相对增加，但由于物价等诸多因素的影响，外出务工人员的工资增加。

（3）调查农户家庭人均纯收入提高

农户监测结果表明，2013年，杏园乡郑川村人均纯收入4141元，比2012年提高46%；巉口镇赵家铺村人均纯收入3600元，比2011年提高9%。

（4）农户家庭总支出

2013年调查农户家庭生活消费人均支出逐步增长，比2012年有所增长，主要原因用于教育、医疗、生活食品、邮电、交通等支出加大，即人民生活水平的大幅提高。

(5) 后续产业发展初见成效

监测结果表明，经过十年的建设，退耕还林农户初步形成了替代生计来源，主要从两个方面发展和拓展了替代生计：一是在家庭经营内部，二是农户家庭经营以外的收入来源得到加强，包括非农产业和转移支付。

（五）监测结果分析

调查表明，退耕还林工程的实施，退耕农户的经济效益有了很大程度的提高，仅与项目实施前相比，各典型村经济收入都大幅度增加，这充分证明了退耕还林工程是一项富民工程、得民心工程，具有很大的现实意义和长远的经济价值。出现上述情况的主要原因：一是耕地面积减少，闲散劳动力外出务工，收入增加，尤其是杏园乡多年来赴疆拾花工的人数增加，收入十分可观；二是出售退耕地块中生产的苜蓿和种子获得一部分收入，或种草养畜增加牧业收入；三是通过退耕还林工程的实施，人们的致富意识显著增强，大面积种植优质马铃薯、玉米，也是安定人民致富的又一大产业。但随着人们生活消费水平的提高和市场物价的连续上涨，农民的支出也是与日俱增，同时对卫生、教育、住房等方面的质量要求也越来越高。调查表明，人们对未来的期望值还是比较高。

（六）存在的问题及建议

1．存在的问题

通过几年来的调查、监测与分析，虽然得到了社会、经济等方面的部分数据资料，但成效不太明显，部分监测指标显示不出退耕还林前后各方面的显著变化，主要存在的问题有以下几个方面。

① 被调查农户自己反映自己的实际情况尺度不一样，市场价格波动比较大，致使调查数据不够准确。

② 被调查农户大部分已享受延长期补助，收入减少，退耕地目前没有明显产出，致使退耕农户补植补造积极性不高，管护不力。

2．建议

退耕还林效益监测工作，虽然有了一定的工作基础和经验，但为了巩固退耕还林成果，抢抓国家延长退耕还林工程补助的机遇，切实保证“退得下、稳得住、不反弹、能致富”的生态经济发展模式，我们有以下几点建议：

① 对监测人员进行技术培训、外出考察或在本省内各监测点进行考察交流。

② 被调查农户大部分已享受延长期补助，收入减少，退耕地目前没有明显产出，建议补植一些经济树种。

（主要执笔人：甘肃省定西市安定区　包小兰）

退耕还林工程调查报告——甘肃省天祝县

天祝县退耕还林工程建设起步于1999年，在县委县政府的正确领导下，经过全县广大干部职工及退耕农户的共同努力，圆满完成了工程建设各项任务。1999～2013年天祝县共完成退耕还林（草）89678.2亩，其中退耕地还林40810.2亩，退耕地还草9868亩，荒山造林20000亩，封山育林19000亩。涉及祁连、大红沟、哈溪、安远、朵什、西大滩、东大滩、打柴沟、华藏寺、石门、炭山岭、天堂、赛什斯、东坪等14个乡镇50个行政村的6985个农户31824人。

（一）退耕还林政策落实情况

自工程实施以来，累计兑现粮款和现金7899.78万元。2013年发放完善退耕还林补助金367.29万元，政策补助到位率达到100%，分别占全县农户数和农业人口的17%和18.6%。资金发放都做到足额发放，准确快捷。没有出现截留、挤占和挪用资金，拖延补贴兑付时间等现象。

（二）退耕还林样本村的情况

天祝县朵什乡2001～2003年共退耕还林草面积9478亩，退耕还林5932 亩，其中还草141亩；荒山造林3546亩。共涉及3个自然村639个农户；其中：2001年旱泉沟村退耕还林面积3060亩，还草141亩；2002年退耕还林面积411亩。截至目前钱粮补助由乡财政所足额补助到农户一折通中。

天祝县朵什乡旱泉沟村作为监测调查点，在旱泉沟村中选取10个农户作为监测户，分别是刘银山、刘明山、马德、汤兴荣、郭登学、严有瑞、胡生德、金成国、贾有珍、季成海。因为选取的农户中有两户（马德、汤兴荣）现在一直在外打工，家中所种耕地交给亲戚帮忙耕种，因此又选取了3个农户（李成建、张万珍、权金禄）进行了补充。

（三）退耕还林经济效益分析

1. 生态效益

经过十多年的工程建设，退耕还林已在天祝县取得显著的阶段成效：一是新增退耕还林（草）面积8万多亩，建设成果进一步得到巩固和提高，经上级部门多次验收，达到指标要求；二是局部地区生态环境得到明显改善，水土流失和风沙危害状况得到了一定的控制，全县的森林覆盖率由1998年的27.2%到现在的33.62%，增长了6.42个百分点。

2. 经济效益

退耕还林工程的实施：一是使退耕农户从广种薄收的田间劳动解放出来从事劳务输出，收入明显增加，加快了脱贫致富步伐；二是大力发展舍饲圈养，发展特色经济使以种植业为主的农业生产向特色经济、畜牧业以及第二、三产业发展。

3. 社会效益

通过广泛宣传和工程的实施，全民生态意识明显增强，得到社会各界对林业的关注、支持和参与，为加快林业发展和生态环境建设奠定了社会基础。退耕还林工程实施十多年来，各级党委、政府高度重视，农户积极参与退耕还林工程建设，退耕农户经济收入不断提高，保护和改善环境意识不断增强，退耕还林成果得到了有效巩固。

（四）存在的问题

1. 自然灾害严重

一是天祝属高寒山区，降水量少且分布不均，一次性造林难以保证成活率，需多次补植方可成林。退耕农户补植任务重。二是鼠害严重，无防治专项经费，对造林成活率、保存率有一定影响。

2. 林牧矛盾突出

天祝县是一个半农半牧业县，畜牧业是当地农民增收的主要途径之一，突出的林牧矛盾制约着生态工程建设的发展。

（五）今后的建议

① 多年来因过度放牧造成天祝县生态环境的逐年恶化，要从根本上制止生态环境恶化趋势，必须把退耕还林工程建设同退牧还草工程、水利设施建设、生态移民、优良畜种推广等项目建设相结合，以更好地扶持退耕还林工程建设，有效巩固退耕还林工程建设成果。

② 加大移民搬迁力度。在退耕还林区，对生存条件差、水土流失严重，退耕后无生活保障的农户，结合扶贫开发等项目，多渠道、多方式开辟新的移民搬迁地，把整迁整退与群众自愿退耕相结合，以减轻农业生产对生态工程建设的压力。

（主要执笔人：甘肃省天祝县林业局　李艳霞）

京津风沙源治理工程调查报告——河北省沽源县

为了及时、准确、全面反映京津风沙源治理工程对沽源县生态环境改善、农业结构调整及农户生产和生活的影响，真实反映工程和政策运行情况，客观评价工程对当地林业经济特别是农村经济的影响，按照随机抽样方法，在沽源县抽取30个农户，涉及3个乡镇3个村。芦草村的10个农户调查对象中，1个农户因多病迁走，目前只剩9个农户，所选9个农户家庭条件均很一般，在现代经济快速发展、人们生活水平普遍提高的形势下，芦草村的经济却一直没有发展，还停留在10年前的水平。而盐淖村、大西洼村的生活却是一年比一年好，其中大西洼村的5个样本户，都在县城买了楼房，盐淖村也有两户在县城买了楼房，子女也因此接受到更好的教育。调研中还采取走访、座谈和问卷调查等方式征询农户对京津风沙源治理工程建议和意见。现将有关情况整理报告如下：

（一）基本情况

沽源位于河北省西北部坝上地区，南临京津，北依内蒙古，是内蒙古高原向华北平原的过渡带，是滦河、黑河、白河“三河”的源头，有距北京最近、保存最为完好的亚高原湿地，有全国首批、河北首个国家级湿地公园。该县平均海拔1536米，平均气温仅为2.1℃，无霜期仅有110天，年均降水量不足400毫米，低温少雨，十年九旱。

沽源总面积3654平方千米，辖4镇10乡1个街道办233个行政村，现有耕地120万亩、林地220万亩、草地202万亩、水面6.1万亩、湿地64万亩，林草覆盖率达到67.8%。总人口22.6万，农业人口20.1万，是国家集中连片扶贫开发重点县和环首都扶贫攻坚示范区九县之一。1985年通油路，1986年通电，1997年对外开放。2013

年，全部财政收入完成2.866亿元，农民人均纯收入达到5246元。

（二）工程成效

沽源县委、县政府为了保护生态环境，给京津输送清风净水，自1998年以来，全县累计实施各类生态工程225万亩，其中京津风沙源治理44.3万亩，退耕49万亩，在生态、经济和社会等各方面取得了明显效益。

1．生物多样性显著改善

自工程实施以来，植被盖度总体呈上升态势，林草覆盖率由2002年的10.3%增加到2013年的20%；工程区乔、灌、草或灌、草结合的复合植被系统已基本形成；狐狸、獾和野鸡等动物的数量增长明显。

2．土壤侵蚀强度明显下降

至2013年年底前，全县共治理沙化土地面积168.7万亩，共减少水土流失面积40.6万亩，沙尘发生天数由2002年的18天减少到2013年的1天，全县生态环境有了显著提升。

3．农民收入持续增长

据监测显示，至2013年年底前，国家累计下拨退耕还林治理资金6.26亿元，工程区人均获得国家补助资金6140元，成为工程区农户收入的重要组成部分。2013年，30户样本农户户均家庭收入51520元，比2008年增加11555元，增长28.91%。从具体收入内容看，受国家禁牧政策影响，样本户畜牧业收入持续减少，但几年来本地蔬菜种植等设施农业发展迅猛，加上距离北京等大城市近，蔬菜销售收入和外出务工收入快速增加，农户收入连年增加。

4．生态意识明显增强

京津风沙源治理工程实施后，广大干部群众通过工作参与，逐步提高了对生态环境保护重要性的认识，由过去的“要我干”转变到现在的“我要干”，全社会办林业的局面已初步形成。

（三）存在的问题

2002年，沽源县京津风沙源治理工程启动至今已有十多个年头，实施过程中出现一些问题，在近几年表现得更为突出。

1．国家补助资金亟须提高

近年来，全国各地经济飞速发展，施工成本逐年增加，特别是劳动力成本增长特别快，本地2008年用工成本约50元/工日，2013年已经上涨到150元/工日，而且用工单位还要管饭。而国家补助资金却没有变化，造成施工资金不足，质量下降。同时，缺少后期管护和苗木补植配套资金，造成后期管护、补植不及时、不到位，影响工程质量。

2．后续产业发展跟不上

自1998年以来，特别是京津风沙源治理工程开始以来，沽源县累计退耕49万亩，农户耕种面积减少，收入水平降低；畜牧业是沽源县的传统产业，是农户主要的收入来源，2008年起实施全面禁牧，90%的散户放弃了牛羊养殖，直接影响了收入水平。与此同时，国家在后续产业发展上政策措施乏力，农户收入没有支撑，出现复垦现象。在调查的样本户中，芦草村就是个例子，国家实行退耕还林时，他们的地基本上都退了，每户只剩3亩地左右，因为地太少，打深井不具成本效益，只能靠天吃饭，而沽源县地处高原，退耕地都是生态林，退耕还林地又没有产出，现在只能靠打临工为生。

3．苗木本地化缺乏政策支持

沽源县地处坝上地区，气候条件恶劣，外地树种不宜成活，而本地苗木品种单一、生产周期长、成本高，国家在这方面也没有政策资金支持，造成本地苗木生产不旺。以樟子松为例，本地种3年的苗木才长10厘米左右，冬天还得用草帘盖起来，进一步增加成本，而从东北调过来的2年生苗木就有十几厘米高了，价格还便宜，所以人们都不愿意种，宁愿去买。

（四）几点建议

1．建立动态资金补助机制

根据社会发展情况，适当下放权限，由当地政府结合当地实际，制定动态的补助资金发放标准，并报上级政府批准实施。同时，要做好后期管护资金预算，对工程补助资金发放形式进行调整，对因地质灾害、灾害性天气、火灾等原因造成补植补造的适当给予补助。

2．大力发展后续产业

京津风沙源治理工程的巩固，着力点要放在后续产业上。国家要及时出台政策措施鼓励农户发展林下种养业，提高农民收入，杜绝复垦。

3．支持发展本地苗木

根据外地树种在本地不易成活的实际情况，国家要制定政策，从京津风沙源治理工程补助资金中拿出一定比例资金来补贴本地苗木生产，并在税收、检疫等方面给予减免。

（主要执笔人：河北省沽源县林业局　曹瑞芳）

野生动植物保护及自然保护区建设工程调查报告——黑龙江南瓮河国家级自然保护区

为客观准确地反映黑龙江南瓮河国家级自然保护区（以下简称“保护区”）实施保护区工程建设的社会经济效益，管理局针对保护区典型性、稀有性、多样性、自然性、脆弱性等特点，对保护区社会经济效益进行了全面监测。监测内容包括：基础设施建设、重点保护对象的变化、野生动植物资源状况、工程建设的综合效益、经济、社会和生态影响以及保护区自身发展状况等。监测结果显示：保护区是以保护寒温带森林、沼泽、草甸、水域湿地生态系统和珍稀濒危物种及其栖息地为保护对象的综合性自然保护区，保护区特殊的生态环境，具有很高的研究价值，吸引了大量海内外学者来此参观、考察、研究；保护区的工程建设，带动了周边社区经济的发展，提供了就业机会；工程的建设，使保护区在维持生态平衡、保持生物多样性、保护濒危物种以及涵养水源、蓄洪防旱、降解污染、调节气候、补充地下水、控制土壤侵蚀等方面均起到举足轻重的作用。保护区工程建设成效显著，生态环境明显改善，生态功能显著增强，同时也带动改善了周边的生态环境，保护区的社会经济效益监测，对保护区今后的存在、发展及潜在价值发挥等研究至关重要，为今后保护区的生态建设奠定了坚实基础。

（一）保护区基本情况

1．保护区概况

保护区位于大兴安岭林区东北部，伊勒呼里山南麓，北以伊勒呼里山脉为界，东至二根河，南与加格达奇林业局毗邻，西与松岭林业局接壤。地理坐标为北纬51° 05′ 07″ ～51° 39′ 24″ ，东经125° 07′ 55″ ～125° 50′ 05″ ，属于内陆水域湿地生态系统类型。保护区内河流纵横，湖泊遍布，拥有大小河流几十条，是嫩江的源头；保护区内容纳了大兴安岭寒温带针叶林区所有的森林植物、野生动物、森林昆虫、大型真菌。保护区内具有丰富的生态系统多样性，具有较为丰富的野生动植物资源，在世界上具有较高的代表性和稀有性，是目前我国北方面积最大，保存最完整的以寒温带森林、沼泽湿地生态系统为保护对象的自然保护区，有发育良好的池塘、沼泽、草甸、灌丛、河流、湖泊、森林生态系统，其独特的生态系统在国内的保护区中极其罕见。保护区总面积22.95万公顷，其中，核心区面积7.48万公顷，缓冲区面积6.38万公顷，实验区面积9.09万公顷，全部为国有土地。

1999年12月，南瓮河自然保护区经黑龙江省人民政府批准建立省级自然保护区。2003年6月根据国务院办公厅国办发【2003】54号《国务院办公厅关于发布河北衡水湖等29处新建国家级自然保护区的通知》文件，批准晋升为国家级自然保护区。

2．资源概况

（1）植物资源

保护区内植物资源十分丰富，有植物约1000余种，其中药用植物400余种。据调查保护区内已发现重点植物资源61科442种，被列为国家重点保护植物的有钻天柳、黄波罗、水曲柳3种，珍稀兰科植物有紫点杓兰、大花杓兰、小斑叶兰、手参、鸟巢兰、绶草6种。

（2）动物资源

保护区内分布的野生动物种类占大兴安岭野生动物种类95%以上，共有脊椎动物5纲74科311种，其中鸟类219种，国家一级保护鸟类8种，有白尾海雕、黑鹳、丹顶鹤、白鹤、白头鹤、黑嘴松鸡、金雕、中华秋沙鸭；国家二级保护鸟类40种。兽类49种，其中列为国家重点保护动物9种，有紫貂、猞猁、水獭、棕熊、貂熊、马鹿、驼鹿、原麝和雪兔。两栖爬行动物和鱼类44种。

（3）景观资源

保护区内几乎容纳了大兴安岭寒温带针叶林区所有的森林植物、野生动物、森林昆虫、大型真菌。保护区生态系统具有多样性，其中有森林生态系统、草甸生态系统、沼泽生态系统、水生生态系统、原始森林湿地生态系统等。不仅有原始森林、沼泽、草甸、湖泊、溪流、河川、冰雪等景观，而且具有典型的岛状林湿地。冻土带特有的“小老树”更是稀有的自然景观。其间，河川纵横，仿佛条条玉节环绕山间，池塘碧绿，湖泊相连，如同颗颗珍珠，撒满绿色的翠玉盘。

3．自然环境

（1）地质地貌

保护区地处大兴安岭支脉，伊勒呼里山南坡，属低山丘陵地貌，地形起伏不大，地势为北高南低，西高东低，海拔高一般为500～800米，最低海拔370米，最高海拔1044米。

（2）气候

保护区地处寒温带，为我国最寒冷地区，气候属寒温带大陆性季风气候，冬季受西伯利亚寒流的影响，晴燥少雪，冬季漫长，年平均气温-3℃，极端最低气温-48℃；相反，温暖季节甚短，极端最高气温36℃，年大于等于10℃，积温1400～1600℃，年日照时数2500小时左右，无霜期90～100天。植物生长期为110天左右，生长期较短。

（3）土壤

由于保护区内相对高差较小，土壤垂直分布不明显。棕色针叶林土为本区地带性土壤（典型棕色针叶林土、生草棕色针叶林土），此外分布土壤类型还有暗棕壤、草甸土、沼泽土（泥炭沼泽土、草甸沼泽土）、泥炭土（低位泥炭土、高位泥炭土）。

（4）水文

从本区地形地势看，呈西北高东南低的趋势，境内河流均流入嫩江。主要河流有南瓮河、南阳河、砍都河、二根河、依稀康河等。同时由于地势低平，流水不畅，常年积水和季节积水沼泽洼地以及大小泡泽较多。河流水源主要由降水、冰雪消融和地表径流补给。

4．社会经济状况

（1）人口情况

保护区施业区及周边除南瓮河国家级自然保护区管理局的管理人员外无常住人口。

（2）交通、通信

进入保护区的道路共有3条，分别为保护区至十二站、保护区至松岭、保护区至加格达奇。保护区与松岭区移动公司合作，在砍都河综合管理站设立移动通信信号塔，并已投入使用，实现了通信网络的局域性覆盖。

（二）保护区工程投资及完成情况

1．工程投资及地方配套

保护区工程实施以来，国家及地方先后为保护区投资4284.5万元，其中：国家投资3925.5万元（含湿地补助资金1200万元），地方配套359万元。

2．投资完成情况

保护区先后建设完成一、二、三期工程，完成投资分别为：保护与恢复项目1022.64万元，占30.7%；科研与宣教项目352.5万元，占10.5%；基础设施建设项目1960.76万元，占58.8%。由于保护区基础设施建设薄弱，工程资金倾向于基础设施建设，投资相对要高，工程投资使保护区各方面建设取得显著成效。

（三）工程实施取得的成效

1．保护区建设

（1）提高了保护区的执法能力

工程的实施使保护区管理局购置了大量的执法设备设施，为有效提高执法水平提供了必要的硬件基础。2006～2013年，保护区共计盗挖野生植物案件97起，偷猎野生动物案件46件，破获滥伐林木案件2起，收缴野生动物及其产品98只（头、张）、野生植物940余株，野生浆果37桶，清除非法进入保护区440多人，处理违法人员276人。通过开展各项执法检查活动，以及强有力的保护措施，保护区内乱砍、乱捕、乱猎、乱采等不法行为得到了有效的遏制，切实保护了保护区森林及野生动植物资源。

（2）加大了监测工作力度

将高致病性禽流感、疫源疫病监测工作纳入保护区重要工作日程。成立了监测防控领导小组，制定了详细的工作方案和应急预案，严格按照“勤监测、早发现、严控制”的原则，在保护区内积极开展疫源疫病监测工作，防止高致病性禽流感及疫源疫病的发生。截至2013年年底，保护区内候鸟数量增加到26870只，森林病虫害面积比2012年的333.3公顷减少到173.3公顷，减少了48%，保证了森林面积和蓄积量的稳步增长。

（3）基础设施建设取得良好效果

通过保护区工程建设的实施，保护区内大量工程均完工并投入正常使用。管护站、科研中心楼、宣教中心楼、综合管理楼、生态定位监测站、气象观测站、疫源疫病监测站、森林病虫害防治站、野生动物救助站及鸟类环志站、扑火队营舍均投入正常运行，不仅提高了保护区管理局的保护管理、科研宣教水平，对监测保护区内各种资源动态变化起到了重要作用，为今后保护区的发展及各种科研项目的开展提供了数据支持。综合所有监测数据显示，保护区内野生动植物栖息地环境明显改善，种类、数量明显增加。其中，列入国家一级保护动物的种类由8种增加到11种，国家二级保护动物种类由47种增加到48种，并新增加3个本地区鸟类新纪录。

2．社会效益

（1）科研科普教育基地

保护区得天独厚的自然地理条件、区位优势、丰富的生物多样性、典型的寒温带水域内陆湿地生态系统类型、多样的自然景观等成为寒温带森林生态系统及生物多样性重要的科普教育、教学实习基地。目前东北林业大学、哈尔滨师范大学等相关大学院校已将保护区列为教学实习、科普教育重要基地。

（2）吸引了大量专家学者来此考察和研究

保护区内原始生态类型齐全，几乎容纳了大兴安岭寒温带原始林区所有的陆生、湿生、水生生物类群的物种，这些丰富的野生生物资源，在东亚地区及世界上都具有较高代表性和稀有性。其高度丰富的物种多样性、遗传多样性和生态系统多样性在世界上也是比较稀有的。由于保护区开发较晚，是远离城镇、未受任何人为干扰和破坏、保存完好的原始森林，普遍分布着永冻层和季节性冻层，近年来由于气候变暖的影响，冻土已出现退化，一经破坏很难恢复，可见保护区内独特的冻土生态环境具有脆弱性。由于上述特点，保护区吸引了大量海内外专家学者前来进行科学考察研究工作。2000年至今，共有4960多人来保护区进行参观、考察、学习。

（3）加大宣传力度，提高了保护区的知名度

结合世界水日、世界湿地日、蓝莓节、爱鸟周等，做了大量宣传教育工作，

深入到社区学校开展宣传图片展览、广场宣传月活动、深入课堂为学生们讲生态环保，多次深入保护区内完成了保护区冬季、春、秋季、夏季专题宣传片的拍摄工作，使广大群众提高了对开展湿地保护工作重要性的认识。特别是，与共建单位松岭区小学联合开展了“保护湿地、保护生态、保护我们共有的家园”广场宣传活动，展出了湿地保护及风景画十余幅，广场大屏幕滚动播出湿地保护宣传片，开展了“百米横幅千人签名”活动，发放宣传单3000余份，引起了一定社会反响。另外，先后邀请中央电视台、省电视台、地区电视台等多家新闻单位来保护区摄制了《兴安神鹿》、《绿海明珠——南瓮河》、《走进南瓮河——了解大湿地》、《绿海明珠放异彩》等多部专题片，并在中央、省、地电视台多次播放，切实提高了保护区的知名度。

（4）促进了精神文明建设

保护区内拥有丰富的生物资源和自然人文景观资源，不但能满足人们向往、回归大自然的愿望，又是对人们进行自然保护、环境保护宣传教育和科普教育的理想场所，唤起公众的自然保护意识，进一步推动自然保护事业的发展。保护区的一草一木、一山一水及所有的保护设施，都是对公众进行环保教育的很好素材和课堂。有利于促进人们身心健康和精神文明建设，有利于激发人们热爱祖国、热爱大自然的意识。

（5）提高保护区科学研究水平

保护区先后完成了“黑龙江南瓮河国家级自然保护区2010年野外物种监测”、“黑龙江南瓮河国家级自然保护区黑鹳、东方白鹳物种野外救护与繁育”、“黑龙江南瓮河国家级自然保护区珍稀濒危物种驼鹿野外救护与繁育”等科研项目；与齐齐哈尔大学合作开展了冻土科学研究并取得了重要成果。主要研究成果有：中国高纬度森林湿地的性质与水文特征；土壤含水率测定；枯落物的持水量和吸水速率测定；降水头法测定土壤的渗透系数；采用化学实验室法测定冻土中所含元素。以及生物量和冻土有机质的特征；森林湿地的蓄水效应；冻土湿地的持水量的特点；冻土湿地冻融过程和含水量变化特征等。研究表明，保护区森林湿地存在明显的冻融过程，冻土的最大冻结深度可达160厘米，使沼泽比一般草地返青更早，而东北温带冻土40厘米厚度是一个临界值，低于此值的冻土在4月中下旬被融通，此时沼泽植物尚未萌生，植物仍未解除生理干旱，影响了沼泽发育，沼泽发育程度明显偏低。

2010年，保护区与中科院东北农业与地理研究所合作开展了东北寒区多年大气、冻土退化对沼泽湿地碳循环关键生物地球化学过程的影响（40930527）；气候变暖背景下寒带湿地土壤微生物活性变化对碳排放的影响机理(KZCX2-YW-JC301)等项目的科学研究；其中气候观测数据主要包括：空气温湿度、风速、风向、土壤温度、土壤湿度、热通量及太阳辐射。2013年共获取气候数据2万余个。水文数据包括水位、流速、水质等数据1.5万余个；2012年度又开展了温室气体（甲烷CH_4、二氧化碳CO_2、氧化亚氮N_2O）排放通量监测工作，得到了多年大片多年冻土区典型沼泽湿地温室气体排放通量的季节规律，阐明了温度、水文条件及植被特征对温室气体排放的影响规律。此几项科研项目的开展，开创了保护区冻土研究的先河，也在大兴安岭地区冻土退化研究上增添了一项新纪录。项目实施的同时也保障了基础科研工作的正常开展，2008年至今已累计布设野生动植物调查样地32块；累计完成样线调查551千米；开展了鸟类环志工作，以科学的环志手段来提高环志质量，增加和发现新的环志鸟种类，环志工作在大兴安岭地区排名第一。

3．经济效益

（1）拉动社会就业

由于编制限制，南瓮河国家级自然保护区管理局现有干部职工42人，针对管护面积大，任务重的情况，保护区管理局连续三年在保护区周边社区聘用了临时工人140人（包括扑火队员75人）协助保护区管理局进行管护、防火工作，给周边社区居民提供了就业机会。

随着野生动植物保护及自然保护区建设工程的实施，国家加大了对保护区基础设施建设项目资金的投入力度，保护区内的宣教楼、科研楼、管护外站、扑火队营舍、综合管理楼、生态定位监测站、气象观测站、疫源疫病监测站、森林病虫害防治站、动物笼舍、栈道等基础设施建设项目均由周边地区施工队伍承建，带动社会就业人员近800人，仅2009～2012年共增加其收入304.4万元。

（2）生态旅游初显效果

保护区所处的地理位置和生态环境一直受到许多专家学者的关注，保护区具有的独特旅游资源，例如寒温带的原始森林，岛状林湿地、沼泽湿地、湖泊湿地、冰湖湿地、草丛湿地、森林湿地、灌丛湿地，迂回曲折的河流，野生珍稀动植物，丘陵山体等，还有水产资源和珍稀水禽以及冰雪资源等对游人具有很强的吸引力，为南瓮河国家级自然保护区开展生态旅游创造了得天独厚的先机。2011～2013年，保护实现旅游收入4.25万元，提供就业10余人。

4．生态效益

（1）涵养水源，调水蓄洪

森林、湿地不但可以对降水进行3次再分配，还可以改善土壤结构，增加孔隙度，吸储降水。资料显示，每公顷森林年蓄水量约为1600立方米，湿地每公顷年蓄水量约为2100立方米。南瓮河保护区森林面积128205公顷，湿地面积80916公顷，年蓄水总量约3.8亿立方米，以每立方米以0.2元替代价作为蓄水效益的计算指标，保护区每年蓄水效益约为0.76亿元。

（2）固土保肥，减少径流

茂密的森林植被，大量的枯枝落叶，不仅降低了地表径流，减少了水土流失，也大大增强了土壤的肥力，起到了巨大的固土保肥的作用。同时湿地地势低洼，能接纳不同方位的来水，使泥浆泥沙得以沉淀淤积，控制土壤侵蚀。同条件下每公顷荒地土壤流失量为35.6吨，林地仅0.05吨，1吨土壤含N、P、K等营养元素相当20千克化肥。据此，每年保护区减少土壤流失约为520万吨，仅按减少土壤肥力计算，每年保土价约为2600万元。

（3）净化水质，滞留污物

由于森林土壤的自然过滤及一系列的离子交换作用，起到了水质净化的效果。湿地具有去除湿地水流中有机营养物、无机营养物、有毒污染物和悬浮物的功能。湿地中的好气、厌气过程如反硝化作用和化学沉降也可能去除水中一些化学物。湿地中较高的生物生产量导致植物营养的高摄取率，但植物死亡后，由于分解缓慢形成泥炭而长期积存下来或运出湿地，带走从水中吸收的化学物质。湿地沉积物中存在多种多样的分解者和分解过程。保护区内水源符合国家饮用水标准，可直接饮用。按净化每吨饮用水0.17元计算，保护区每年净化水质约为0.65亿元。

（4）净化空气，吸附尘埃

森林净化环境功能主要体现在消减毒气、滞尘、杀菌等方面：

① 吸收二氧化硫功能价值。空气中二氧化硫含量是大气质量检测的重要指标，其含量高低将直接影响空气质量的好坏。1公顷针叶林年吸收二氧化硫215.6千克，1公顷阔叶林（四旁树按每公顷1650株折算）年吸收二氧化硫88.65千克。保护区128197公顷有林地，每年可吸收二氧化硫6070吨，净化二氧化硫经济成本按每吨1.5万元计，此项价值约为0.91亿元。

② 滞尘功能价值。据资料可知以树木为主的绿地每公顷每年可吸附或阻挡粉尘12吨。根据《中国生物多样性国情研究报告》，每消减1吨粉尘的成本为170元，保护区森林面积为128197公顷。可吸附或阻挡粉尘153.8万吨，此项价值为26146万元。

③ 杀菌功能价值。每公顷森林杀菌功能年价值为5300元，仅以保护区128197公顷林地计算，区内森林的此项价值为67944.4万元。

④ 碳贮功能价值。据测定，森林每生长1立方米大致可吸收、固定350千克二氧化碳，同时也吸收二氧化硫、一氧化碳等有害气体，并能大量杀灭病菌、净化空气。每公顷绿地每年能从空气中吸收同化约200吨的污染物。森林和湿地主要表现在稀释、分解、吸收和固定大气中污染的有毒有害物质，再通过光合作用形成有机物质。保护区每年释放氧气净化空气的价值约为6400万元。

（5）珍稀动物的乐园，野生植物的生境

由于保护区工程的实施，保护区启动了人工恢复湿地面积工作，通过两年的工作，新增添湿地面积184公顷，进一步改良了鸟类栖息地的生态环境，使保护区成为鸟类理想的生存栖息地，吸引了大量的留鸟和候鸟来此繁衍生息。同时各种不同类型的植物也以不同形式依附在湿地之上。沼泽和水生植物十分丰富，几乎容纳大兴安岭地区所有水生植被类型。这部分价值是很难准确计算的，初步计算价值在1亿元左右。

（6）调节气候，保健疗养

森林和湿地还能调节区域小气候，对植物生长和人体健康非常有利，同时也美化环境，美化家园，适于休闲、保健疗养。参考其他保护区，保护区保健疗养价值约为600万元。

5. 综合效益

自然保护区事业是一项面向全社会、全人类的社会公益事业，是难以用直接的经济价值来衡量的。它们以全面保护自然资源和自然环境为己任，建立后的首要任务是要如何保护好其生态系统和特定的保护目标。但以长远、整体的生态经济学眼光来看，保护区所具有的巨大生态效益和社会效益实际上也就是保护区所具有的巨大的经济效益。只不过，这种效益是潜在的、间接的，不像直接的经济效益那样引人注目，所保留下来的物种资源和遗传资源是全社会、全人类的宝贵财富，其价值更是不可估量。

湿地是一种重要的自然资源，是人类赖以生存和发展的重要基础。科研调查表明，每平方米湿地可年均生产2千克左右的有机物质，仅次于热带雨林的生产力；湿地有丰富的动植物资源，是一个巨大的物种基因库；湿地能净化污水，是自然环境中自净能力很强区域之一；湿地含有大量的持水性较好的泥炭和植物，可为人类提供矿产资源和生物资源；湿地的特殊景观，可供人类发展旅游；湿地对阻止和延缓洪水，调控水流、水量，储蓄水源，调节气候，维持生态平衡等也具有重要的作用。因此，从生态经济学的角度来评价，保护区通过工程的实施，其生态效益、社会经济效益和综合效益是十分显著的。

（四）工程建设存在的问题

1. 组织机构不完善，人员配备不足

保护区管理机构为保护区建设发展发挥了重大作用，但因保护区面积大，聘用人员经费不稳定，人员配备不足使得科研和宣教功能没有得到充分发挥。

2. 工程资金投入不足，设施设备落后

经费不足一直是困扰保护区发展的主要原因之一。保护区自1999年建立以来，得到国家和各级政府主管部门的大力支持，投入大量资金作为保护区建设经费。但这些经费与保护管理的责任和任务相比仍显不足，还远远不能满足保护区建设与发展的要求。由于缺乏资金投入，导致了保护区基础设施与设备落后、人员工资待遇不高、管理技术手段原始等一系列问题。

3. 人员培训有待进一步加强

保护区目前还处于发展阶段，缺少从事保护区管理、科研和旅游等方面的人才。保护区大部分工作人员是从松岭林业局转调过来的，对自然保护方面的新技术、新理论、新方法了解的较少，保护管理、科研、旅游等专业知识积累的相对较少，难以适应保护区建设和发展的需要，专业技术水平亟待提高。

4. 资源保护和科研宣教技术手段滞后

近些年，保护区周边的森林采伐和其他的人为活动有所加剧，加之管护人员不足，致使非法狩猎、捕鱼和私自采集野生浆果、菌类的案件时有发生。但目前，保护管理和日常巡护工作中需要的远程视频监视系统还没有实施到位，保护区湿地生态系统的动态监测还没有开展，地理信息系统3S技术等先进的设备设施管理手段还没有掌握。

（五） 工程建设的建议

① 除基础设施建设外，工程投资重点应向科研、管护方面倾斜，给予资金支持，以缓解科研、管护资金的长期不足。

② 投资的规模应根据保护区的面积、重要性进行合理分配。

③ 工程实施中，保护区创收项目支持力度不够，提高保护区自养能力方面资金投入不足，应多一些扶持创收的项目，关注保护区开发旅游，支持和扶助保护区自筹、自建资金，以提高保护区的自养能力。

④ 管理体制上，建议国家级林业自然保护区应直接隶属于国家林业局领导，或统一把人员编制、事业经费纳入省级或国家林业局的财政预算，只有这样才能做到统一管理，使保护工作的经费得到稳妥的保障。

(主要执笔人：黑龙江南瓮河国家级自然保护区管理局 刘志远)

7

附 录

2014

附 表

附表7-1 天保工程样本企业基本情况
附表7-2 天保工程样本企业木材产量与公益林建设情况
附表7-3 天保工程样本企业富余职工分流安置与养老保险情况
附表7-4 天保工程样本企业后续产业发展情况
附表7-5 天保工程样本企业资金管理情况
附表7-6 天保工程样本县综合情况
附表7-7 天保工程样本县森林资源与生态状况
附表7-8 天保工程样本县工程进展情况
附表7-9 天保工程样本县工程投资情况
附表7-10 天保工程样本县林业产业发展情况
附表7-11 退耕还林工程样本县社会经济情况
附表7-12 退耕还林工程样本县生态治理与森林资源情况
附表7-13 退耕还林工程样本县工程实施情况
附表7-14 京津工程样本县（旗）综合情况
附表7-15 京津工程样本县（旗）森林资源和生态治理情况
附表7-16 京津工程样本县（旗）工程进展情况
附表7-17 京津工程样本县（旗）工程投资情况
附表7-18 保护区工程样本保护区投资情况
附表7-19 保护区工程样本保护区功能区划及土地权属情况
附表7-20 保护区工程样本保护区带动就业情况
附表7-21 保护区工程样本保护区带动社会就业人员收入情况

附表7-1 天保工程样本企业基本情况

指标名称	单位	有效样本(个)	1997	2002	2003	2004	2005	2006	2007	2008	2009	2010	2011	2012	2013
企业经营区面积	公顷	37	16005041	14351522	14351522	14368306	16063103	16201314	15718010	15364114	15353091	15614828	16287183	15466366	16134965
企业经营区总人口	人	37	2909493	2689582	2930691	2738288	3070566	3077150	2948354	2976140	2889569	2772156	2937709	3042958	3056292
林业用地面积(跨地域租用经营的林地不计入)	公顷	37	10896244	10460851	10460345	10497018	11210361	11588041	11406208	11292378	11262690	11904730	12282031	12258636	12089516
森林面积	公顷	37	8982773	8951343	9005482	9064467	9564613	9579874	9592542	9171695	9157361	8987399	9057375	9073788	9081545
其中：天然林面积	公顷	37	8227430	8062033	8066361	8128781	8599464	8600050	8652762	8250678	8252710	8069691	8154693	8170879	8187379
森林蓄积	立方米	37	1082067074	915476823	931521446	942196748	1026739711	1037114341	1041369241	1005226202	1017921379	1029962811	1053860276	1068437051	1083469316
其中：天然林蓄积	立方米	37	1042832481	878921575	890858491	900298105	981026258	988089025	989288816	954367061	961862046	975164126	995073416	1002027048	1015597628
在册职工人数	人	37	358205	263510	260791	253772	238752	232208	197862	182368	163569	164917	159767	164427	163428
在岗职工人数	人	37	266304	155502	147323	145390	137393	130461	128887	122370	111364	116189	115502	117384	113534
离退休职工人数	人	37	84392	96137	96292	97296	80303	73218	14712	12774	12154	140960	151594	142289	133393
在岗职工人均年工资	元	37	3866	5784	6202	6661	6836	7334	8967	10581	13028	14575	*24879	*22037	24452

注：① 由于版面有限，1998～2001年各项指标数据省略，如需要请参阅以前各年度报告，下同。

② 表中*代表往年报告中附表数据有误，本年度已更正。下同。

附表7-2 天保工程样本企业木材产量与公益林建设情况

指标名称	单位	有效样本(个)	1997	2002	2003	2004	2005	2006	2007	2008	2009	2010	2011	2012	2013
本年实际木材产量	立方米	37	7147501	3322578	3201099	3255609	3106966	3111560	3027029	3140686	3113969	3325671	1794478	1332651	1148832
责任落实的管护面积	公顷	37	2206044	9855289	10738229	10677468	11281936	11301006	11374060	11446354	11476324	11872736	12125619	12068433	12176177
落实管护人员数量	人	37	4583	50135	49287	45240	48205	46265	45879	43860	44701	43019	37424	32775	30165
当年实际人工造林面积	公顷	37	11972	32948	26428	26691	22756	10311	17168	22512	37086	22242	8397	7269	5019

附表7-3 天保工程样本企业富余职工分流安置与养老保险情况

指标名称	单位	有效样本（个）	1997	2002	2003	2004	2005	2006	2007	2008	2009	2010	2011	2012	2013
本年一次性安置职工人数	人	37	634	24196	9413	7253	8815	20450	28070	15160	2830	703			
年末在岗人员参加基本养老保险统筹的人数	人	37	236383	150659	137393	130089	135174	133386	125865	119422	107921	111309	142498	111311	109017
年末下岗待安置人员参加保险人数	人	37	42578	50183	54019	46038	33004	30798	26133	22416	16775	12874	136823	14892	3861
年末离开本单位仍保留劳动关系职工参加保险人数	人	37	7719	10149	13398	15061	23463	21973	34716	27285	12124	12918	8137	13862	16900
年末按时足额享受基本养老金的离退休人数	人	37	91927	107247	104663	107972	119623	120398	127710	123809	139088	148521	151500	147629	158391

附表7-4 天保工程样本企业后续产业发展情况

指标名称	单位	有效样本（个）	1997	2002	2003	2004	2005	2006	2007	2008	2009	2010	2011	2012	2013
企业总产值	万元	37	592504	586574	650296	712216	730642	791995	887143	998934	1140019	*1359007	1590328	1850450	2047868
其中：第一产业	万元	37	112318	163915	276333	344638	376425	424429	512365	553098	551074	670965	713602	786259	890108
第二产业	万元	37	410024	325169	247520	215317	195063	196912	207090	267362	349588	432571	570577	679872	701409
第三产业	万元	37	70162	97490	126443	152260	159154	170654	167688	178473	239358	255472	306149	384320	456351
企业增加值	万元	37	248523	176979	209850	238718	284615	333201	352677	389648	477070	616382	728166	811857	824229
企业负债	万元	37	1132235	1151244	1148082	1169951	701700	620432	681419	535014	582041	620421	626773	987779	890845
企业上缴利税	万元	37	63609	59503	54146	95277	32319	41162	41717	40982	40587	116732	30991	46203	42330
锯材产量	立方米	37	257014	172372	211057	203520	157018	193935	207196	210301	244270	241141	276098	274320	251929
人造板产量	立方米	37	132292	198486	195480	207873	169964	170698	224342	241403	288965	212320	252852	192755	206448

附表7-5 天保工程样本企业资金管理情况

指标名称	单位	有效样本（个）	1998	2002	2003	2004	2005	2006	2007	2008	2009	2010	2011	2012	2013
计划到位资金	万元	37	78078	172729	126330	106700	103850	108653	129175	194021	158488	143848	418308	562045	410086
当年实际到位资金	万元	37	53738	150238	113613	99589	96658	98757	126407	189968	155634	139839	432515	538328	403228
资金支出合计	万元	37	53031	177028	121690	109150	113548	108247	135035	188385	162440	165996	388294	552484	466532
其中：基本建设支出	万元	37	24763	18808	14495	9874	13723	10643	8756	14824	16326	32836	69140	202965	85803
其中：人工造林支出	万元	37	9775	12462	8826	7286	6241	3485	5883	9781	7067	6177	6227	5571	3332
封山育林支出	万元	37	4387	2383	4062	1550	2235	3853	2313	4343	4208	3743	3752	1728	1811
财政专项支出	万元	37	27065	158214	107188	98950	95300	96111	125309	171427	145389	138208	308623	348518	380134
其他用途支出	万元	37	1203	7	7	325	525	1493	969	2134	725	775	10530	1001	596

附表7-6 天保工程样本县综合情况

指标名称	单位	1997	2002	2003	2004	2005	2006	2007	2008	2009	2010	2011	2012	2013
行政区土地面积	万公顷	1734.39	1734.54	1722.00	1723.79	1724.71	1732.30	1732.40	1732.50	1732.40	1728.57	1891.25	2150.06	2146.29
工程区土地面积	万公顷	1536.06	1536.21	1523.67	1523.87	1522.82	1528.32	1528.20	1652.40	1628.30	1624.46	1744.62	2003.41	2000.65
年末总人口	万人	1575.92	1591.04	1579.28	1591.95	1599.69	1611.52	1632.70	1647.00	1650.00	1660.14	1974.21	1988.80	1989.57
其中：工程区总人口	万人	1427.87	1445.27	1434.15	1445.75	1454.35	1475.47	1492.80	1582.00	1579.40	1577.15	1833.42	1908.38	1852.30
贫困人口数	万人	395.85	318.25	285.38	251.80	249.52	244.12	182.70	175.00	186.60	183.08	479.57	434.64	355.83
地区生产总值	亿元	366.67	542.60	600.73	711.77	841.78	999.94	1236.79	1510.98	1674.74	1996.77	3262.61	3889.02	4387.05
地方财政收入	亿元	19.46	25.13	28.98	34.22	43.70	55.68	85.84	113.84	134.15	203.86	364.26	489.18	769.40
地方财政支出	亿元	36.98	80.58	88.33	106.80	137.11	180.29	235.56	321.45	375.26	551.89	863.72	1051.97	1592.52
农林牧渔总产值	亿元	215.66	254.66	282.52	328.94	350.35	360.30	398.51	501.04	531.85	614.15	906.26	1069.47	1176.38

注：① 2012年监测范围有变化，祁连山国家级自然保护区的监测范围由原来的4个保护站扩大到了整个保护区。

② 天保工程二期启动后监测样本增加了6个，2011年开始监测样本数为50个，2010年及以前年份监测样本数为44个；有4个监测样本跨县级行政区，故产值和财政数据不包括这4个样本。下同。

附表7-7 天保工程样本县森林资源与生态状况

指标名称	单位	1997	2002	2003	2004	2005	2006	2007	2008	2009	2010	2011	2012	2013
林业用地面积	万公顷	930.67	938.12	934.95	938.75	943.56	974.10	991.30	1017.10	1019.40	1020.56	1118.01	1284.54	1297.42
天保工程区有林地面积	万公顷	518.95	544.29	540.18	531.21	541.95	577.80	582.64	587.71	591.19	594.73	672.74	755.86	757.91
其中：天然林面积	万公顷	418.58	426.87	420.53	419.73	426.80	445.58	456.71	461.85	462.84	462.95	511.70	590.97	590.46
人工林面积	万公顷	100.37	117.41	119.65	111.48	115.15	132.22	125.93	125.86	128.35	131.78	161.04	164.89	167.45
天保工程区森林蓄积量	万立方米	42745.90	40741.45	40992.62	43958.64	45511.79	46232.00	48412.80	48722.20	48929.60	48962.55	55421.61	63946.69	65478.18
森林覆盖率	%	31.65	33.27	33.39	33.62	34.20	34.50	34.70	35.00	35.20	35.54	36.66	37.73	37.88
水土流失面积	万公顷	713.77	651.42	632.61	605.75	569.72	557.66	548.80	546.00	529.90	527.19	592.95	449.79	430.13

附表7-8 天保工程样本县工程进展情况

指标名称	单位	1997	1998	2002	2003	2004	2005	2006	2007	2008	2009	2010	2011	2012	2013
计划管护面积	万公顷		195.64	609.03	609.36	608.72	604.23	659.90	668.30	681.60	681.60	695.56	735.35	879.72	887.35
实际管护面积	万公顷		172.80	632.53	620.08	619.93	2.00	692.50	715.40	777.00	782.20	755.95	870.00	900.24	904.61
实际人工造林面积	万公顷		3.56	6.86	2.57	3.98	1.18	1.70	0.80	2.30	1.60	3.07	1.78	1.95	2.42
实际飞播造林面积	万公顷		0.39	4.10	2.68	2.88	1.71	0.70	0.40	0.60	0.30	0.27	0.33	0.27	0.27
本年封山育林面积	万公顷		6.13	5.60	5.95	6.08	6.51	9.10	3.70	6.20	5.70	5.14	2.83	2.73	3.23
年初富余人员数	人	4697	8922	10534	9437	9268	7785	5716	4542	3101	3431	3218	2375	1959	—
年末富余人员分流人数	人		4858	8781	7765	7787	5332	4748	3627	3417	3106	3071	2565	3583	—
年末参加基本养老保险社会统筹人数	人	5338	6380	14577	14596	15253	15042	14845	12345	12155	12987	13188	14919	15169	11568

附表7-9 天保工程样本县工程投资情况

指标名称	单位	1998	2002	2003	2004	2005	2006	2007	2008	2009	2010	2011	2012	2013
计划到位资金	万元	9128.60	35546.32	33815.28	30928.30	41941.52	27697.00	31042.80	32765.50	32880.40	29626.26	77798.84	80559.06	124957.67
实际到位资金	万元	7160.10	35475.06	32654.35	26518.86	39641.72	25257.20	29038.40	30784.50	30761.20	28282.93	81270.51	85955.43	124407.37
实际完成投资	万元	5415.50	32261.07	32066.73	25479.25	37680.72	23784.60	28420.60	35733.50	34472.40	27461.53	59831.83	96335.05	136021.19
其中：基本建设资金支出	万元	5292.90	10087.69	13713.62	10104.25	16549.02	5538.80	6248.00	10186.10	9390.40	6545.11	12002.31	20392.24	—
其中：封山育林	万元	1032.60	2852.31	4283.98	3583.38	3708.22	3315.50	3698.40	4635.30	4691.10	3507.60	2429.78	2489.57	3131.27
飞播造林	万元	0.00	1957.80	1689.10	1347.93	879.20	295.00	128.10	53.50	69.70	0.00	681.13	180.00	259.00
人工造林	万元	2806.30	4284.28	5826.54	3000.00	8927.10	1172.00	2062.30	3835.10	3195.60	2443.08	5385.00	12719.50	11373.50
森林抚育												3378.40	2685.17	9195.51
生态补偿	万元													54050.45
其他用途	万元	1423.00	166.00	928.50	1515.45	2171.00	453.00	252.60	1595.40	1273.00	331.61	128.00	2318.00	—
其中：财政专项资金支出	万元	122.60	22173.39	18353.11	15375.00	18083.70	18245.80	22172.60	25547.50	25082.00	20916.42	47829.52	75942.81	—
其中：森林管护费	万元	122.60	13565.15	14141.90	11891.71	12879.39	12292.63	15078.40	15048.10	14943.50	15728.66	37821.44	47049.28	47367.67
基本养老保险费补助	万元	0.00	2266.17	2327.21	1884.50	1757.07	1902.17	2391.70	2312.90	2146.10	2097.00	4795.34	6535.02	5909.95
政社性支出补助	万元	0.00	1241.44	1485.50	1206.69	1253.16	1617.12	1442.90	1333.00	1320.40	1333.99	1361.31	3182.17	1352.62
森林抚育人员补助												2064.36	3562.76	7465.36
下岗职工生活保障费	万元	0.00	601.57	33.30	2.40	5.04	11.00	14.20	15.90	9.60	9.20	0.00	0.00	—
其他用途	万元	0.00	338.10	290.90	156.50	4926.34	2415.90	1787.70	5308.10	5309.90	487.90	1787.07	15613.58	537.50

附表7-10 天保工程样本县林业产业发展情况

指标名称	单位	1997	2002	2003	2004	2005	2006	2007	2008	2009	2010	2011	2012	2013
林业产业总产值	万元	227522.16	322943.71	472933.00	502691.70	561610.70	698037.40	741094.50	1130380.40	1210067.10	1500771.50	2621912.00	3722279.80	4734033.90
其中：第一产业	万元	204873.75	273627.70	407591.50	399992.40	400477.00	478832.70	520687.50	702374.50	772059.60	898788.00	1767307.00	2383890.00	2873853.10
第二产业	万元	18886.08	14680.30	14512.50	29196.80	53858.50	102721.50	118534.10	201662.90	247003.50	298906.50	520322.00	688535.80	929215.10
第三产业	万元	3762.33	34635.71	50829.00	73502.50	107275.20	116483.20	101872.90	226343.00	191004.00	303077.00	334283.00	649854.00	930965.70
其中：森林旅游与服务业	万元	2247.03	16928.71	15785.60	24910.00	78289.00	91362.00	801761.20	165629.00	139743.50	211574.00	259118.00	432595.00	565804.80

注：因为2013年指标删减变动，表中部分指标已无法填数据。二期已不再统计富余人员，所以人数和分流情况无法填报。资金完成情况不再分基本建设资金和财政专项资金，只按使用方向统计。二期无下岗职工生活保障费安排。建议从今年开始，这些无法填报的指标直接从表中删除， 可适当增加其他指标。“生态补偿”是建议新加的指标。

附表7-11 退耕还林工程样本县社会经济情况

指标名称	单位	有效样本(个)	1998	2002	2003	2004	2005	2006	2007	2008	2009	2010	2011	2012	2013
行政区土地面积	平方千米	100	421725.85	421423.05	421018.85	421094.85	420918.95	420712.42	420705.76	419880.00	419384.45	419292.26	418960.10	416801.74	416661.97
耕地总面积	万公顷	100	539.69	510.96	483.73	482.39	477.23	478.24	489.81	496.36	515.03	524.66	530.95	534.18	544.74
其中：25度以上陡坡耕地	万公顷	100	106.61	87.33	71.28	67.48	62.43	63.47	64.89	57.84	54.42				
乡镇数	个	100	2377.00	2227.00	2190.00	2139.00	2041.00	1948.00	1923	1911.00	1911.00				
年底总人口	万人	100	4317.64	4401.21	4415.26	4438.95	4428.95	4459.20	4490.33	4516.00	4521.08	4572.03	4611.48	4621.74	4641.48
其中：乡村总人口	万人	100	3707.98	3723.03	3696.57	3710.15	3693.17	3709.36	3707.35	3690.00	3691.64	3703.20	3691.89	3738.51	3706.15
年末乡村从业人数	万人	100	1935.81	2031.74	2042.16	2096.03	2071.57	2019.44	2038.92	2048.00	2007.26	2099.92	2136.44	2106.90	2142.62
外出务工人数	万人	100	305.71	478.97	560.24	612.01	641.82	763.10	697.14	769.00	786.74	891.01	942.97	914.19	921.47
国内生产总值	亿元	100	1334.42	1756.68	2013.42	2402.53	2910.95	3426.05	4032.91	5027.01	5816.83	6881.37	8419.56	9652.96	9998.58
地方财政收入	亿元	100	63.20	80.50	91.38	114.09	149.11	170.70	243.37	311.86	364.28	483.48	607.81	744.24	864.19
农林牧渔业总产值	亿元	100	721.33	810.20	895.23	1069.42	1161.72	1266.77	1554.09	1797.82	1919.68	2150.81	2501.10	2842.05	2600.38
其中：农业总产值	亿元	100	433.84	446.48	473.01	566.25	594.32	640.78	750.28	891.81	960.76	1128.22	1297.71	1490.76	1603.49
林业总产值	亿元	100	38.10	48.56	61.82	66.32	68.88	76.11	97.97	98.79	126.87	121.62	152.82	189.98	243.47
畜牧业总产值	亿元	100	234.46	296.36	339.52	413.30	463.48	465.03	639.49	728.81	745.94	797.39	922.75	1031.03	1072.42
渔业总产值	亿元	100	14.92	18.80	20.88	23.56	35.04	32.09	36.65	42.11	46.2	50.71	56.22	65.27	77.02
农作物总播种面积	万公顷	100	647.28	619.84	604.49	628.42	637.99	656.10	700.92	1060.64	737.88	750.88	788.42	728.65	768.02
其中：粮食播种面积	万公顷	100	483.96	432.90	410.90	436.17	450.18	458.26	537.13	555.18	501.3	544.78	560.05	541.74	530.74
粮食总产量	万吨	100	1912.32	1707.53	1659.28	1920.79	1932.81	1940.71	2061.73	2106.19	2132.27	2293.35	2270.79	1722.07	2370.25
农村居民人均纯收入	元	100	1540.96	1812.11	1933.59	2204.32	2470.91	2667.97	3165.41	3670.00	4095.00	4774.00	5728.00	6194.00	7492.05
县贫困人口数	万人	100	831.13	713.05	640.33	596.69	536.05	519.02	508.63	570.20					

附表7-12　退耕还林工程样本县生态治理与森林资源情况

指标名称	单位	有效样本(个)	1998	2002	2003	2004	2005	2006	2007	2008	2009	2010	2011	2012	2013
水土流失面积	平方千米	100	1730.99	1532.17	1486.60	1449.15	1422.98	1391.51	1418.75	1817.61	1817.61	1220.50		1281.80	1276.93
其中：水土流失治理面积	万公顷	100	123.31	113.83	104.43	95.47	72.78	74.30	166.71	216.22	216.22	225.39		191.06	223.41
沙化土地面积	万公顷	100	260.93	250.26	241.86	232.07	231.48	196.36	190.29	204.29	204.29	203.33		100.19	118.12
沙化土地治理面积	万公顷	100	8.42	10.48	16.17	15.81	14.01	17.71	18.25	17.46	17.46	19.88		19.11	22.43
林业用地面积	万公顷	100	1506.04	1606.53	1642.34	1674.77	1719.32	1742.99	1824.76	1781.09	1829.98	1800.97	1749.87	1330.69	1571.22
有林地面积	万公顷	100	860.86	923.43	950.25	973.52	1000.36	1022.45	1025.13	1054.40	1078.65	1064.96	1014.18	1029.30	1054.55
其中：当年成林面积	万公顷	100	6.38	10.73	15.15	21.92	32.13	35.77	33.85	29.14					
其中：退耕地造林成林面积	万公顷	100	0.00	5.52	7.60	13.07	13.40	14.65	11.1	9.94					
配套荒山荒地造林成林面积	万公顷	100	0.00	1.56	3.39	8.78	13.70	14.49	9.9	10.15					
森林蓄积量	万立方米	100	47339.19	51048.92	51570.57	53138.09	55462.90	58741.77	60994.8	60773.00	60773.00	64605.67	63449.961	63660.17	65123.44
森林覆盖率	%	100	20.41	21.91	22.57	23.12	23.77	24.30	24.37	25.11	25.72	25.40	24.21	24.70	25.31

附表7-13　退耕还林工程样本县工程实施情况

指标名称	单位	有效样本(个)	1999	2002	2003	2004	2005	2006	2007	2008	2009	2010	2011	2012	2013
退耕地还林面积	万公顷	100	6.39	22.78	31.01	10.33	11.54	11.75	0.24	0.00	0.00	0.00	0.00	4.30	0.00
配套荒山荒地造林面积	万公顷	100	1.28	26.08	28.90	24.65	13.04	13.83	8.04	5.85	3.64	3.19	2.55	2.29	2.23
封山育林面积	万公顷	100							0.49	2.42	2.42	2.45	1.8	1.88	1.39
退耕还草面积	万公顷	100	1.13	0.53	0.25	0.17	0.10	0.10	0.00	0.00	0.00	0.00	0.00		
补植补造面积	万公顷	100	0.11	6.54	18.81	19.28	22.74	18.23	28.16	20.45	25.40	0.50		7.04	6.43
当年享受钱粮补助的退耕还林面积	万公顷	100	8.39	59.93	94.66	101.48	112.04	111.31	119.26	116.74	117.47	106.65	105.13	88.14	101.89
当年退耕还林投资额	亿元	100	2.54	20.22	31.34	31.92	35.11	39.00	25.81	27.41	26.75	20.39			38.01
本年度退耕地还林钱粮补助到期的面积	万公顷	100	0.00	0.75	0.76	3.72	3.98	4.77	4.92						
工程实施以来累计已领取退耕地林权证的土地面积	万公顷	100	1.91	25.54	77.36	75.71	105.07	117.64	117.64	117.64	117.64	113.67			
工程实施以来退耕工程累计生态移民数量	人	100	216	11636	26366	53296	67232	133855	143752	157511	142034				13.56

附表7-14　京津工程样本县（旗）综合情况

指标名称	单位	有效样本(个)	2000	2001	2002	2003	2004	2005	2006	2007	2008	2009	2010	2011	2012	2013
土地总面积	公顷	21	12204599.00	12204599.00	12204599.00	12204599.00	12204599.00	12204599.00	12204599.00	12204599.00	12204599.00	12190409.00	12115109.00	12113916.00	12055089.00	12115823.00
年末总人口	万人	21	585.99	588.58	590.21	591.47	593.91	593.42	592.11	598.60	603.76	603.92	606.01	609.26	609.99	613.29
其中：乡村总人口	万人	21	503.72	501.35	503.05	484.49	477.38	480.29	480.83	451.93	452.26	479.25	487.09	482.81	469.37	441.01
年末乡村从业人员数	万人	21	240.65	237.10	237.46	245.60	247.61	254.99	255.32	257.64	255.72	263.37	260.09	261.21	264.33	252.26
年末实有耕地面积	公顷	21	1550878.00	1486877.00	1416290.64	1292626.10	1278069.70	1227930.20	1237947.90	1383412.60	1386801.20	1495613.00	1505176.39	1489704.44	1486617.02	1490795.28
牧草地面积	公顷	21	6038625.70	6117850.20	6179528.20	6170761.50	6170761.50	6152484.30	6237971.00	6247292.10	6260550.80	6117850.20	6179528.20	6170761.50	6170761.50	5923501.40
地区生产总值	万元	21	1865043.00	1952955.00	2190965.00	2606016.00	3416665.00	3907008.00	10578417.10	6709710.00	8757608.00	9824228.00	11501728.00	13575856.00	16030475.00	17010068.14
农林牧渔总产值	万元	21	954015.40	1015205.30	1167974.90	1282513.40	1586444.40	1886387.40	2231296.50	2530463.40	2988595.70	3262546.10	3562866.90	4252113.31	4355396.00	5192688.97
农作物总播种面积	公顷	21	1411603.00	1287854.00	1282993.00	1191312.00	1085002.10	1174807.20	1179012.00	1266207.00	2491194.00	1292862.00	1316846.10	1341180.00	1366033.73	1337555.40
其中：粮食播种面积	公顷	21	1083444.00	900627.00	924565.70	879878.00	883806.60	871248.30	890383.00	946550.70	1678523.00	1020222.70	1016136.10	1098913.70	1087366.73	1074386.38
粮食总产量	吨	21	1393855.00	1483219.00	2133404.50	2299249.00	2633575.00	2372831.00	2483626.00	2111730.00	2888978.00	2298552.50	2884859.18	3009121.80	3647858.54	4778433.33
年末大小牲畜存栏数	头	21	8912579	8656080	8541674	9552240	10644861	9354119	10679849	10461252	11805164	18031864	10806414	16550393	14900242	15017264
农村低收入人口数	人	21	1387411	1371328	1332183	1208322	1107745	1382890	848117	751990	705568	683053	782984	657375	745196	672378

注：监测组重新核实了样本县（旗）牧草地面积，并对2000～2012年数据做了调整；两个样本县（旗）调整并重新填报了2000年地区生产总值数据。

附表7-15　京津工程样本县（旗）森林资源和生态治理情况

指标名称	单位	有效样本(个)	2000	2001	2002	2003	2004	2005	2006	2007	2008	2009	2010	2011	2012	2013
林业用地	公顷	21	4064671.80	4652953.90	4786759.40	4986456.60	5071813.20	5195195.50	5137013.20	5217881.20	5240931.20	5542038.50	5522670.00	5511288.70	5588872.18	5364109.07
有林地	公顷	21	1616968.10	1643010.40	1753193.40	1820875.70	1870596.10	2265605.40	1860129.50	1990891.60	2074334.10	2124743.00	2360150.57	2371231.50	2374987.10	2398254.11
沙化土地治理	公顷	21	63356.10	91594.80	185976.00	181432.20	143672.20	279597.70	121687.00	79363.90	134000.70	110253.70	94843.80	132473.30	118361.40	678604.10
水土流失治理	公顷	21	67310.00	63379.60	88209.90	92690.40	116116.50	89501.60	70575.00	58287.82	69779.50	53813.00	30856.30	28720.00	24760.40	24106.86
小流域治理	公顷	21	38949.00	41057.30	63813.00	54368.10	47501.30	30633.70	35901.50	18113.30	27700.30	27170.30	44139.70	27499.50	10433.00	6577.00
森林蓄积量	万立方米	21	5300.55	5527.37	5610.11	5769.36	5895.54	7003.56	7144.59	7299.68	7628.27	7978.97	8316.18	8391.32	7917.44	7917.60
森林覆盖率	%	21	19.96	20.26	20.93	21.50	22.04	22.87	23.79	24.40	26.38	27.05	32.09	32.09	32.09	32.09

注：4个样本县（旗）根据资源清查结果对2009～2011年林业用地数据做了调整，3个样本县（旗）对2011年森林蓄积量数据做了调整。

附表7-16　京津工程样本县（旗）工程进展情况

指标名称	单位	有效样本（个）	2000	2001	2002	2003	2004	2005	2006	2007	2008	2009	2010	2011	2012	2013
退耕还林	公顷	21	24627.00	46597.60	154590.10	251769.20	140990.40	149194.40	45062.30	41731.00	45330.60	3800.90	4666.70	1066.70	1266.30	1999.60
其中：退耕地造林	公顷	21	12667.00	11006.60	91102.90	123334.50	75483.00	93504.10	24219.30	17597.00	13330.00	0.00	0.00	0.00	0.00	0.00
配套荒山荒地荒沙造林	公顷	21	11960.00	35591.00	63487.20	128434.70	65507.40	55690.30	20843.00	20243.00	13665.30	3800.90	4666.70	1066.70	1266.30	1000.00
封山(沙)育林	公顷	21	0.00	0.00	0.00	0.00	0.00	0.00	0.00	3891.00	18335.30	0.00	0.00	0.00	1333.70	999.60
草地治理	公顷	21	99943.20	205285.80	894059.90	2666677.70	2542856.90	1879940.00	2006297.60	303484.00	225839.70	70383.80	87208.70	27886.70	58678.00	629966.90
其中：人工种草	公顷	21	31220.30	33122.80	25556.80	33373.60	30200.40	16743.60	45833.90	26085.60	22766.70	10026.30	14068.30	3320.00	22899.00	37666.60
围栏封育	公顷	21	33667.00	49467.00	45666.60	81648.60	59536.90	124980.90	91534.60	50867.40	59932.00	53134.90	65546.70	18466.40	22333.00	32799.30
禁牧	公顷	21	21522.00	43409.00	706423.90	2422276.30	2305783.00	1702283.30	1811332.30	214666.70	134666.70	0.00	0.00	0.00	0.00	546733.00
飞播牧草	公顷	21	3667.00	2000.30	6034.00	11332.70	4000.30	8866.30	17400.70	4067.00	4067.00	666.60	0.00	0.00	12333.00	6333.00
基本草场建设	公顷	21	9333.70	74493.30	107500.30	115726.30	138777.00	25266.60	39171.10	7295.30	3427.70	6262.30	6700.40	5700.00	500.00	5400.00
草种基地	公顷	21	533.20	2793.40	2878.30	2320.20	4559.30	1799.30	1025.00	502.00	979.60	293.70	893.30	400.30	613.00	1035.00
水源工程	处	21	1936.00	1944.00	1746.00	3875.00	3199.00	3579.00	2805.00	2221.00	3589.00	2413.00	3282.00	1817.00	3154.00	2855.00
节水灌溉	处	21	179.00	361.00	884.00	1828.00	1925.00	3625.00	1924.00	1579.00	3164.00	1989.00	6624.00	1467.00	2069.00	3100.00
小流域综合治理	公顷	21	17800.00	73643.30	48967.00	44869.40	37408.60	31066.90	36957.60	21309.03	29722.00	31733.00	56489.70	27100.00	10433.00	8627.00
生态移民	人	21	0	0	5115	7530	9671	9912	8866	5136	2553	424	0	300	1252	0

附表7-17　京津工程样本县（旗）工程投资情况

指标名称	单位	有效样本（个）	2000	2001	2002	2003	2004	2005	2006	2007	2008	2009	2010	2011	2012	2013
计划投资	万元	21	20088.56	39148.85	84909.92	124146.71	127719.20	123323.10	81651.64	84861.32	91126.67	60044.21	77311.60	76906.60	131441.62	73309.89
实际完成投资	万元	21	16116.92	32407.60	76331.57	112786.14	112253.92	121250.50	88735.94	84531.32	87930.87	60258.01	77311.60	76890.43	134932.78	76904.59
其中：营造林	万元	21	7318.98	10004.30	15558.60	15697.20	14366.20	14273.80	14114.11	12526.66	14572.12	20206.00	22613.30	39525.43	76348.46	35473.75
退耕还林	万元	21	3790.82	10101.30	37568.75	69828.44	71347.52	80001.90	43967.10	53784.42	51012.32	22071.85	32899.92	20297.58	10599.32	17973.84
草地治理	万元	21	3290.52	6911.10	11472.92	12062.00	13093.20	10196.90	12162.20	7820.00	10094.20	8197.30	9497.00	7189.00	10903.00	13504.00
水利设施	万元	21	1716.60	5390.90	9153.80	11015.50	8147.50	11844.90	12805.21	7812.87	10975.73	9556.86	12301.38	9728.42	36576.00	9953.00
生态移民	万元	21	0.00	0.00	2577.50	4183.00	5299.50	4933.00	5687.32	2587.37	1276.50	226.00	0.00	150.00	506.00	0.00
群众投工投劳(折资)	万元	21	9897.82	12352.78	107944.80	32167.70	14001.40	9152.88	10661.59	9498.19	11544.05	11836.08	12066.73	17750.37	10560.30	8741.30

注：① 一个样本县（旗）调整了2011年计划投资数据。

② 由于存在样本县本身基本情况因行政区划调整而变化，以及数据核准公布时间不同步，使得各县的一些监测指标数据与县统计分布数据不一致。本次核实后的数据与以前的数据虽然存在一些差异，但并不影响以前历年的监测结论，仅仅是为了与各县公布的有关统计数据保持一致。在此特作说明。

附表7-18 保护区工程样本保护区投资情况

指标名称	单位	有效样本（个）	2001	2002	2003	2004	2005	2006	2007	2008	2009	2010	2011	2012	2013
计划到位资金	万元	40	9873.48	11510.00	12157.50	2528.75	6809.00	14189.90	13143.74	19531.67	28940.63	21892.10	13734.65	12925.06	11472.10
其中：中央投入	万元	40	7915.78	8235.40	7743.20	1894.70	5941.80	11033.60	9175.00	15422.33	27352.05	17772.10	10404.15	11444.46	8754.75
地方配套	万元	40	1957.70	3274.60	4414.30	634.05	867.20	3156.30	3968.74	4109.34	1588.58	4120.00	3330.50	1480.60	2717.35
其中：保护与恢复项目	万元	40	1441.80	3694.00	1931.50	1022.24	2124.60	5317.29	2929.88	8414.16	22335.91	7796.20	6355.99	4838.30	3535.82
科研与宣教项目	万元	40	1500.58	1756.30	2642.30	559.90	1436.70	1469.00	2798.00	3346.44	2478.04	1681.90	1495.90	1583.20	905.80
基础设施建设项目	万元	40	5610.80	4808.80	6579.30	670.40	2895.80	4768.20	5242.96	4856.40	1955.43	11187.40	4135.66	3503.06	5835.26
其他	万元	40	1320.30	1250.90	1004.40	276.21	351.90	1481.41	1045.90	2357.57	2171.25	1226.60	1747.10	3000.50	1195.22
实际到位资金	万元	40	6579.78	9213.40	10552.40	3979.79	8670.55	9368.20	10513.10	14433.30	28038	20380.10	10482.95	13514.36	11484.38
其中：中央投入	万元	40	6349.78	7615.00	8055.40	3531.90	6933.80	8213.20	8384.00	12706.83	27154.30	17833.10	8219.45	12244.46	8828.64
地方配套	万元	40	230.00	1598.40	2497.00	447.89	1736.75	1155.00	2129.10	1726.47	883.70	2547.00	2263.50	1269.90	2655.74
实际完成投资	万元	40	5608.83	6937.62	9076.15	3978.09	6031.26	11304.44	8819.88	10540.47	24629.91	17213.93	8474.62	9546.70	10011.20
其中：中央投入	万元	40	5368.83	5531.22	6595.15	3114.80	4938.51	9031.21	6549.98	9208.40	23348.71	14425.23	6211.12	8393.52	7467.65
地方配套	万元	40	240.00	1406.40	2481.00	863.29	1092.75	2273.23	2269.90	1332.07	1281.20	2788.70	2263.50	1153.18	2543.55
其中：保护与恢复项目	万元	40	255.57	1758.34	1267.95	1039.30	2066.70	4219.52	2479.84	4955.14	19081.66	5112.22	4132.45	3646.80	3566.28
科研与宣教项目	万元	40	767.10	699.93	2437.51	884.34	529.38	1433.42	842.20	704.90	1851.72	1467.79	843.30	1101.57	723.80
基础设施建设项目	万元	40	3979.16	3872.58	4035.52	1498.94	3010.25	4674.19	4492.26	3323.87	1776.31	9996.35	2180.87	2234.69	3960.84
其他	万元	40	607.00	606.77	1335.17	555.51	424.93	977.31	1005.58	1556.57	1920.22	637.57	1318.00	2563.64	1760.28

注：① 2006年、2007年、2008年计划到位资金中分别有1154万元、1127万元、685万元在项目批复文件未具体分类。

② 2008年计划到位资金中有127.9万元是保护区自筹资金。

附表7-19　保护区工程样本保护区功能区划及土地权属情况

指标名称	单位	有效样本（个）	2001	2002	2003	2004	2005	2006	2007	2008	2009	2010	2011	2012	2013
保护区总面积	万公顷	40	443.00	444.41	450.17	449.48	449.55	450.65	439.37	439.45	439.45	435.47	435.47	435.47	435.07
核心区面积	万公顷	40	148.08	146.40	145.84	146.37	144.45	146.08	149.03	149.03	151.02	150.31	150.31	150.07	150.07
其中：国有	万公顷	40	133.71	131.65	131.09	131.62	129.70	131.31	131.31	131.31	133.30	132.59	132.59	132.35	132.35
集体	万公顷	40	14.37	14.75	14.75	14.75	14.75	14.77	17.72	17.72	17.72	17.72	17.72	17.72	17.72
缓冲区面积	万公顷	40	71.31	72.03	72.92	72.43	79.69	79.69	81.44	81.44	83.17	83.18	83.18	83.28	83.28
其中：国有	万公顷	40	59.18	59.38	60.28	59.78	67.04	67.04	67.04	67.04	68.63	68.23	68.23	68.33	68.33
集体	万公顷	40	12.13	12.65	12.65	12.65	12.65	12.65	14.39	14.39	14.54	14.95	14.95	14.95	14.95
实验区面积	万公顷	40	222.89	225.27	226.32	225.59	220.32	219.80	203.82	203.90	205.26	201.98	201.98	202.12	201.72
其中：国有	万公顷	40	149.61	151.51	152.56	151.83	146.56	146.56	146.56	146.64	147.19	147.19	147.19	147.34	146.95
集体	万公顷	40	73.29	73.76	73.76	73.76	73.76	73.24	57.26	57.26	58.07	54.79	54.79	54.78	54.77
保护区管理机构获得土地使用权面积	万公顷	40	243.08	241.95	245.51	244.82	244.89	245.48	245.48	245.51	245.51	244.39	244.39	244.39	244

注：2001～2002年有7082.5公顷的土地，2003～2008年有50887公顷的土地尚未功能区划；2009年有50887公顷的土地进行了功能区划。

附表7-20　保护区工程样本保护区带动就业情况

指标名称	单位	有效样本（个）	2001	2002	2003	2004	2005	2006	2007	2008	2009	2010	2011	2012	2013
带动社会就业情况	人	40	14307	16856	25893	27782	33355	44603	47388	42824	44031	50561	52069	51428	51976
其中：保护区工程实施提供的就业	人	40	1794	2656	4908	4297	6511	9037	9181	9108	10594	9899	9807	9058	8329
保护区创收项目提供的就业	人	40	3355	4316	7680	9158	10956	15994	17041	13246	12200	12366	12529	13322	13545
依托保护区社会上经济活动提供的就业	人	40	9158	9884	13305	14327	15888	19572	21166	20470	21237	28296	29733	29048	30102

附表7-21　保护区工程样本保护区带动社会就业人员收入情况

指标名称	单位	有效样本（个）	2001	2002	2003	2004	2005	2006	2007	2008	2009	2010	2011	2012	2013
带动的社会就业人员收入	万元	40	8043.53	14528.09	18704.11	21038.64	29060.65	34911.56	41840.40	38600.67	44800.27	59393.47	66909.20	62647.97	63491.10
其中:依托工程建设获得的收入	万元	40	1088.57	1965.94	4023.46	4344.04	6260.62	6937.04	8564.78	8000.05	7690.85	9300.05	9466.00	8702.35	8354.90
依托创收项目获得的收入	万元	40	1704.56	6061.05	4385.85	4958.50	7690.73	12199.94	15221.70	12006.80	12474.10	15611.00	19872.40	18007.80	19040.95
依托保护区社会上经济活动获得的收入	万元	40	5250.40	6501.10	10294.80	11736.10	15109.30	15774.58	18053.92	18593.82	24635.32	34482.42	37570.80	35937.82	36095.25

后 记

此项工作得到了国家发展和改革委员会、财政部、农业部、水利部、国务院西部开发办公室、国家统计局等单位的鼎力支持；得到了国务院发展研究中心、国家发展和改革委员会区域经济研究所、中国科学院国情研究所、中国科学院农业政策研究中心、中国社会科学院农村发展研究所、农业部政策研究中心、国家统计局农村社会经济调查司、中国人民大学、北京林业大学、国家林业局各工程办和各有关业务司局等单位的通力协助。27个省（自治区、直辖市）以及内蒙古、吉林、龙江和大兴安岭森工（林业）集团的省（自治区、直辖市）级监测联系人及监测县（森工局、保护区）统计调查人员付出了辛勤的劳动。

国家林业重点工程社会经济效益监测是一项开拓性的事业，许多工作尚待完善。我们将继续努力，不断开拓创新。敬请广大读者提供宝贵意见。

地　址：北京市东城区和平里东街18号，100714

国家林业局经济发展研究中心

国家林业局发展规划与资金管理司

电　话：010-84239024，84239187

E-mail：gjlyjcbb@forestry.gov.cn

编著者

2014年10月